HEYNE ‹

W0192510

Markus Kamrad
Yassin Musharbash
Jonas Viering

WIR WICKEL PROFIS

So wird die Elternzeit für Väter zum Kinderspiel

WILHELM HEYNE VERLAG
MÜNCHEN

FSC

Mix
Produktgruppe aus vorbildlich
bewirtschafteten Wäldern und
anderen kontrollierten Herkünften

Zert.-Nr. SGS-COC-1940
www.fsc.org
© 1996 Forest Stewardship Council

Verlagsgruppe Random House FSC-DEU-0100
Das für dieses Buch verwendete
FSC-zertifizierte Papier *Super Snowbright*
liefert Hellefoss AS, Hokksund, Norwegen.

Originalausgabe 05/2009
Copyright © 2009 by Wilhelm Heyne Verlag, München,
in der Verlagsgruppe Random House GmbH
www.heyne.de
Printed in Germany 2009
Umschlaggestaltung: Eisele Grafik-Design, München
Umschlagfoto: Gary S. Chapman/Photographer's Choice/GettyImages
Innenillustrationen: Doris Detre
Redaktion: Dunja Reulein
Satz: C. Schaber Datentechnik, Wels
Druck und Bindung: GGP Media GmbH, Pößneck

ISBN 978-3-453-65009-1

Inhalt

Vorwort

Mut, darum geht es. Dieses Buch soll ein Anschubser sein für alle, die noch zögern. Die Bedenken haben wegen des Jobs. Die sich nicht sicher sind, ob das, was da wartet, wirklich so toll ist – oder ob sie das überhaupt hinkriegen, monatelang allein mit dem Kind zu Hause. Und Lustmacher soll dieses Buch für jene sein, die schon entschieden sind. Ihnen allen möchten wir zeigen, wie die Elternzeit für Väter wirklich ist. Wie nett es in Krabbelgruppen zugeht, wie der temporäre Ausstieg aus dem Beruf funktioniert, wie man auch mal gemeinsam mit der Mama flieht vor dem Baby. Und was man sonst noch tun kann, damit Papas Elternzeit zum Kinderspiel wird – jedenfalls ab und zu.

Es gibt Experten, die können einem Straßenkarten der Elternschaft zeichnen mit allen Abzweigungen und jedem Sonderweg. Sie überblicken das von ganz weit oben. Haben das große Ganze im Blick. Das haben wir nicht. Wir können nur über die Pfade berichten, die wir selbst erkundet haben. Die Parkwege, über die wir den Kinderwagen geschoben haben, die endlosen Tunnel der Fiebernächte und die vielen kleinen Sackgassen, die wir alle ausprobiert haben. Wir haben unseren Lesern genau eines voraus: Dass wir die Elternzeit als Männer schon durchlebt haben. Und wir sind überzeugt, dass die Leser dieses Buches von unseren Erfahrungen profitieren können. Damit sie, statt all unsere Fehler zu wiederholen, in ihrer Elternzeit ihre eigenen machen.

Wir haben Erfahrungen mit der Vaterzeit, erfahrene Väter sind wir deshalb aber noch lange nicht – Erziehungsratschläge können und wollen wir nicht geben. Wo es aber sinnvoll war, auch mal den Blick von oben zu wagen, haben wir Leute gefragt, die den haben. Eben die Experten – für Arbeitsmarkt und Finanzen zum Beispiel, für Psychologie und, ja, auch für Erziehung.

Für uns ist Papa in Elternzeit das schönste Amt der Welt. Weit vor Papst und SPD-Vorsitz. Und wir finden, dass es ein echter Job ist für Kerle mit Kind. Einer, bei dem wir viel Spaß hatten. Und den wir trotzdem so ernst genommen haben wie den Beruf, den wir vor und nach der Elternzeit ausübten.

Nun kann man sagen, wir machen viel Tamtam um etwas, das bei Frauen selbstverständlich ist: um das Kümmern ums Kind. Nur ist genau das bei Männern eben nicht selbstverständlich. Deswegen wollen wir dafür werben, dass Männer in Elternzeit gehen. Sie wollen wir erreichen. Und ihre Frauen, Schwestern und Schwiegermütter, die ihnen dieses Buch vielleicht als kleine Entscheidungshilfe auf den Nachttisch packen. Zum Informieren und Amüsieren.

Wickeln, füttern, schlafen legen – das ist unser moderner Dreikampf.

Wir können die Badetemperatur mit einmal Finger reinhalten bestimmen. Ein Kind wickeln, das sich auf der Kommode dreht wie ein wild gewordener Döner-Spieß. Und das exakte Verhältnis zwischen Breipulver und Wasser ohne Messbecher bestimmen. Na ja. Zumindest wissen wir mittlerweile, dass Kinder bei 35,5 Grad in der Wanne nicht erfrieren, eine schiefe Windel auch hält und etwas zu kühle Milch nicht gleich zur Kolik führt.

Vor allem aber haben wir kapiert, wie viel es bringt, sich für eine Weile ganz dem eigenen Nachwuchs zu widmen. Für die Kinder – und für uns selbst. Wir haben sie besser kennengelernt und an ihnen ebenso oft neue Seiten entdeckt wie an uns. Wir haben erfahren, worauf es ankommt: Dass Aufmerksamkeit, Gelassenheit und Liebe schenken wichtiger ist als Perfektion. Und ganz nebenbei sind wir natürlich auch Profis geworden. Wickelprofis. Wir wissen: Shit happens. Aber wir wissen auch, wo die Ersatzstrumpfhose ist.

KAPITEL 1

Zwei Monate für Papa, oder: Darf's ein bisschen mehr sein?

Wenn im Job schon morgens beim Betreten des Betriebs klar war, das wird ein mieser Tag, dann träumte Markus vor der Geburt seines Kindes immer schon mal von der Elternzeit. Davon, wie er in der Abenddämmerung mit ein paar Kumpels und einer Flasche Bier auf dem Sandkastenrand sitzen würde und den Kindern beim Spielen zusähe. Ihm wurde in den Vätermonaten dann zwar ziemlich schnell klar, dass Alkohol, Abenddämmerung, Kumpels und Spielplatz keine wirklich passende Kombination sind. Aber Milchkaffee, Morgensonne, Mütter und Spielplatz hat dann ziemlich oft geklappt und war auch sehr nett.

Niemand ist ein guter Vater, nur weil er Elternzeit nimmt. Und wer ein ganzes Jahr lang aus dem Job aussteigt, ist nicht notwendigerweise ein besserer Vater als derjenige, der es bloß für zwei Monate tut. Es gibt auch nichts beim Kind, das man nur und ausschließlich durch die väterliche Elternzeit erfahren oder begreifen könnte. Aber mit Vätermonaten ist es leichter.

Klar: Markus, Yassin und Jonas sind alle drei überzeugte Elternzeitler, sie finden die Vätermonate super und haben mehr als nur zwei davon genommen. Es sind magische Monate, in denen man neue Seiten an seinem Kind entdeckt, aber auch an sich selbst. Eine Zeit, in der man –

was ja ab einem gewissen Alter selten genug geschieht – in ein ganz neues Universum aus Gedanken und Gefühlen eintaucht. Eines, in dem andere Koordinaten als die altbekannten bedeutsam sind. Jeder Vater hat dabei ein anderes Motiv für die Elternzeit, muss sich sein ganz individuelles Modell zimmern, macht seine eigenen besonderen Erfahrungen.

Eines aber gilt für alle: Die Elternzeit für Väter ist mehr als ein »Wickelvolontariat«. Der Begriff hat etwas seltsam Herablassendes. Das Vaterdasein als Reinschnuppern, als Stippvisite in der Praxis, gar als gönnerhafter Akt: Schau, für acht Wochen greife ich der Mama daheim mal so richtig unter die Arme. Es geht aber nicht ums Aushelfen. Es geht darum, wenigstens eine Zeit lang die volle Verantwortung zu übernehmen, vielleicht auch in Bereichen, vor denen man als Mann sonst gerne flieht: Wickeln, Aufräumen, Termine beim Arzt. Das ist das Mindeste. Und im besten Fall geht es um mehr, nämlich um bewusst gelebte Gleichberechtigung zwischen Vätern und Müttern.

Eigentlich hielt Markus sich nicht für einen Besserwisser. Eigentlich fühlte er sich auch nicht auf einer gesellschaftspolitischen Mission. Eigentlich fand er persönlich die Idee einer Elternzeit aus völlig ich-bezogenen Gründen super. Aber dann kam immer wieder diese eine Frage: »Ach, du nimmst deine zwei Vätermonate?« Und immer öfter fühlte sich Markus zu einer pseudo-juristischen Belehrung seiner Mitmenschen genötigt. Es geht nicht bloß um zwei Monate. Richtig ist, dass Eltern nur dann 14 Monate Elterngeld bekommen können, wenn beide Partner mindestens zwei Monate pausieren. Falsch ist dagegen, dass dabei die Aufteilung zwei für Papa und zwölf für Mama irgendwie fix wäre. Denn erstens dürfen Väter mehr als zwei Monate Auszeit nehmen, und zweitens müssen es andererseits auch keine zwölf sein. Ganz fair halbe-halbe, also sieben für jeden, geht auch. Oder vier für Papa, zehn für Mama – oder, oder, oder. Und wer findet, sein Kind sei nach 14 Monaten daheim noch nicht reif für die Kindertagesstätte, oder wer im wunderschönen Baden-Württemberg lebt und wegen der krassen Unterversorgung im Ländle keinen Betreuungsplatz gefunden hat, kann auch als Mann durchaus volle drei Jahre in Elternzeit gehen. Nur gibt es dann nach 14 Monaten eben leider kein Elterngeld mehr. Tatsache ist: Ein Drittel der Männer, die Elternzeit nehmen, bleibt mehr als die vieldiskutierten zwei Monate zu Hause.

Klar ist, dass die Einführung des Elterngelds die Elternzeit für Männer attraktiver gemacht hat. Zwar verbringt weiterhin nur etwa jeder siebte Vater ein paar Monate allein zu Hause mit dem Kind. Aber immerhin entschieden sich im ersten Jahr nach Start des Elterngelds statt zuvor 3,5 Prozent 10,5 Prozent der Väter für die Elternzeit. Im Herbst 2008 waren es laut Bundesfamilienministerium bereits 16 Prozent. Der Trend zeigt nach oben.

Frühzeitig über die individuell sinnvollste Aufteilung des Elterngelds nachdenken. Gut ist es, wenn zwei Monate vor dem Geburtstermin alles klar ist – zumal Kinder auch überraschend früh zur Welt kommen können und dann erst mal nur das Baby wichtig ist. Die 14 Monate kann man flexibel aufteilen. Einzige harte Bedingung hierbei: Mutter und Vater müssen beide mindestens zwei Monate nehmen, um das Elterngeld voll ausnutzen zu können. Und der Antrag muss bis spätestens drei Monate nach der Geburt eingereicht sein, dann gibt es auch rückwirkend ab der Geburt Geld.

Jeder Vater ist anders

Manches sollte man einfach nicht vergleichen. Kinder und ihre Eigenschaften oder Fähigkeiten zum Beispiel (»Ihr Kleiner wacht dreimal nachts auf? Also, mein Julius hat ja schon mit zwei Monaten durchgeschlafen!«). Und auch die Art und Weise, wie ein Vater Vater ist, gehört dazu. So hat jeder Vater, der Elternzeit nimmt, seine ganz eigenen Gründe. Das gilt auch für die Autoren dieses Buches. Markus ist vielleicht eher der Genießertyp, Yassin wollte für seine Kinder Alltagspapa statt Wochenendvater sein. Und Jonas mochte den neuen Lebensabschnitt als Familie nicht in der alten Rollenverteilung beginnen, so mit Vati draußen im feindlichen Leben und Mutti am heimischen Herd. Zudem bekamen Markus und Yassin Elterngeld, Jonas hingegen war mit seinem Kind ein bisschen zu früh dran und bekam kein Geld vom Staat, er nahm seine Vätermonate einfach so. Jeder Grund ist gleich gut. Und jeder Vatertyp hat seine Macken – und seinen Reiz.

Typ Eins: Der Genießer

Markus und seine Freundin haben sich für das Maxi-Modell der Elternzeit entschieden. Sie eröffnete mit sieben Monaten Elterngeld, dann kam seine Auszeit mit einer Dauer von satten zwölf Monaten. Sieben Monate davon mit Elterngeld, dann fünf als reiner Hausmann, finanziert von seiner Frau. Mit zwölf Monaten Elternzeit ist Markus selbst als Elterngeld-Vater eine Ausnahme. Zwar nehmen mittlerweile mehr Väter Elternzeit, was trotz der bescheidenen Quote ein Riesenerfolg ist, allerdings bleibt auch heute nur jeder zehnte von ihnen ein ganzes Jahr zu Hause. Noch belässt es die Mehrheit der Antragsteller tatsächlich bei zwei Vätermonaten.

Die unbezahlte Elternzeit war natürlich ein Luxus, immerhin klaffte eine Lücke im Familieneinkommen. Aber das war es Markus wert – Stichwort Milchkaffee und Morgensonne. Andere machen mal eine mehrmonatige Weltreise, einfach so, und steigen dafür aus dem Job aus. Markus gönnte sich die extralange Elternzeit. Auch das war ja eine Reise: Eine Erkundung dieser unbekannten Welt zwischen Spielplatz und dem Wartezimmer beim Kinderarzt.

Für Markus stand schon lange fest, dass er in Elternzeit gehen wollte. Weit vor der Zeugung seines Sohnes, schon bevor er seine Freundin überhaupt kennenlernte. Damals war es noch ein diffuses Gefühl, dass es da eine Erfahrung geben könnte, die man später nie nachholen kann. So wie als Westdeutscher nicht in der DDR gewesen zu sein, bevor alles anders wurde. Oder als Jugendlicher nachts nie heimlich nackt im Freibad geplanscht zu haben. Heute ist die DDR weg. Ein Mittdreißiger als nächtlicher Nacktschwimmer ist bestenfalls eine Lachnummer. Und wer erst nach dem eigenen Renteneintritt versucht, seinen dann schon erwachsenen Kindern nahe zu kommen, wird nie erfahren, wie es ist, wenn sich ein kleines Etwas in diesen ersten Monaten seines Lebens mit all seinem bisschen Kraft an Papa festklammert.

Typ Zwei: Der Alltagsvater

Für Yassin war der stärkste Beweggrund seiner Elternzeit, dass er sich vorgenommen hatte, niemals einer jener Väter zu sein, die sich nur die Rosinen rauspicken. Keiner der Väter, die nur die Gipfel kennen und die Mühen der Ebenen scheuen. Deren Meisterschaft unbestritten ist, wenn es darum geht, den Kinderwagen zusammenzufalten und im Kofferraum zu verstauen – die aber nicht sagen können, welche Kleidergröße ihr Kind im Moment trägt. Die nicht wissen, wie und wohin Windeln entsorgt werden. Denen es zu mühsam ist, sich über Impfprozeduren und -ideologien zu informieren. Die gerne mit ihren Kindern spielen, sie aber sofort in die liebevolle Obhut der Mutter übergeben, sobald sie schreien, spucken, kacken – oder all das gleichzeitig tun.

Den Umgang mit den ganz normalen kleinen Krisen lernt man eben am besten im Alltag mit Kind – und zwar in einem Alltag, der wirklich 24 Stunden hat. Der Notfälle bereithält wie den, aus akuten hygienischen Gründen den Spaziergang zu unterbrechen und sofort in der H&M-Babyabteilung einen Body zu kaufen, ohne sich lächerlich zu machen, weil man die richtige Größe nicht weiß. Der aus vielen Momenten besteht, in denen sich das Kind darüber freut, dass man da ist – aber auch aus solchen, in denen es bockt, nervt und trotzt. Nach insgesamt sechs Monaten Elternzeit ist Yassin jedenfalls um viele Erfahrungen und eine Erkenntnis reicher: Rosinen sind oft nicht das, was man dafür hält. Ein harter, gemeinsam durchgestandener Tag schweißt auch zusammen – vielleicht sogar nachhaltiger.

Yassin und seine Frau haben mit nur knapp einem Jahr Abstand zwei Kinder bekommen, das ist in mehrfacher Hinsicht ein Sonderfall. Als Kind Nummer zwei anrückte, hat er im Job ausgesetzt und drei Vätermonate für Kind Nummer eins genommen, plus einen Monat Urlaub, und später noch mal drei Monate für Kind Nummer zwei. Aber das Modell, für das Yassin und seine Frau sich entschieden haben, funktioniert auch in jeder anderen Konstellation: Sie haben die Elternzeit überlappend genommen, blieben zeitweise alle beide zu Hause. Yassin war also – anders als Markus und Jonas – nicht allein mit dem Kind oder später den Kindern. Aber das hat den persönlichen Wert und Erfahrungsgewinn kein Stückchen geschmälert. Schließlich ist das Entscheidende an der Elternzeit für das Kind nicht, dass es den Vater allein erlebt – sondern dass es ihn überhaupt rund um die Uhr erlebt. Die gleichzeitige Anwesenheit der Mutter überstrahlt die des Vaters dabei keineswegs zwangsläufig. Yassins erstgeborene Tochter hatte sich nach wenigen Tagen umgestellt: Papa ist jetzt immer da. Super! Dass Mama trotzdem noch mitwickelte, war für die Kleine kein Problem. Für sie war schnell klar, dass beide Eltern grundsätzlich für alles zuständig sind. Trotzdem haben Yassin und seine Frau ein bisschen dafür gesorgt, dass sich Vater- und Mutterrituale herausgebildet haben. So brachte Yassin die ältere Tochter mehr oder weniger allein ins Bett – denn das war etwas, was er auch nach seiner Rückkehr in den Beruf häufig würde tun können.

Natürlich hat das Modell der parallelen Elternzeit Nachteile, vor allem finanzieller Natur. Beide Eltern verdienen in dieser Zeit maximal zwei Drittel ihres Nettogehalts. Und wenn man parallel sieben Monate Elternzeit nehmen würde, also das Maximum, müssten nach Ablauf der sieben Monate beide wieder arbeiten. Oder der eine müsste so viel Geld verdienen, dass es ohne das zweite Einkommen trotzdem geht – oder die Familie müsste sich finanziell entsprechend einschränken. Mit nur einem Einkommen auszukommen ist allerdings ohnehin der Normalfall in Deutschland.

Der Vorteil ist, dass man ein gutes halbes Jahr ganz als Familie leben kann. Man könnte theoretisch mit Kind und VW-Bus durch Europa kurven, eine schöne Vorstellung. Das haben Yassin und seine Frau zwar nicht gemacht, schön war es aber trotzdem: 16 Wochen, in denen man sich hemmungslos um die erste neue Mitbewohnerin kümmern konnte, und später noch einmal zwölf Wochen, um die zweite neue WG-Genossin einzugliedern.

Typ Drei: Der Barrikadenstürmer

Mit dem Vatersein wollte Jonas ganz bewusst einen neuen Lebensabschnitt beginnen. Einen, in dem das zum Zeitpunkt der Entscheidung für die Elternzeit, Monate vor der Geburt, noch fremde und fast ein wenig Furcht einflößende Kind vertraut und wichtig werden sollte. Dafür schien ihm die Auszeit im Beruf ein guter Start. Die Realität der Elternzeit würde helfen, übertriebene Hoffnungen und Sorgen zu entkräften. Wer mehr als zwei Vätermonate nimmt, wird diese Zeit nicht als Ausnahmezustand, sondern als Alltag erleben, dachte ähnlich wie Yassin auch Jonas. Also nahm er acht Monate, nachdem zuvor seine Frau fünf Monate zu Hause geblieben war. Und die Erfahrung zeigte ihm: Mehr Monate sind gut. Gut für den Vater, weil er die Situation dann zwangsläufig ernst nehmen muss. Für das Kind, weil der präsente Papa schlicht Normalität wird. Für die Mutter, weil sie rascher wieder zurück ins Berufsleben kann. Und vielleicht, weil sie auf diese Weise frühzeitig das Loslassen lernt.

Auch Ehrgeiz war dabei, als Jonas sich für die Vaterzeit entschied. Der Ehrgeiz, dass ein Paar sich die Betreuung des Kindes wirklich gleichberechtigt teilen kann. Dass es doch auch anders gehen muss, als dass die Frau sich im ersten Lebensjahr komplett ums Kind kümmert und der Mann den Ernährer spielt. Sogar im eigenen Freundeskreis, bei ganz aufgeschlossenen und klugen und netten Leuten, ist es doch erstaunlich oft so, dass sich die alte Aufgabenteilung wieder einschleicht. Weil der Mann – leider, leider – schlecht raus kann aus seinem wichtigen Job. Und weil das Kind doch seine Mutter braucht und die mit dem Kind einfach besser kann; ein Punkt, an dem auch das liberale oder alternative Milieu ins konservative überlappt. Die Barrikaden in den Köpfen sind mächtig.

Mutti und Macker, auf diese Aufteilung hatte Jonas keine Lust. Er wollte nicht bloß der Geldranschaffer sein, und er wollte keine Frau, die nur noch Windeln im Kopf hat. Für ihn ging es auch darum, als Vater nicht in die immer noch realen Rollenklischees zu rutschen. Mal übertrieben gesagt: Nuckelflasche und Kinderwagen in Männerhand können die Zeichen eines neuen Rebellentums sein. Die Vätermonate sind ein ganz privater Aufstand gegen die Tradition, ein kleiner Sturmlauf gegen die Barrikaden bei der Aufgabenteilung von Männern und Frauen. Und auch dagegen, dass gerade Männer ihren Arbeitgebern beliebig zur Verfügung stehen sollen und familiäre Pflichten da bloß als lästiges Hindernis gelten.

Und die Liebe zum Kind? Die war kein Grund für die Elternzeit, nicht für Jonas, weil das Kind, als er sich für die Vätermonate entschied, noch gar nicht da war. Die Liebe kam erst später. Und ist im Nachhinein der beste Grund von allen.

Gute Gründe für die Auszeit

Ob man die Vätermonate der Elternzeit nutzen will, auf welche Weise und wie lang, das ist keine leichte Entscheidung. Was hilft: Sich ganz persönlich mal halbwegs systematisch die Gründe aufzulisten, die dafür sprechen. Es sind verdammt viele – und verdammt gute.

Raus aus dem Job-Alltag!

Nach Jahren, in denen sie sich vor allem um ihre Jobs gekümmert hatten, fühlten sich Markus, Jonas und Yassin einfach reif für eine Zeit, in der auch mal andere Dinge wichtig sein sollten. Trotz der langen und arbeitsreichen Tage mit seinem Sohn, trotz der dauernden Verantwortung für Wohl und Wehe dieses kleinen Wesens merkte besonders Markus recht schnell, dass er ruhiger wurde, gelassener und irgendwie zufriedener. Wenn er sich jetzt mit Leuten unterhält, hat er nicht ständig ein Auge auf dem Display seines Mobiltelefons. Wenn er mit seinem Kind spielt, tut er nur das. Und plant nicht im Hinterkopf die nächsten vier Telefonate. Wie lange und wie nachhaltig sich diese Gelassenheit nach dem Wiedereinstieg in den Berufsalltag halten wird, weiß er natürlich nicht. Aber das macht nichts.

Wer ehrlich ist, der denkt als Mann bei den Vätermonaten insgeheim doch ein bisschen an Urlaub. Das ist ein ziemlicher Irrtum – aber kein völliger. Zwar ist es ein Urlaub, in dem der lebende Wecker im Gitterbettchen um sechs Uhr morgens Alarm macht, und vielleicht auch mal zwischendurch um halb zwei und halb drei und halb vier. Ein Urlaub, in dem Jonas an manchen Tagen seltsamerweise nicht zum Duschen kam, und schon gar nicht zum Lesen eines guten Buchs. Aber es ist doch ein Urlaub in dem Sinne, dass das Büro und die Aufgeregtheit der Kollegen plötzlich sehr weit weg sind. Und so, wie man am Strand oder auf der Skipiste das Hirn so angenehm abschalten kann, so kann man das manchmal auch mit dem Kinderwagen im Park. Wobei die Betonung allerdings auf dem Wörtchen »manchmal« liegt.

Es ist ein gutes Gefühl, sich den Zwängen des Jobs einfach zu entziehen. Das Kind ist der Berechtigungsschein, mal etwas anderes wichtiger zu nehmen als Auftragsakquise und Abgabefristen, so erlebt es Jonas. Gerade für Kopfarbeiter wie ihn ist es ganz gut, mal auf ihre Hände und Gefühle angewiesen zu sein bei der Bewältigung von Windelwechseln und Aua-Wegpusten. Es ist auf wundervoll direkte Weise nützlich, was der Vater mit seinem Kind tut; und es ist eben auf völlig andere Weise nützlich als seine Tätigkeit im Betrieb.

Vielleicht gibt ihm diese Erfahrung auch später eine gute Gelassenheit. Jonas jedenfalls versucht seit der Vaterzeit, im Beruf etwas genauer zu unterscheiden zwischen dem, was alles unheimlich wichtig ist – und was *wirklich* wichtig ist. Schon allein deshalb, weil er abwechselnd entweder um halb vier am Kindergarten oder um halb sieben zu Hause sein will, um seine Tochter abzuholen oder wenigstens ins Bett zu bringen.

Zwei sind mehr als einer

Für unsere Generation gibt es häufig nicht mehr die eine lebenslange Festanstellung. Brüche sind Teil unserer Biografie. Das Modell unserer Eltern – er geht arbeiten, sie hält ihm den Rücken frei, schmiert die Brote, betreut die Kinder und bügelt die Hemden – ist immer riskanter geworden. Denn schnell wird auch ein gut bezahlter Vertrag nicht verlängert, geht bei Selbstständigen der Hauptauftraggeber in Insolvenz oder bricht einfach nur die Konjunktur ein. Markus hat dies selbst schon erlebt. Nach Banklehre, gutem Uni-Abschluss und einer journalistischen Ausbildung bei einem großen Verlag stand er zwischenzeitlich, hoppla, bloß mit einer schlecht bezahlten freien Mitarbeit da. Als die hochgejubelte Internet-Ökonomie zusammenbrach und der Aktienboom verpuffte, sackten die Werbeeinnahmen der Medien ab, für die Markus arbeitete. Das Geld wurde knapp, erst in der Branche, dann bei Markus.

Er zog daraus die Lehre: Wer zwischen gut bezahlten Jobs im Zweifel auch mal eine Durststrecke einkalkulieren muss, fährt mit einem familiären Alleinverdiener-Modell hohes Risiko. Und wer darauf vertraut, dass seine haushaltende Partnerin nach Jahren der Kinderbetreuung nahtlos einen guten Job findet, der kann sich täuschen. Durch ihren vollständigen Ausstieg aus dem Job verlieren Eltern pro Jahr ein Drittel ihrer betrieblichen Berufserfahrung, das zeigt eine Studie zweier Wissenschaftlerinnen vom Mannheimer Zentrum für Europäische Wirtschaftsforschung.

Dass bei Markus die Umstände für seine väterliche Elternzeit dann perfekt passten, war glückliche Fügung. Seine Freundin und er hatten zu diesem Zeitpunkt beide Jobs mit ähnlicher Bezahlung, und er arbeitete für einen Arbeitgeber, der sich die Vereinbarkeit von Familie und Beruf auf die Fahnen geschrieben hat. Die unsichere Phase der ersten Profilierung im Berufsleben war schon erledigt. Aber dass für einen von ihnen auch wieder schlechtere Zeiten kommen könnten, war beiden klar. Nur als Doppelverdiener konnten sie das mit einer gewissen Gelassenheit sehen.

Der Freiberufler Jonas kann sich sowieso nie sicher sein, was die Zukunft bringt. Seine Frau hatte einen guten Job, in dem sie als Teamleiterin Verantwortung trug, während Jonas' Auftraggeber für einen befristeten Zeitraum auch mal ohne ihn auskamen. Da lag es nahe, dass Jonas' Frau schon nach fünf Monaten wieder arbeiten ging und er selbst acht Monate zu Hause blieb.

Hinzu kommt: Wenn die Rolle des Vaters in der Familie nur die des Geldverdieners und Erfolgstyps ist, dann ist das nicht bloß finanziell riskant, sondern auch für die Familienmechanik. Denn wenn er seinen tollen Job verliert, verliert er auch seine Position gegenüber Frau und Kind. Betreut hingegen auch der Mann frühzeitig das Baby, sichert er sich damit auch psychologisch gegen einen eventuellen Bedeutungsverlust ab. Er hat eine Aufgabe, die über die des Ernährers hinausgeht. Das mag nun klingen, als sei Egoismus ein Grund, die Vätermonate zu nehmen. Aber eigentlich geht es nur darum, dass die stolze kleine Familie nicht kaputtgeht, wenn es bei Papa im Betrieb schlecht läuft.

Die Subkultur entdecken!

Mittlerweile halten Markus, Yassin und Jonas die Entscheidung für die Elternzeit für eine der besten ihres Lebens. Elternzeit ist nicht nur eine der wenigen sozial anerkannten Auszeiten vom Joballtag, sie ist der Einstieg in eine wunderbare Parallelgesellschaft. Science-Fiction pur: Innerhalb des eigenen Wohngebiets gibt es noch eine andere Welt. Gleiche Beschaffenheit, gleiche Zeitachse, andere Dimension. Und das Portal in diese Welt lässt sich nur mit einem Kinderwagen öffnen. Jahrelang fragte Markus sich, wozu dieser bunt bemalte Bungalow auf dem Stadtplatz um die Ecke gut sein sollte. Davor parkte meist eine Armada von Kinderwägen. Ein sicheres Zeichen, dass er dort falsch wäre. Jetzt – da er den Schlüssel für die Parallelwelt besitzt – bezeichnet er das dort beherbergte Kindercafé als seine erste Stammkneipe seit 15 Jahren. Keine, wie er sie von früher kennt. Aber im Kindercafé rockt es auch ohne Alkohol. Wer noch nie in der Rush-Hour – 15 Minuten nach Schließung der umliegenden Kindergärten – in einem Kindercafé war, der hat noch nie eine wirklich exzessive Party erlebt.

Wer ein Kind dabei und Ringe unter den Augen hat, wird ohne weitere Fragen in die Subkultur aufgenommen. Wie jede Szene hat auch diese ihren eigenen Jargon. Wer weiß, welch ungeheure Bedeutung die Vokabeln »durchschlafen« und »glutenfrei« haben, kann von sich sagen, er gehöre dazu. Wobei für Neulinge angemerkt sei, dass Gluten ein für Babys bedenkliches Mehl-Eiweiß ist, weshalb sie zunächst statt Brot Reisschleim kriegen. Wer das weiß, ist mindestens so cool wie jeder, der in der Motorradclique die Vorzüge eines Harley-V-Zweizylinders preisen kann.

Frauen verstehen!

Während der ersten sieben Monate nach der Geburt ihres Sohnes blieb erst mal Markus' Freundin zu Hause. An manchen Abenden schaffte er es kaum durch die Tür, da hatte er schon das Kind auf dem Arm. Das hatte ihn ziemlich genervt. Den ganzen Tag Stress im Büro, und dann konnte man sich zu Hause nicht mal die Jacke ausziehen, keine fünf Minuten durchatmen oder gar eine Viertelstunde auf der Couch abhängen. Doch sein Unverständnis wich, als er plötzlich den ganzen Tag auf seinen Sohn aufpassen musste. Insbesondere, als dieser auch noch Fieber bekam. Den kompletten Nachmittag hatte er ein jammerndes Kind auf dem Arm. Sobald er seinen Sohn kurz absetzen wollte, ging die Schreierei los. Markus war an solchen Tagen immer heilfroh, wenn die Mama endlich kam. Hunger, Durst, Pippi, das waren dann seine eigenen – und denen des Kindes verblüffend ähnlichen – Bedürfnisse. Seine Freundin konnte kaum Hallo sagen, da hatte sie schon den gemeinsamen Nachwuchs am Hals.

Und wenn heute im Freundeskreis die Frauen bei Partys vom irrwitzig eintönigen Türmchen-Aufbauen und Türmchen-Umschmeißen mit dem Kind erzählen, oder von der Sorge um die Berufsrückkehr, dann weiß auch hier der vaterzeitgestählte Mann ganz genau, was sie meinen. Er weiß, wie nervenfetzend das alltägliche Spielen mit dem Kind sein kann – das für Wochenendväter nur locker und leicht wirkt. Frauenversteher, das mag früher mal ein Schmähwort gewesen sein. Heute sei die Aussage gewagt, dass es dem Mann die Augen öffnet für die Welt, wenn er Frauen versteht. Und das Beste dabei: Die Frauen werden ihn dafür lieben. Oder wenigstens mal aufmunternd anlächeln.

Miterleben!

Auch wenn Kinder schon mal krank sind – was sie dauernd sind –, und auch wenn sie dann noch anstrengender sind: Sie werden immer wieder etwas tun, was alle Anstrengungen vergessen lässt. Sie sind großes Kino. Und die Premiere bekommt oft nur ein Elternteil zu sehen. Traditionell ist das die Mama. Dem arbeitenden Papa bleibt abends nur die Wiederholung der ersten Drehung des Babys vom Rücken auf den Bauch oder des ersten Griffs nach der Eltern-Nase. Im schlimmsten Fall muss er sich mit der begeisterten Erzählung seiner Partnerin begnügen.

Kinder machen nur einmal ihren ersten Schritt. Und das Strahlen in ihrem Gesicht, wenn sie merken, was sie getan haben, gibt es so auch nur einmal. Das sieht nur, wer live dabei ist. Markus ärgert sich bis heute, dass er während seiner Elternzeit eine Woche lang erzählte, morgen würde sein Sohn zu laufen beginnen. Der Kleine tat das dann leider erst am Wochenende – als er nur mit seiner Mutter bei deren Eltern war. Dafür hat Markus aber fast alle anderen der vielen kleinen Erfolge miterlebt. Als seine Freundin einige Tage nach der Erstbesteigung stolz entdeckte, dass ihr Sohn allein auf den Sessel kam, konnte er – halb verschämt und halb befriedigt – erklären, das sei mittlerweile nun wirklich alltäglich.

Nicht immer geht es beim Erleben um die großen Dinge, nicht jedes Mal um »das erste Mal«. Es ist auch die Wiederholung des immer Gleichen, die ein Erlebnis ist – und die der Vater nur mitkriegt, wenn er nicht erst abends nach

Hause kommt. Wie sich seine Tochter ein ums andere Mal mühsam vom Rücken auf den Bauch rollte, dann unzufrieden losschrie, weil das Hochhalten des Köpfchens zu anstrengend war; wie das Kind, vom treusorgenden Papa wieder bequem auf den Rücken gedreht, gleich wieder in die Bauchlage strebte – das hat Jonas schwer beeindruckt. Denn es hat ihm die unbändige Kraft gezeigt, die in so einem zarten Baby steckt. Es ist die schiere Lebenskraft.

Auch die vielen kleinen Leiden werden besser verständlich, wenn man sie in Echtzeit miterlebt. Es ist ein Unterschied, ob man sich am Abend von der Frau schildern lässt, dass das Kind den ganzen Tag den Tränen nahe war, weil es zahnt. Oder ob man es selbst mitbekommen hat: Wie jedes Schlucken wehtat, wie man die Verunsicherung – was passiert hier? – in den Augen des Kindes lesen konnte. Wie man die Stirn gefühlt hat und schon mal überlegte, wo die fiebersenkenden Zäpfchen sind. Zu wachsen ist anstrengend: Auch das wird so viel greifbarer, wenn man es live und vor Ort miterlebt.

 ## Applaus gibt's keinen

Es ist ein großer Schritt, als Vater gleich mehrere Monate zu Hause beim Kind zu bleiben. Die meisten Männer wagen ihn nicht. Eines darf der moderne Papa aber nicht erwarten: Applaus für seinen Einsatz. Nicht vom Kind, nicht von der Mama, schon gar nicht vom Rest der Menschheit. Nicht während der Elternzeit, und auch nicht danach. Männer spielen gern den Helden, wollen aber, dass bitte schön auch irgendjemand guckt und klatscht. Ansonsten neigen sie zur Wehleidigkeit. Das Geheimnis des Erfolgs als Vater in der Elternzeit aber ist: Die Sache um ihrer selbst willen zu tun – und um seiner selbst willen. Es ist ein unwiederholbares Erlebnis, seinem Kind ins Leben reinzuhelfen, ihm 30 Mal am Tag die Nase zu putzen und dabei 29 Mal Protest und nur ein Mal ein Lächeln zu ernten. Und irgendwann läuft die Nase nicht, weil der erste Krankheitswinter überstanden ist, und aus dem Babylächeln wird ein Kleinkindergrinsen, und der Papa ist glücklich wie nie zuvor in seinem Leben.

Natürlich kann fast jeder Mensch die Rolle des Nasenputzers übernehmen, aber nicht jeder tut es. Und für dieses eine Kind ist in der Vaterzeit nun mal zufällig man selbst eine Zeit lang der wichtigste Mensch auf Erden, ohne dessen Füttern und Rumtragen es tatsächlich zugrunde gehen würde, und dessen Fürsorge ihm tief im Inneren hoffentlich Sicherheit gibt. Sich selbst sollte der Vater dabei nicht allzu wichtig nehmen – aber freuen darf er sich, ja er muss es. Wer sich nicht freut an seinem tagtäglichen Gemurkse in der Vaterzeit, an seiner schieren Existenz als präsenter Papa, der wird verzweifeln, denn Grund zum Genervtsein gibt es zu Hause mit dem Baby genug.

Kinder sind undankbar, und das ist erst mal ihr gutes Recht. Sie haben genug mit dem Großwerden zu tun. Natürlich sollen sie eines fernen Tages gelernt haben, allgemein zu ihren Mitmenschen Bitte und Danke zu sagen. Aber dass ihr Papa ein paar Monate zu Hause bleibt, finden sie bestenfalls selbstverständlich – im schlechteren Fall hätten sie lieber Mama daheim. Jonas jedenfalls musste öfter ganz schön schlucken, wenn sich das Kind immer so sichtlich über die Heimkehr der berufstätigen Mutter freute. Vor allem nach der Elternzeit, als das Kind mit gut einem Jahr ganz programmgemäß mehr Ego entwickelt hatte und durch Brüllen und Strampeln zu erkennen gab, dass es auf Mamas Schoß schöner ist als auf Papas Arm. Das alles ist erstens normal, zweitens ist es individuell verschieden von Kind zu Kind, und drittens veränderlich im Lauf der Zeit, so tönen alle Wissenschaftler. Der einzelne Vater muss trotzdem selbst damit fertig werden.

> Nur wer sich als Vater den zwischenzeitlich unvermeidlichen Frust eingesteht, auch den lächerlichen, kann über die meist simplen Wirkmechanismen dahinter nachdenken – und dann den Ärger tatsächlich vergessen, jedenfalls bis zum unvermeidlichen nächsten Mal. Einfach mal aufschreiben, was nervt. Schwarz auf Weiß wirkt das dann oft gar nicht mehr so dramatisch wie zuvor im eigenen Kopf.

Wickeln ist eigentlich keine besonders erstrebenswerte Tätigkeit, aber wenn das Kind sich plötzlich nur noch vom anderen Elternteil wickeln lassen will, regt das auf. Hier hat auch Jonas mal sein eigenes Scheitern erlebt: Als das Kind auch noch die Schale mit dem Wasser zum Po-Säubern umgetreten hatte, blaffte er es auf dem Wickeltisch an, verdammt noch mal still zu halten – obwohl es doch viel zu klein war, um bewusst und gar bösartig zu handeln. Das Kind lehnt nicht den Papa ab, sondern will nur etwas anderes, nämlich die Mama. Und allein diesen Willen zu entwickeln ist schon eine wichtige Leistung auf dem langen Weg zum eigenen Ich. Also hat Jonas das alles immer wieder aufs Neue leicht zu nehmen versucht – und sich irgendwann gefreut, wenn er schön Zeitung lesen konnte, weil das Kind an der Mutter hing.

Schon deshalb hat auch die Mama keinen Grund zum Applaus für Papa – sie kümmert sich ja weiter um das Kind, und zwar nicht zu knapp, Vaterzeit hin oder her. Vor allem: Wofür Männer gerne Lob kassieren würden, das ist für Frauen schlicht normal. Niemand findet es bemerkenswert, wenn eine Mutter sich im ersten Lebensjahr ganztags um ihr Kind kümmert. Männer müssen nun nichts gutmachen an dieser alten Ungerechtigkeit, indem sie in Vaterzeit gehen. Aber Beifall sollten sie eben auch nicht erwarten. Insgeheim wird sich die jeweilige Mama durchaus freuen, dass ihr Mann anders ist als andere. Wer gut ist zu ihrem Kind, der muss einfach ein toller Typ sein.

 ## Kerl sein – Kerl mit Kind

Wer sich als Mann für mehrere Vätermonate entscheidet, erlebt durchaus einiges Schulterklopfen. Kumpels meinen das ernst, aber bei Kollegen versteckt sich hinter der Anerkennung für den Babybetreuer oft nur Herablassung. Auch Jonas bekam erst zu hören, so ein unkonventioneller fürsorglicher Mann sei natürlich ganz, ganz toll und interessant – und bekam danach gar nichts mehr zu hören, weil die größten Lobredner natürlich nie wieder anriefen, als die Elternzeit tatsächlich begonnen hatte. Wer als Mann länger als die zwei sogenannten Vätermonate in Elternzeit geht, ist Vorreiter eines neuen Trends, aber er zahlt einen gewissen Preis dafür. Wer das vorher weiß, ist hinterher nicht enttäuscht, und das ist wichtig. Denn wer enttäuscht ist, sieht nicht mehr, wie viel die Vaterzeit für sein Leben bringt. Der Rotz aus der Kindernase auf dem frisch angezogenen Hemd, der uns erst ärgert und dann zum Lachen bringt, ist doch mehr wert als die Meinung altmodisch denkender Kollegen. Und wenn andere Männer mit Herablassung reagieren, dann kann das eine schöne Bestätigung für einen selbst sein. Weil es zeigt, dass es verblüffenderweise immer noch etwas Mumm verlangt, als Mann in Elternzeit zu gehen. Vätermonate, das ist nur was für echte Männer.

Ganz wichtig: Nichts ist weniger sexy als Selbstmitleid. Wenn wir als Babyrumschlepper mit Spucktuch über der Schulter vielleicht sowieso nicht supermännlich aussehen, dann sollten wir der jeweiligen Frau unseres Lebens doch wenigstens durch unseren Verzicht aufs Rumjammern signalisieren, dass wir selbstverständlich richtige Kerle sind. Kerle mit Kind.

Und vielleicht wandelt sich die Vaterzeit allmählich auch zum Zeichen von Selbstbewusstsein, ja zum Statussymbol. Die Vaterzeit kann für einen Lebensstil stehen, bei dem der Job nicht alles ist und auch Männer sich souverän die Freiheit nehmen, ihr Kind zu bemuttern.

Beruflich hatte Jonas viel mit dem Chef der Industriegewerkschaft Metall zu tun, Berthold Huber. Wurde öffentlich über den geredet, dann erwähnte jeder Kenner gern, Huber sei ja so anders als die übrigen Arbeiterkämpfer. Weil er neben der Lehre als Werkzeugmacher auch Philosophie studiert hatte – und weil er sich eine Zeit lang allein um seine kleine Tochter kümmerte, statt dauernd nur Karriere zu machen. Sicher, am Ende ist er doch oben angekommen. Aber die Auszeit zwischendurch macht diesen Mann zu etwas Besonderem. Kein Vorbild ist er, aber doch ein Beispiel, dass echte Väter sich von anderen abheben. Jedenfalls wenn es gut läuft.

Hollywoodschauspieler Johnny Depp, der coole Sonderling, schwärmt gern öffentlich von seinen Kindern Jack und Lily-Rose – erst sie hätten ihn wirklich zum Leben erweckt. Als er von seiner Oscar-Nominierung für den Piratenfilm *Fluch der Karibik* erfuhr, war er gerade dabei, seinem Sohn morgens das Fläschchen zu geben. Ex-Nationaltorwart Jens Lehmann bedauerte es zumindest, dass er in den Monaten vor der WM immer einfach aufstand und in ein anderes Schlafzimmer wechselte, wenn das neue Töchterlein Lieselotta nachts um fünf losschrie. Das entspreche nicht seinem Idealbild gemeinsamer Elternschaft, sagte er in einem Interview. Er, der Fußballheld, Nachfolger von Titan Oliver Kahn.

Vielleicht ist da ein bisschen was in Bewegung. Es mag hier zunächst nur ums Image gehen – doch dem Image kann die Wirklichkeit folgen. Weil jeder gern so sein möchte wie der Filmstar und der berühmte Fußballer.

Und noch eins: nicht übertreiben!

Als Markus provokativ zu Hause thematisierte, Emanzipation würde doch heißen, dass seine Freundin sich in Zukunft alleine um das Geld kümmern müsse, bekam er erst mal ein Update in Sachen moderner Feminismus. Gleichberechtigung heiße nicht, den Mist mit der ungleichen Rollenverteilung von früher einfach umzudrehen. In der Tat, so wenig er sich die Rolle des Feierabendvaters wünschte, so wenig konnte er sich vorstellen, ein dauerhafter Vollzeitpapa zu sein. Eine Elternzeit zwischen zwei Monaten und einem Jahr ist lang genug, um den Alltag mit Kind zu erlernen, die Beziehung zum Kind zu festigen und ihm hoffentlich das eine oder andere mitzugeben. Dieser Zeitraum ist aber auch kurz genug, um unerwünschte Nebenwirkungen zu vermeiden.

Weder hätten wir Hausmänner werden wollen noch hätten unsere Frauen Hausmänner gewollt. Wir wollten auch nicht wegen der Kinder auf ein erfülltes Berufsleben verzichten. Aber das eine zu tun, ohne das andere zu lassen – das ist doch ein Plan.

KAPITEL 2

Was bringt's dem Kind?

Hochwerfen in die Luft, fallen lassen und gerade noch auffangen, Scheinangriffe als knurrende Bestie und wohldo-
siertes In-den-Po-beißen – es sind die Klassiker, mit denen
Jonas seine Tochter zu amüsieren versucht. Nichts Besonderes. Und doch spielt er etwas anders mit ihr, als seine
Frau das tut. Wilder, heftiger, vielleicht unvorsichtiger.

Dabei ist Jonas sonst kein wirklich wilder Typ – er tritt
nicht beim Fußballgucken vor Wut gegen den Tisch, so
dass er sich wie der Altrocker Campino von den Toten
Hosen den Fuß bricht. Er hat keinen einzigen Punkt in
Flensburg und überzieht ungern sein Girokonto. Und seine
Frau ist kein wirklich sanfter Typ. Sie hat den Motorrad-
führerschein und saß früher bei Anti-Atom-Blockaden auf
der Straße vor den Wasserwerfern. Dem Kind hat sie bei-
gebracht, wie lustig es sich im Bett schwungvoll umfallen
lassen kann, kaum dass es sitzen konnte. Und doch, der
Umgang mit der Tochter ist bei Jonas ein anderer als bei
seiner Frau, und sie entkommen dabei nicht den Klischees
von Männlichkeit und Weiblichkeit.

Markus hat diese Beobachtung ebenfalls gemacht. Sein
Sohn zum Beispiel liebt Bücherleitern und Sessel und Sofas
und sowieso alles, auf das man klettern kann. Als er es geschafft hatte, bei seinen Großeltern bis auf die oberste Stufe

der Bücherleiter zu klettern, war selbst Markus etwas mulmig zumute. Sonst aber erfüllt ihn die Kletterleidenschaft seines Sohnes mit Stolz und ist für ihn klares Indiz der furchtlosen Betreuung durch Papa, der nicht jede Expedition durch überbesorgtes Einschreiten im Basislager beendet.

So falsch liegt Markus mit seiner Vermutung nicht. Denn Väter und Mütter, das zeigen nicht nur persönliche Erfahrungen, das bestätigen auch einschlägige Studien, gehen unterschiedlich mit Kindern um. Eben auf eine eher typisch männliche und eine eher typisch weibliche Art. Anders, aber potenziell gleich gut.

Für Kinder ist es in jedem Fall kein Problem, dass Vater und Mutter sie unterschiedlich behandeln. Im Gegenteil: Es ist gut für sie. »Väter sind besonders in Bezug auf die Förderung der Exploration des Kindes wichtig«, erklärt Fabienne Becker-Stoll, Leiterin des renommierten Münchner Staatsinstituts für Frühpädagogik. Dabei geht es um die Art und Weise, wie Papa sein Baby ermutigt, etwas zu erkunden oder Grenzen zu überwinden. »Väterliche feinfühlige Herausforderung«, wie es die Experten nennen, hat eine positive Wirkung aufs Kind. Diese ließ sich in Studien bis ins junge Erwachsenenalter nachweisen.

 ## Das besondere erste Lebensjahr

Für den Vater ist es unterdessen schwer zu sagen, ob sein Einsatz am Wickeltisch dem Kind wirklich etwas bringt. Natürlich ist man versucht, in die Beziehung zum Kind viel hinein zu lesen. Yassins Töchter werden zum Beispiel grundsätzlich ebenso gerne vom Vater wie von der Mutter gefüttert. Und Jonas war wirklich stolz, als seine Tochter eine Zeit lang »Mapa« sowohl zur Mama als auch zum Papa sagte.

Beides sind schöne Erfahrungen und zeugen sicher eher von einem guten als einem gestörten Verhältnis zwischen Vätern und Töchtern. Aber es wäre Quatsch, das ganz allein auf die Väterzeit zurückzuführen. Es fehlt dem einzelnen Vater naturgemäß stets der systematische Vergleich zum Vaterverhältnis all jener Kinder mit Vollzeitmuttis.

Zudem hat ja auch der präsente Papa genug Frustrationserlebnisse, die ihn am Sinn seines Tuns zweifeln lassen. Wenn dem Kind die Tränen über die Wangen kullerten, weil statt der lautstark eingeforderten MAMA nur der blöde Papa mittags den selbst gemachten Karotten-Kartoffel-Brei mit Biokalbfleisch fütterte, dann wollte Jonas manchmal am liebsten mitheulen. Und Yassin musste sich eingestehen, dass das, was bei seinen Töchtern fürs Füttern gilt, eben noch lange nicht fürs Ins-Bett-Bringen gilt.

Auch Markus hatte das Gefühl, dass es in seiner immerhin zwölfmonatigen Elternzeit eine Weile dauerte, bis er durch tägliches Füttern, Herumtragen und Bespaßen in der Kindesgunst mit Mutti gleichzog.

So simpel ist es also nicht mit der Wirkung der Vätermonate. Sogar wenn scheinbar eindeutige Hinweise das nahelegen. Jonas' Töchterlein zum Beispiel kickt im Alter von fast zwei Jahren schier unermüdlich einen Ball durch die Gegend – aber ganz sicher nicht, weil sie bis zum Alter von einem Jahr ihren Papa als Trainer hatte. Jonas findet die Bundesliga nämlich tendenziell langweilig und liest beim Frühstück in der Zeitung lieber was über Bankenkrisen als über Bayern München. Seine Tochter hingegen klettert inzwischen morgens auf seinen Schoß und verlangt herrisch, man möge auf der Suche nach »Ball!« den Sportteil durchblättern. Wo sie diese Leidenschaft herhat, bleibt ihr Geheimnis.

Der väterliche Einsatz lohnt sich aber dennoch sehr wohl, wie Wissenschaftler herausgefunden haben – und zwar für

Kind und Vater. Und das besonders innerhalb des ersten Lebensjahres.

Denn Kinder entwickeln in diesem entscheidenden Zeitraum zu einigen wenigen Menschen Bindungen, wie die Psychologin Becker-Stoll erklärt – also genau in dem Zeitraum, um den es bei der Elternzeit geht. Die Forscherin bezeichnet den dritten bis neunten Monat als besonders wichtig. Es lohnt sich, über diesen Befund nachzudenken – vielleicht auch schon bei der Planung und Aufteilung der Elternzeit. Denn im Umkehrschluss bedeuten die Ergebnisse von Becker-Stoll, dass zwei Vätermonate nach zwölf Muttermonaten vielleicht nicht unbedingt die beste Lösung sind, auch wenn natürlich andere Faktoren für eine solche Aufteilung sprechen mögen. Früher und länger: Für die Beziehung zwischen Vater und Kind wäre das wohl das Optimum. »Bindung entsteht nur durch soziale Interaktion – nicht durch genetische Verwandtschaft«, sagt Becker-Stoll.

 ## Eine feste Bindung zum Vater

Manche Mütter bringen ihre Kinder an jedem einzelnen Abend seit der Geburt ins Bett – da die Kleinen Papi als Bettbringer nur ungern bis gar nicht ertragen. *Jeden* Abend, das heißt im Regelfall: Null Kino oder Theaterbesuche seit mindestens einem Jahr, weil schon der Beginn der Spätvorstellung sich mit der Bettgehzeit junger Eltern klar überschneidet. Und bis das Kind schläft, ist es auch für eine frühe Vorstellung zu spät. Markus' Sohn ist es egal, ob Mami oder Papi ihn ins Bett bringen. Und Oma kann es auch. Markus und sein Freundin können deshalb auch schon mal verschwinden, wenn ihr Sohn noch wach ist. Das verlängert den Abend um die entscheidenden Momente. Sie können Essen gehen und danach noch ins Kino. Sie können sich mit Freunden verabreden und sich dabei auf eine feste Zeit für Tischreservierung und Treffen einlassen.

Markus und seine Freundin sind überzeugt, dass dies etwas mit ihrer gleichberechtigten Sorge für ihr Kind zu tun hat. Denn so hat ihr Sohn den Vater als weitere vollwertige Bezugsperson neben der Mutter akzeptiert. Und nachdem er diesen Schritt gemacht hatte, war es auch viel leichter, sich auf Oma und andere einzulassen.

Selbstverständlich ist das nicht. Denn kümmern sich Mutter, Oma oder Babysitterin deutlich mehr um das Kind als der Vater, so rutscht dieser »ganz ans Ende der Bindungshierarchie«, sagt Becker-Stoll. Entscheidend ist die Fähigkeit und Bereitschaft der Kontaktpersonen des Kindes, auch schon kleine Signale wahrzunehmen und zu reagieren. Konkret: Nicht erst auf den Arm nehmen, wenn das Kind schon eine Viertelstunde brüllt – und dann richtig deuten, ob es Ruhe oder Anregung, Bäuchleinstreicheln oder seine Flasche braucht. Das gelingt natürlich auch dem Vollzeitpapa oft genug nicht; Wochenendväter aber haben es noch schwerer. »Je mehr intensive gemeinsame Zeit der Vater mit dem Baby verbringt«, sagt Becker-Stoll, »desto besser wird er es verstehen lernen, desto feinfühliger kann er die Bedürfnisse des Kindes nach Bindung und Exploration befriedigen, desto schöner und glücklicher wird das Zusammensein mit dem Kind für den Vater werden.«

Wenn das Kind aus der ersten und extrem engen Bindung an die Mutter hinausstrebt, auf dem langen Weg zum eigenen Ich, dann braucht es den Vater als Dritten. Auch die kleinste Loslösung von Mama ist schwer, weil das Kind Angst hat vor dem Verlassensein, wie der Psychoanalytiker Hans-Geert Metzger erklärt. Außerdem muss es die Gleichzeitigkeit widerstrebender Gefühle aushalten, vom eigenen Festklammern und dem Wegwollen. Ist ein präsenter Papa da, wird alles leichter. Dem Kind droht nicht der Fall ins Nichts, wenn es sich von der Mutter löst. Natürlich können andere enge Bezugspersonen den Platz des Vaters im Beziehungsdreieck mit Kind und Mutter übernehmen. Aber das wäre – jedenfalls aus väterlicher Sicht – doch ein bisschen schade.

 ## Von Jungs und »Meechen«

Gerade für kleine Jungs ist es wichtig, dass sie eine enge Beziehung auch zu männlichen Rollenvorbildern haben, da sind sich fast alle Fachleute einig. Kinder erkennen verblüffend früh, wer Mann und wer Frau ist – Jonas' Tochter war noch keine zwei Jahre alt, als sie es bei dieser Unterscheidung schon sehr genau nahm und sich selbst voller Entdeckerstolz als »Meechen« bezeichnete. Allzu leicht passiert es jedoch, dass kleine Kinder von früh bis spät nur Frauen um sich haben: eben Mütter, Omas, Babysitterinnen und später noch die Erzieherin im Kindergarten und die Grundschullehrerin. Ein Mann in der Vaterzeit durchbricht nicht nur frühzeitig diese Frauendominanz, sondern er zeigt zugleich seinen kleinen Beobachtern, dem Baby und vielleicht mehr noch dessen größeren Geschwistern, dass ein Papa eben auch den lieben langen Tag füttern und trösten kann. Der Mann in der Vaterzeit bricht also nicht nur für sich mit den Klischees, sondern auch für seine Kinder.

Yassins Töchter zum Beispiel haben ihn regelmäßig zum Einkaufen begleitet. Sie sahen ihn Gemüse begutachten, Windeln einpacken, bei Schlecker mit dem Doppelkinderwagen die Ware aus den Regalen rempeln, nur um dann doch in die andere Drogerie zu hetzen, weil die Pre-Nahrung mal wieder nicht vorrätig war. Beim Spülen hat er seine jüngere Tochter oft aus dem Tragetuch zugucken lassen, und die ältere Tochter freut sich darauf, mit ihm die »Wässe« aufzuhängen. (Sie macht es aber auch gerne mit der Mutter!)

Markus' Sohn wiederum sieht seinen Vater viel kochen. Fast jeden Tag. Nicht so, wie es traditionelle Männer tun: Alle drei Monate kunstvoll die Schürze umbinden, mit einem japanischem Messer mit gefalteter Stahlklinge ein Rinderfilet in Scheiben schneiden, kurz braten und sich von den Gästen feiern lassen, während Mama die Küche säubert, in der es aussieht, als hätten die apokalyptischen Reiter vorbeigeschaut. Markus beschränkt sich während der Woche eher auf eine Art wortwörtlicher Hausmannskost. Nicht so deftig wie das Original, aber so, dass die Küche danach schnell wieder sauber ist und das Essen auch dann pünktlich fertig wird, wenn zwischendurch sein Sohn erst das Programm der Waschmaschine unterbricht, dann den Ofen einschaltet und sich schließlich an einer Küchenhocker-Erstbesteigung versucht. Wer unter diesen Bedingungen die Nudeln bissfest hinkriegt, der ist ein echter Küchenmeister. Und wenn der dann alle drei Monate mal eine Kochshow abzieht, dann wirkt das auch nicht so albern.

Auf diese Weise überpinseln Markus und seine Freundin erfolgreich alle möglichen Bilder, auf denen alte Rollenklischees festgehalten sind. Ihr Sohn sieht seine Mutter mit frisch gebügelter Bluse ins Büro gehen und sabotiert danach seinen Vater beim Einräumen der Spülmaschine. Er kennt aber auch seinen Papa im Anzug und stört dann halt Mama beim Wäsche aufhängen. Einzig beim Auto bleibt alles, wie es sich gehört. Dass Papa die Schrauberei mit der Werkstatt abklärt, versteht sich in Markus' Familie von alleine. Irgendwo muss ja auch mal Schluss sein mit dem Traditionsbruch.

Von Vätern und Vätern

Ein Viertel aller Väter gehört zum »fassadenhaften Typ«, wie Andrea Bambey und Hans-Walter Gumbinger vom Frankfurter Institut für Sozialforschung bei der Befragung von mehr als 1500 Männern herausfanden. Diese Väter finden ihre Beziehung zum Kind ganz großartig und halten die traditionelle Rollenaufteilung in der Familie für furchtbar falsch. Aber dieser Selbsteinschätzung entspricht der Alltag mit Frau und Kind leider keineswegs. Der fassadenhafte Vater entlastet seine Frau nur selten, und ihm fehlt die emotionale Beziehung zum Kind. Das versucht er mit einer besonders expertenhaften Haltung auszugleichen, schreiben die Wissenschaftler. Das Ganze »begünstigt eine stärkere emotionale Verstrickung der Kinder mit der Mutter« – Folge seien »Ängste der Kinder vor neuen Situationen«. Auch das zeigt deutlich, was es dem Kind bringt, wenn ein Vater sich tatsächlich intensiv kümmert.

Das Gegenbild zum oberflächlichen Vater ist den Forschern Bambey und Gumbinger zufolge der »egalitäre Vater«, der auf Gleichberechtigung aus ist und tatsächlich mit den alten Rollenbildern zu brechen versucht. Fast ein Drittel aller Väter zählt hierzu. Zwar nerven auch diese Superpapas ein bisschen, weil sie bei den Befragungen kundtun, sich ihrer Rolle sicher zu sein. Doch bei ihnen ist die Kluft zur Praxis offenbar nicht ganz so groß.

Traditionell eingestellte Väter, die sich partnerschaftlich um die Kinder kümmern, schneiden in der Studie auf ihre Art übrigens genauso gut ab wie die Rollenbild-Zertrümmerer. Problematisch sind laut der Studie jedoch jene Väter, die distanziert auf ihre Kinder reagieren. »Besonders bei einem randständigen Vater haben die Kinder große Angst, dass die Familie auseinanderbricht, dass einer für immer weggeht«, berichten die Forscher. Allerdings ist es kein Allheilmittel, wenn Väter Elternzeit nehmen. Gerade die unsicheren und gereizten Väter gehen laut der Studie überdurchschnittlich oft in Elternzeit, weil sie aufgeschlossene und moderne Papas sein wollen. Aber dann sind sie überfordert mit der Situation.

Umgekehrt entwickeln sich die Kinder von Männern, die keine Vätermonate nehmen, nicht zwangsläufig schlechter. Schon immer hat es liebevolle Väter gegeben, die ihren Kindern trotz hoher Arbeitsbelastung viel Zuwendung geben konnten, das haben wissenschaftliche Befragungen gezeigt. Am Ende zählt auch, ob die Männer sich wohlfühlen in ihrer Rolle: Glückliche Väter sind eine gute Voraussetzung für glückliche Kinder. Auch in diesem Sinne kann es dem Kind etwas bringen, wenn Papa die Vätermonate nimmt.

»Die Erfahrung zu machen, dem eigenen Kind eine sichere emotionale Basis geben zu können, und erleben zu können, dass das eigene Kind sich vertrauensvoll an einen selbst gebunden hat«, sagt die Psychologin Becker-Stoll, »das wäre dann doch das Vaterglück, oder?«

 ## Von Wunsch und Wirklichkeit

Die Kluft ist groß zwischen Wunsch und Wirklichkeit der Väter – und zwischen Reden und Machen. Fast 70 Prozent aller Väter erklärten vor der Geburt ihres Kindes, dass sie es später natürlich auch füttern wollten. Tatsächlich nahmen dann nicht mal 50 Prozent der Papas Löffel und Lätzchen in die Hand, wie eine Studie im Auftrag des Bundesfamilienministeriums ergab. Fast 60 Prozent der werdenden Väter hatten den guten Vorsatz, für das schreiende Kind nachts aufzustehen – bloß 20 Prozent taten das später tatsächlich.

Jonas wachte zwar auch oft nicht auf, wenn sein Töchterlein brüllte. Wahrscheinlich, weil er insgeheim die Aufgabe des nächtlichen Aufstehens an seine Frau delegiert hatte – sein Hirn wusste auch im Schlaf, dass die Mama sich kümmert. Einmal hatte Jonas noch spät am Laptop gearbeitet und kam genau zu dem Zeitpunkt ins Schlafzimmer, als das Kind losquäkte. Und da konnte er beobachten, wie seine Frau aus dem Tiefschlaf hochfuhr und schon halb aus dem Bett gesprungen war, bevor sie überhaupt wirklich aufwachte und halbwegs ansprechbar war.

Gerade deshalb aber fand Jonas' Frau es gut, dass der Papa wenigstens tagsüber in den anstrengenden ersten Monaten mit dem Baby einen erheblichen Anteil der Betreuung übernahm. Und das bringt dann auch wieder was fürs Kind. Eine Mama, die mit dem Vater leidlich zufrieden ist und sich nach den ersten Monaten mit dem sie buchstäblich aussaugenden Kind ein wenig entlastet fühlt, kann ihrerseits einen Hauch entspannter mit dem Kind umgehen.

Andererseits gibt es die Kluft zwischen Anspruch und Wirklichkeit selbstverständlich auch bei Vätern, die Elternzeit nehmen. Nichts ist leichter, als bestimmte Entscheidungen bis auf den Abend und Mamas Ankunft zu verschieben. Oder die Hausarbeit liegen zu lassen, weil man sich ja die ganze Zeit ums Kind gekümmert hat. Das mag zwar vordergründig dem Wohl des Kindes dienen – tut es aber in Wahrheit nicht, wenn anschließend Streit ins Haus steht.

 ## Liebe, Leistung und gemeinsam Durchlebtes

Vaterzeit bedeutet, diese Erfahrung hat Jonas gemacht, dass man das Kind als Aufgabe ernst nimmt. Es krabbelt nicht nur nebenbei mit, es steht im Zentrum der väterlichen Aufmerksamkeit. Als Jonas eines Abends, das Kind war endlich im Bett und wieder mal standen Nudeln mit Pesto als schnelles Essen auf dem Küchentisch, seiner Frau gegenüber die Betreuung der Tochter als seinen »Job« bezeichnete, hatte sie sich erst mal sehr geärgert. »Job« klang in ihren Ohren abwertend. Wie etwas, das eben erledigt werden muss, eine lästige Pflicht. Dabei hatte Jonas genau das Gegenteil gemeint: Die Betreuung seiner Tochter hatte er für ein paar Monate gewissermaßen zu seinem Beruf gemacht, der Mühe und Freude mit sich bringt, und bei dem man Leistung bringen muss und will. Natürlich war das übertrieben, und vielleicht ist diese Sprachbild des »Jobs« auch typisch männlich. Tatsächlich geht es beim Betreuen eines Babys weniger um Leistung als vielmehr um Liebe – schon weil erst die das nötige Durchhaltevermögen erzeugt.

Dennoch, es ist gerade beim ersten Kind ganz gut, wenn sich der Vater eine Zeit lang wirklich auf seine neue Aufgabe konzentrieren kann – als Start in das Abenteuer, das man Familie nennt. Und wem es als gedankliche Brücke vom richtigen Beruf zur Vollzeit-Vaterschaft hilft, der kann sich die Elternzeit ja auch ruhig als einen neuen »Job« vorstellen. Man muss es nur vielleicht nicht gleich so sagen.

Auch Markus ist überzeugt: Die schlichte Tatsache, dass er seinem Sohn in den Vätermonaten besonders viel Zeit und Aufmerksamkeit entgegengebracht hat, war für das Kind schon an und für sich eine positive Lebenserfahrung.

Was es dem Kind bringen würde, wenn er ein Jahr zu Hause bliebe, darüber hatte Markus bei seiner Entscheidung für die Elternzeit ursprünglich gar nicht ernsthaft nachgedacht. Er konnte sich einfach nicht vorstellen, dass es dem Kind schaden würde. Ihm selbst würde es nützen, seiner Freundin auch. Also stand dem Vorhaben nichts im Wege.

Die Selbstzweifel begannen erst, als er dann alleine mit Kind zu Hause saß. Und Mama war jetzt wirklich weg. Zwar nur tagsüber und das auch erst mal nur vier Tage die Woche. Das Kind verwalten, das konnte er ziemlich bald. Füttern, wickeln, anziehen und mit dem Kinderwagen durchs Viertel ziehen. Kreativer Blödsinn, Kind bespaßen: auch kein Problem. Eine strukturierte Herangehensweise oblag bis dahin aber seiner Freundin. Sie hatte eine Reihe von Ratgebern gekauft und sich die Liedtexte im Krabbelkurs gemerkt. Markus konnte bei Übernahme der Betreuung außer Bruchstücken von »Alle meine Entchen« kein einziges Kinderlied singen.

Doch dann war alles irgendwie gar nicht so schwer. Markus blieb bei seiner Linie und probierte mit seinem Sohn vieles spontan aus, seine Text- und Erziehungssicherheit wuchsen. Und mehr und mehr hatte er das Gefühl, so eine Art Plan zu verfolgen. Hilfreich war die Erkenntnis, dass zumindest bei Kleinkindern Zuwendung, Anregung und Fürsorge offensichtlich von überragender Bedeutung sind und der ganz große pädagogische Plan noch Zeit hat zu reifen.

Yassin hat ebenfalls die Erfahrung gemacht, dass schon die viele miteinander verbrachte Zeit fast zwangsläufig etwas Positives ist – für beide, Vater und Kind. Er ist überzeugt, dass die Vätermonate ein anderes und engeres Verhältnis zu seinen Töchtern haben wachsen lassen, als es sonst vielleicht möglich gewesen wäre.

An einem Beispiel ist ihm das besonders klar geworden: Als seine ältere Tochter mit einem guten Jahr in die Kindertagesstätte kam und er die erste Woche der Eingewöhnungsphase mit ihr verbrachte. An den ersten beiden Tagen durfte Yassin sich mit seiner Tochter gemeinsam auf den Fußboden setzen und sich umschauen: Wie sind die anderen Kindern so? Wie die Erzieherinnen? Was für Spielzeug gibt es? Nach einer halben Stunde war alles vorbei und die beiden gingen nach Hause oder auf den Spielplatz. Kein Problem. Aber am dritten Tag lautete die Order der Erzieherinnen an Yassin: »Rausgehen, sobald das Kind abgelenkt ist!« Zum ersten Mal überließ Yassin da seine Tochter unbekannten Menschen, zum ersten Mal blieb sie zurück mit Personen, die ihr noch unvertraut waren. Für Vater und Kind war das ein einschneidender Moment. Diese gemeinsam erlebte Eingewöhnungswoche mit großen, neuen Erfahrungen für beide hat Vater und Tochter zusammengeschweißt. Glaubt Yassin jedenfalls. Seine Tochter hat das alles natürlich alles schon längst vergessen. Sie wird sich auch später nicht bewusst daran erinnern können. Aber trotzdem: Ist es völlig absurd anzunehmen, dass etwas davon hängenbleiben wird? Zum Beispiel, dass für sie unbewusst immer klar sein wird, dass Mama und Papa stets zu gleichen Teilen an den einschneidenden Erlebnissen ihres Lebens beteiligt waren? Dass sie sich gleich sicher und beschützt fühlt, egal, ob Vater oder Mutter sie irgendwohin begleiten?

 ## Ein gutes Gefühl

Eigentlich hätten die Kinder von Markus, Jonas und Yassin dieses Kapitel schreiben müssen. Es ist etwas anmaßend, denen, die sich selbst nicht dazu äußern können, zu unterstellen, dass es gut für sie sei, wenn Papa Elternzeit nimmt.

Zum Glück sind sich die Wissenschaftler ziemlich einig, dass es so ist. Es gibt überhaupt keinen Grund, daran zu zweifeln, dass es Kindern etwas gibt, wenn Väter im ersten Lebensjahr viel Präsenz zeigen.

Aber Markus, Jonas und Yassin wären sich auch ohne die wissenschaftlichen Untersuchungen sicher gewesen, dass es sich so verhält. Sie haben es gefühlt, wahrgenommen, an kleinen und großen Zeichen ablesen können. Vätermonate bedeuten nicht nur Wickeln und Füttern und Saubermachen. Sie bedeuten nicht nur, seiner Frau oder Freundin etwas Entlastung zu verschaffen. Sie bedeuten auch, seinem Kind als Person zu begegnen, sich aneinander zu gewöhnen, sich kennenzulernen, sich gegenseitig zu prägen. Auch, sich körperlich nah zu sein. Eine Familie zu werden.

Es geht keineswegs darum zu behaupten, Väter würden alles genauso gut oder schlecht machen wie Mütter. Sie machen es einfach ein bisschen anders. Aber am Ende liegt darin ihr Erfolgsgeheimnis: Sie runden das Bild ab. Wenn Mama der Zimt ist, dann ist Papa der Zucker. Und dass beides zusammen den Grießbrei erst lecker macht, das weiß ja nun wirklich jedes Kind.

KAPITEL 3

Wie sag ich's meinem Chef?

Es ist ein bisschen wie beim Zahnarzt. Dieses mulmige Gefühl, dieses leichte Ziehen in der Magengegend. Die Unsicherheit über das, was gleich passieren wird. Gespräche mit dem Chef oder der Chefin sind nicht immer angenehm. Denn dass Chef und Arbeitnehmer oft unterschiedlicher Meinung sind, liegt in der Natur der Sache und an der jeweiligen Perspektive: Was bedeutet »betriebsübliche Arbeitszeit«? Wie hoch ist ein faires Gehalt? Glaubt man der Statistik, ist auch die Wahrnehmung bezüglich der Elternzeit ziemlich unterschiedlich. Nahezu drei Viertel aller Väter fürchten negative Konsequenzen, wenn sie familienfreundliche Angebote wie etwa die Elternzeit nutzen, so eine Studie. Diese Sorge sei unbegründet, versichern hingegen in einer Umfrage im Auftrag des Familienministeriums beinahe zwei Drittel der Personalverantwortlichen. Mehr noch: Sie begrüßen eine Unterbrechung der Berufstätigkeit durch Väter ausdrücklich. Vor der Einführung des Elterngelds sah dies allerdings noch nicht mal die Hälfte der Personaler so. Haben sie damals die Wahrheit gesagt oder tun sie es heute, hat sich ihre Einstellung geändert oder nur ihre PR-Strategie? Fakt ist, dass jeder Zweite der Personaler »spürbare Schwierigkeiten« erwartet, wenn ein Mann ein ganzes Jahr aussteigen will. Was von den Zahlen her also unklar bleibt, kann im Einzelfall tiefgreifende Auswirkungen auf die Lebensplanung eines Vaters haben. Für Yassin und Markus hat sich der Gang zum Chef gelohnt. Sie konnten die Vorteile der Elternzeit genießen, ohne Nachteile im Job in Kauf zu nehmen. Nun gibt es aber gute Chefs und schlechte Chefs. Die Frage »Wie sage ich es meinem Chef?« ist eine der schwierigsten bei der Vorbereitung der Elternzeit.

 ## Erst denken, dann reden

Es geht um Persönliches, aber im Gespräch zählt Professionalität. Wer mit dem Chef über Elternzeitpläne und Vatersein reden will, sollte dies sehr sorgfältig vorbereiten – genauso wie zum Beispiel ein Vorstellungsgespräch für einen neuen Job. Nicht das Bittebitte zählt, sondern das gute Argument. Gefühl auch – aber eher das Gefühl fürs Gegenüber, das Gespür für die Emotionen des Chefs oder der Chefin. Am wichtigsten aber ist: Man muss wissen, was man will. Und darf dann, bei aller Flexibilität, nicht wackeln.

Nicht zu früh und nicht zu spät!

Bei der Beantragung der Elternzeit können Väter leicht in eine Fristenfalle tappen. Spätestens sieben Wochen vor Beginn der Elternzeit muss der Antrag beim Chef sein. Das Problem für Männer: Genau acht Wochen vor Beginn der Elternzeit beginnt ihr außerordentlicher Kündigungsschutz, der aus der beantragten Elternzeit resultiert. Wer es juristisch sicher mag, hat also gerade mal eine Woche Zeit für seinen Antrag. Stellt er ihn früher, hat er keinen Kündigungsschutz, stellt er ihn später, ist er nicht mehr fristgerecht. Ein echtes Dilemma für Männer. Frauen betrifft das weniger, da sie für gewöhnlich bei Beantragung der Elternzeit ohnehin schon außerordentlichen Kündigungsschutz durch die Schwangerschaft genießen.

Viele einschlägige Ratgeber, wie etwa die Stiftung Warentest-Tochter *Finanztest*, raten denn auch tatsächlich zur Abgabe acht Wochen vor Beginn. Wer an einem vertrauensvollen Umgang mit dem Arbeitgeber interessiert ist und eine Fortführung der Karriere plant, sollte sich so ein Vorgehen allerdings überlegen. Zwei Monate sind gerade für verantwortungsvolle Jobs kein ausreichender Zeitraum für den Arbeitgeber, um eine Elternzeitvertretung zu organisieren oder den Wegfall eines Mitarbeiters intern auszubalancieren. Sowohl Yassin als auch Markus haben ihre Pläne im Vertrauen auf eine verantwortungsvolle Zusammenarbeit jedenfalls weit früher angemeldet.

Ein zweiter Faktor ist für die Wahl des richtigen Zeitpunkts entscheidend: Der Chef muss den Kopf frei haben für das Gespräch über die Elternzeit. Wenn beim Arbeitgeber PR-Agentur gerade ganz dringend das Konzept für einen großen Kunden fertiggemacht werden muss oder wenn beim Arbeitgeber im Handel das Weihnachtsgeschäft bevorsteht, lässt es sich schlecht reden. Das ist eigentlich klar, aber werdende Väter vergessen manchmal auch Selbstverständlichkeiten. Wenn Chef und Mitarbeiter allerdings dauernd atemlos von einem Projekt zum nächsten hetzen, dann gibt es den geeigneten Zeitpunkt für das Personalgespräch vielleicht einfach nicht – und trotzdem muss es sein. Dann kann der Vater zeigen, dass er ein Mann ist: Mutig ist es, in Elternzeit gehen zu wollen, selbst wenn reaktionäre Chefs den Papa für einen Drückeberger halten könnten. Die wahren Drückeberger aber sind jene, die aus Furcht vor den Folgen gar nicht erst den Versuch riskieren, ihre Vätermonate zu nehmen.

Auf der Internetseite der Zeitschrift *Finanztest* steht ein kostenfreier Vordruck zur Beantragung der Elternzeit zur Verfügung. So vermeiden Väter formale Fehler bei der Beantragung.

Mit allen reden!

Markus hat wie viele Mitarbeiter in größeren Organisationen nicht den einen Chef oder die eine Chefin, sondern Abteilungsleiter, Geschäftsführer, Vorsitzende, Personalleiter. Meist gilt: Je größer der Laden, desto mehr Chefs oder chefähnliche Ansprechpartner gibt es. Mit wem reden? Markus sprach einfach mit allen. So fühlte sich auch niemand übergangen. Gerade für Fachkräfte, die mit vielen Kollegen und Vorgesetzten zusammenarbeiten, empfiehlt es sich, ausgiebig Gespräche zu führen. Dadurch wird niemand dem Elternzeitler einen mitgeben wollen, nur weil er sich auf den Schlips getreten fühlt. Die exakte Reihenfolge der Information ist Ermessenssache, die ein gewisses Fingerspitzengefühl erfordert. Wer aber glaubt, es wäre ausreichend, einmal allen Mut zusammenzunehmen, raus mit dem Wunsch und dann wieder schnell ins eigene Büro, der gibt damit auch die Hoheit über seine Kommunikation auf. Und hat es nicht mehr in der Hand, was der Personalchef dem Abteilungsleiter erzählt oder umgekehrt.

Job und Unternehmen loben!

Ein ganz bestimmter Eindruck darf keinesfalls beim Chef entstehen: Dass der väterliche Wunsch nach Elternzeit Ausdruck von Unzufriedenheit oder nachlassendem Einsatzwillen ist. »Commitment« ist das zugleich griffige und unscharfe Fachwort, das Personalleiter gern verwenden: Eine Selbstverpflichtung zum Engagement, ein Bekenntnis zur Firma, so lässt sich das ins Deutsche übersetzen. Man sollte ruhig ausdrücklich erklären, dass die Entscheidung für die Vaterzeit keine Entscheidung gegen den Job ist.

Wer seine Motivation für die Vätermonate darlegt, muss und darf oft »Ich« sagen. Er sollte aber auch vom »Wir« sprechen, um das Gemeinsame in der Firma zu betonen. Man kann sich vorher in Ruhe überlegen, was einem eigentlich an der eigenen Stelle und am Unternehmen insgesamt gefällt – und dann sollte man das dem Chef auch sagen. Nicht, um ihn gnädig zu stimmen, sondern um deutlich zu machen, dass die Vätermonate keine Flucht sind. Wer offenkundig gerade ein paar Probleme im Betrieb hat, kann das natürlich nicht verschweigen. Er kann aber erklären, dass er die Punkte A-B-C nach der Rückkehr aus der Elternzeit anpacken wird, im Team mit den Kollegen, und dass er da auch schon konkrete Ideen hat, nämlich Erstens-Zweitens-Drittens.

Nicht betteln!

Was man auf jeden Fall verhindern sollte, ist winseln, rumdrucksen und sich hinter seiner Frau verstecken. Entweder der Vater will die Vätermonate – oder er sollte sie nicht beantragen. Wer zu seinem Chef geht und ihm – Zwinkerzwinker – von seinem Hausdrachen berichtet, der die Kohle unbedingt für 14 Monate will, da könne man nun mal nichts machen, wird einen unseriösen und wenig souveränen Eindruck hinterlassen. Und auch wer eine längere Elternzeit damit entschuldigt, dass seine Frau zu Hause einen auf Emanzipation mache und ihm keine Wahl gelassen habe, wird bei seinem Chef höchstens als rückgratloser Lurch im Gedächtnis bleiben.

Es ist überhaupt nicht sinnvoll, sich für seine Auszeitpläne zu entschuldigen. Natürlich kann man Verständnis dafür äußern, dass die Abwesenheit möglicherweise an der einen oder anderen Stelle Probleme aufwerfen könnte – aber dann sollte man am besten gleich einen Vorschlag mitbringen, wie das Unternehmen diese lösen oder minimieren könnte.

Im Grunde genommen ist der Wunsch nach Elternzeit eine Gelegenheit, dem Chef zu demonstrieren, dass man ein Angestellter ist, der neben seinem Job noch ein Leben hat, das er ebenfalls ernst nimmt, wo er Verantwortung übernimmt und Glück empfindet. Und dass man in der Lage ist, selbstständig für eine vernünftige Work-Life-Balance zu sorgen. Genauso wie faszinierende Hobbys, interessante Privatfortbildungen oder ehrenamtliches Engagement einen Chef beeindrucken können, kann das auch der vernünftig und präzise vorgetragene und begründete Wunsch nach Vätermonaten. Kein Chef will in Wahrheit Automaten beschäftigen.

Vor dem Gespräch mit dem Chef den eigenen Rechtsanspruch abklären. Auch, wenn man diese Karte eigentlich gar nicht ausspielen will. Hierfür zum Beispiel auf den Internetseiten des Familienministeriums nachsehen (www.bmfsfj.de). Im Zweifel rechtzeitig und vertraulich den Betriebsrat kontaktieren.

Schließlich aber sollte man nicht vergessen, dass es zum Betteln noch aus einem anderen Grund keinen Anlass gibt: Väter haben einen Anspruch auf Elternzeit – sogar, wenn sie Teilzeit arbeiten, einen Minijob haben oder sich noch in der Ausbildung befinden. Man sollte das vielleicht nicht vor sich hertragen, weil es provozieren könnte. Aber es kann sinnvoll sein, sich zumindest im Stillen vorzusagen: Ich bitte hier niemanden um einen Akt der Gnade. Ich organisiere die Umsetzung eines Rechtsanspruchs.

Rückkehr betonen!

Wer geht, sollte nicht nur betonen, dass er zurückkehrt – sondern auch wann. »Am ersten Oktober« klingt dabei besser als »in einem halben Jahr«. Genauigkeit beruhigt den Chef, das Gefühl von Planbarkeit stellt sich ein. Diesen Eindruck hatte Jonas, als er seinen Auftraggebern erklären musste, dass er demnächst acht Monate nichts für sie würde machen können. Tatsächlich schrieben sich mehrere Kunden das Datum in ihren Kalender und meldeten sich mit Aufträgen, als die Elternzeit dem Ende zuging.

Dass man nach den Vätermonaten immer noch Vater ist, also auch nach Ende der beruflichen Auszeit die Familie gegenüber der Firma nicht völlig zurücktreten wird, sollte man seinem Chef eher nicht auf die Nase binden.

Vorteile fürs Unternehmen benennen!

Alle reden über Soft Skills – jene weichen Fähigkeiten jenseits des harten Fachwissens, die in Unternehmen immer wichtiger werden. Die Fähigkeit zur Einfühlung in andere gehört dazu, Belastbarkeit im Chaos, Gelassenheit bei Konflikten, Flexibilität und Selbstdisziplin. Väter trainieren all dies automatisch, wenn sie sich ein paar Monate intensiv um ihr Kind kümmern. »Multitasking«, das zeitgleiche Bewältigen mehrerer Aufgaben, ist für sie kein Problem: Sie köcheln den Abendbrei, telefonieren dabei mit ihrer Frau, hindern das Kind am Umschmeißen des Abfalleimers, schneiden zur Begrenzung von Babys Frust (Abfalleimer!) lustige Grimassen und lassen schon mal das Badewasser mit einer Temperatur von exakt 37 Grad Celsius einlaufen.

Zwar ist Jonas dabei durchaus schon mal der Brei angebrannt und das Baby fand die Grimassen bloß furchterregend. Aber auch das trainiert zumindest die eigene Stresstoleranz. Nun wird so mancher Chef den Hinweis für arg akademisch halten, dass die Vätermonate einen Zuwachs an Sozialkompetenz bringen, der später auch am Arbeitsplatz von Nutzen ist. Was aber vielleicht hilft, ist die einfache Aussage, dass man als Vater noch einmal etwas dazulernen will. Und dass man denkt, danach einen frischen Blick auf die altbekannten Dinge im Betrieb zu haben. Mal den Kopf frei machen, mal Herz und Hand anstrengen statt nur das Hirn.

Zur Not hilft der blöde Witz, dass man nach ein paar Monaten des Frondienstes an der Wickelkommode sicher doppelt so gern wieder am Schreibtisch sitzt. Und der ernste Hinweis, dass man selbst umso besser arbeitet, wenn man weiß, dass zu Hause alles in Ordnung ist – und dass die Vätermonate der eigene Beitrag dazu sein sollen, damit die Familie einen guten Start hat. Der blöde Witz und der ernste Hinweis haben beide mit einem entscheidenden Faktor in der Arbeitswelt zu tun: Motivation. Wer als Chef sein Geschäft versteht, wird das begreifen.

Nicht zuletzt ist Elternzeit gerade modern. Markus' Arbeitgeber hat sich die Vereinbarkeit von Familie und Beruf auf die Fahnen geschrieben. Ein wichtiger Mitarbeiter, der für ein Jahr hinter dem Wickeltisch verschwindet, belegt dies nachdrücklicher als eine Hochglanzbroschüre oder ein schlau ausgedachter Slogan. Und ein gesellschaftlich modernes und familienfreundliches Gesicht kann für Unternehmen im zukünftigen Wettbewerb um Fachkräfte viel Wert sein.

Auf Vorbilder hinweisen!

Von unschätzbarem Wert ist es, wenn vor dem eigenen Antrag auf Vätermonate Kollegen im Unternehmen schon Gleiches getan haben. Diese Eisbrecher haben eine Fahrrinne freigemacht, in der es sich gut vorankommen lässt. Man kann sich im Gespräch mit dem Chef auf diese Vorbilder beziehen, ohne sie allerdings »Vorbilder« zu nennen – und ohne zu quengeln, die durften das, ich will auch. Die eigene Entscheidung für die Vätermonate muss souverän wirken, das ist das Wichtigste. Aber der Hinweis, dass auch anderswo im Unternehmen Männer in Elternzeit gehen, dass dies also – hier darf man ruhig ein wenig übertreiben – die neue Normalität sei, kann dem Chef einen Schubs geben. Als die Gewerkschaft ver.di bei einem Energiekonzern ein Väterprojekt durchführte, berichtete dort die Betriebszeitung über den einzigen Vater, der zu diesem Zeitpunkt zu Hause bei seinem Baby war. Noch während der Projektlaufzeit beantragte eine Handvoll weiterer Mitarbeiter Elternzeit. Also: Frühzeitig umhören, ob nicht Kollegen in anderen Abteilungen schon mal Elternzeit beantragt haben.

Und wenn nicht: Manchmal ist das Eis gar nicht so massiv und die anderen haben sich einfach nur nicht getraut, den Brecher zu geben. Ein Bekannter von Markus hatte als erster Mann in verantwortlicher Position in seinem Unternehmen eine befristete Teilzeitregelung mit flexibler Heimarbeit vereinbart, als sich der Kita-Platz für seinen Sohn verzögerte. Danach sprachen ihn haufenweise Kollegen an, wie er das denn geschafft habe. Eigentlich hatte er nur einen Termin vereinbart, seine Situation geschildert und seinen Vorschlag unterbreitet. Der Rest war dann die übliche Verhandlungssache. Vor ihm hatte es einfach nur noch keiner probiert.

Dem Chef ein Beispiel geben!

Manchmal kann der schlichte Hinweis auf den Konkurrenten, der es in Sachen Familienfreundlichkeit besser macht, hilfreich sein. Wer bei einem mittelständischen Gesundheitsgerätehersteller darauf verweisen kann, dass ein wichtiges Unternehmen der Branche wie Roche seinen Mitarbeitern in Elternzeit nicht nur die Mitarbeiterzeitung nach Hause schickt, sondern ein Wiedereinstiegsseminar anbietet, gibt dem Chef vielleicht zu denken. Und wer seinem Vorgesetzten in der Bank erzählen kann, dass die Commerzbank nicht nur das Programm »Fokus Väter« betreibt, sondern in ihrer Zentrale in Frankfurt auch eine Notfallkinderbetreuung hat, kann vielleicht auch in seinem Unternehmen das Umdenken befördern. Und Vorgesetzte, die sich am liebsten als nüchterne Zahlenmenschen sehen, kann gerade das Beispiel aus der Finanzbranche mit Sicherheit überzeugen. Denn die Commerzbank macht das natürlich nicht nur, weil sie gerne nett zu ihren Mitarbeitern ist: »Gut ausgebildete Eltern kehren schneller aus der Familienphase in die Bank zurück; ihr Wissen und ihre Erfahrungen bleiben der Bank erhalten. Sie arbeiten motivierter, weil sie ihre persönlichen Vorstellungen von Familie und Beruf verwirklichen können«, erklärte 2005, als die Bank eine Kindertagesstätte in Frankfurt eröffnete, der damalige

Vorstandsvorsitzende Klaus Müller die Beweggründe. Und ganz nebenbei machte die Bank noch ein sattes Plus von 140.000 Euro mit dem Projekt – trotz Kosten von 120.000 Euro pro Jahr für die Kinderbetreuung. Denn immerhin sitzen die jungen motivierten Banker im Büro und arbeiten, statt zu Hause den Ausfall der Tagesmutter oder die Krankheit der Partnerin zu kompensieren.

Wer ein Beispiel aus seiner Branche sucht, dem sei die Webseite www.erfolgsfaktorfamilie.de des Familienministeriums ans Herz gelegt. Noch ist die Zahl der Vorzeigeunternehmen begrenzt. Trotzdem: Positivbeispiele finden sich in fast allen Branchen.

Natürlich sollte man im Hinterkopf haben, dass der Grat zwischen wertvoller Anregung und Besserwisserei aus Sicht des Chefs sehr schmal sein kann. In jedem Fall aber kann das Wissen darum, dass manche Unternehmen Väter ernst nehmen und sie zu unterstützen versuchen, das eigene Selbstbewusstsein stärken. Nach dem Motto: Ganz offenbar bin ich kein Spinner, der das Unmögliche will.

Plan B nicht vergessen!

Eine gute Vorbereitung ist – wie in allen professionellen Verhandlungen – die halbe Miete beim Elternzeitgespräch mit dem Chef. Und dazu gehört immer auch ein Plan B. Was mache ich, wenn die Gegenseite erst mal nicht so auf mein Ansinnen reagiert, wie ich mir das wünschen würde? »Man sollte mehr als ein Szenario im Kopf haben«, rät Väterberater Volker Baisch. Der Coach aus Hamburg, der auch Geschäftsführer des bundesweiten Vaeter e.V. ist, weiß, dass Vorgesetzte oft verhandeln wollen. »Dafür muss man vorher wissen, wo die persönliche Schmerzgrenze liegt, und sollte diese auch mit der Partnerin besprochen haben. Viele

Vorgesetzte gehen derzeit noch sehr unbedarft und schlecht vorbereitet an die Sache heran«, konstatiert Baisch, der Unternehmen bei der Umsetzung von Elternzeitkonzepten berät. Schließlich ist auch für den Chef die Situation oft neu, dass Männer in Elternzeit gehen wollen. So gibt es selbst in großen Firmen für gewöhnlich noch keine Leitfäden zu diesem Thema. »Man sollte dem Gegenüber Alternativen lassen«, rät Baisch, »dann hat der Chef das Gefühl, aktiv zu sein.« Der Angestellte, der sich nicht dogmatisch gibt, sondern seine Elternzeit als organisatorisches Problem darstellt, bei dem auch er zur Lösung beiträgt, vergrößert seine Chancen auf eine gütliche Einigung mit dem Vorgesetzten.

Es gibt übrigens, auch rechtlich, Spielräume, die Unternehmen potenziell entgegenkommen. So ist es zum Beispiel möglich, während der Elternzeit und während des Bezugs von Elterngeld offiziell bis zu maximal 30 Stunden pro Woche zu arbeiten. Ein Bekannter von Yassin hatte sich für eine solche »Elternzeit Light« entschieden und hatte das Gefühl, gut damit zu fahren. Einen Tag in der Woche ging er in die Firma, also für rund acht Stunden die Woche. So konnte er sicherstellen, dass bestimmte geschäftliche Kontakte auch weiterhin über seinen Schreibtisch liefen. Ihm war das wichtig, weil er so weniger Sorgen haben musste, sich als ersetzbar herauszustellen.

Wer eine solche Lösung erwägt, muss freilich bedenken, dass das Elterngeld in einem solchen Fall nur für die wegfallenden, also nicht gearbeiteten Stunden gezahlt wird und entsprechend sinkt. Im Fall von Yassins Bekannten hieß das: Anteiliges Elterngeld für vier Arbeitstage pro Woche. Man verdient sich also nichts dazu.

Davon abgesehen gilt es abzuwägen, ob sich eine solche Begrenzung überhaupt realistisch durchhalten lässt – oder ob die bewusst aufrechterhaltene Illusion, man sei nach wie vor an seinem Arbeitsplatz, nicht doch dazu führt, dass man auch an den anderen Wochentagen öfter ans Handy geht, als man es sich eigentlich vorgenommen hatte. Und ob die intensiven Vätermonate, so wie Jonas, Markus und Yassin sie erlebt haben, unter diesen Umständen überhaupt möglich sind.

Den Chef kennen!

Wir reden nicht nur mit einem Chef, wenn wir mit unserem Vorgesetzten über Elternzeit reden – wir reden auch mit einem Mann und vielleicht Vater. Manchmal – aber immer noch sehr selten – mit einer Frau und vielleicht Mutter. Wichtig für den Gesprächserfolg ist eine möglichst genaue Einschätzung, wie der Chef zur eigenen Familie steht. Ist er der traditionelle Typ, der sich mit Kinderbetreuung und Haushalt nicht abgibt, so hat der Vater mit dem Wunsch nach Elternzeit wahrscheinlich ein Problem. In diesem Fall sollte man vielleicht eher davon sprechen, dass die frisch gegründete Familie einen gerade jetzt braucht, dass man daheim anpacken will, also auf Werte und Pflichten anspielen. Oft wissen aber vor allem jüngere Chefs mit modernen Frauen aus eigener Erfahrung, wie schwierig es ganz am Anfang mit dem Baby ist – und wie schön. Oft bekommen Führungskräfte es wegen der Firma selbst nicht hin, genug Zeit für ihre Kinder aufzubringen. Das ist dann eine Chance für den Vaterzeitler. Er kann testweise ein bisschen von seinem Nachwuchs erzählen, dann vielleicht direkt fragen, ob der Vorgesetzte auch Kinder hat. Reagiert der mit eigenen Geschichten, hat man schon fast gewonnen. Wenn er dem Wunsch nach den Vätermonaten entspricht, kann der Chef hier der gute Mensch sein, der er gegenüber seinen Kindern gern wäre.

In Kontakt bleiben!

Wer bei der Elternzeit Ärger mit dem Arbeitgeber befürchtet, könnte von vornherein deutlich machen, dass er auch während seiner Zeit zu Hause nicht aus der Welt ist. Allerdings sollte man gut nachdenken, bevor man demütig die ständige telefonische Erreichbarkeit verspricht. Das Handy am einen Ohr, während in das andere ein strampelndes Baby brüllt – so etwas stresst enorm. Vor Beginn seiner Elternzeit war das oft genug Markus' Abendritual. Er hatte endlich kurz vor der Schlafenszeit seinen Sohn auf dem Arm, da klingelte sein Handy. Meist versprach der Gesprächspartner dann, sich kurz zu fassen, um dann doch hemmungslos alles loszuwerden, was ihn bedrückte und natürlich niemals bis morgen warten konnte. Besser ist da während der Elternzeit die Ansage, zweimal die Woche seine E-Mails zu lesen und zu beantworten, denn das lässt sich auch nach dem Ins-Bett-Bringen des Nachwuchses erledigen. Doch auch hier sollte man darauf achten, nicht zu viel zu versprechen. Die Elternzeit sollte dem Kind gehören.

Vielleicht lassen sich die Vätermonate aber mit einer – nicht allzu zeitaufwendigen – kleinen Fortbildung kombinieren. Etwas für die Abendstunden in der Elternzeit, das nach der Rückkehr in den Job auch dem Unternehmen zugute kommt, das Aufpolieren der Englischkenntnisse vielleicht oder ein neues Computerprogramm.

Ganz wichtig: Zur Weihnachtsfeier, zum Sommerfest zu gehen. Auch wenn einem etwas flau zumute ist, weil nicht jeder im Betrieb glücklich über die väterliche Auszeit ist. Oder weil die durchaus nett gemeinte Frage, wie es denn so ist ganz ohne Büroalltag, nach dem zehnten Mal etwas anstrengend wird.

> Vor dem Gespräch mit dem Chef eine Checkliste machen: Welche Punkte will ich ansprechen? Am besten mit einer Rangfolge nach Wichtigkeit und mit logischen Verknüpfungen: Wenn er dies sagt, entgegne ich jenes. Sklavisch daran halten muss man sich nicht. Immer besser: Locker, ehrlich und spontan bleiben.

Und natürlich muss man den Grund der eigenen Abwesenheit ein paar Wochen nach der Geburt in der Firma den Kollegen vorzeigen. So ein winziges Kind auf dem Arm überzeugt enorm. Und die dunklen Ringe unter den Augen des Vaters tun es auch.

 ## Gute Chefs

»Dann organisierst du wenigstens die Suche nach einer ordentlichen Elternzeitvertretung.« Diese klare Ansage war der einzige klitzekleine Stein, der Markus bei seiner Elternzeit in den Weg gelegt wurde. Bei keinem seiner Gespräche mit Vorgesetzten wurde sein Entschluss in Frage gestellt, niemand deutete irgendwelche Nachteile an. Bei dem einen oder anderen hatte er das Gefühl, dass ihm seine Auszeit nicht passte, aber das konnte man auch als indirektes Kompliment und Anerkennung seiner Arbeit werten. Tatsächlich schienen sich seine Gesprächspartner ehrlich für ihn zu freuen. Gerade mit den Eltern unter ihnen wechselte das Thema oft nach einer kurzen Klärung des Sachverhalts nahtlos zur Frage der richtigen Höhe von Wickelkommoden.

Klar kann man diesen Fall nicht verallgemeinern, aber Markus kann nur berichten, dass auch er gehörigen Respekt davor hatte, seinen Arbeitgeber zu informieren – und dann war alles ganz einfach.

Yassin erging es ähnlich: »Ich bin dann mal weg«, verabschiedete er sich per Rundmail an alle Kolleginnen und Kollegen, als er seinen letzten Arbeitstag vor der Elternzeit hatte – und erhielt postwendend ein gutes Dutzend Antwortmails mit netten Wünschen. Als er vier Monate später wieder im Büro saß, meldete er sich ebenfalls per Rundmail wieder zurück – und wurde genauso herzlich begrüßt.

Yassins Arbeitgeber hat sich bei der ersten Elternzeitphase sogar besonders flexibel gezeigt und zugestimmt, als Yassin darum bat, das Ganze einen Monat vorzuziehen.

Freiberufler haben es einerseits einfach, andererseits schwer. Jonas ist sein eigener Chef, da geht es ihm als Texter nicht viel anders als einem selbstständigen Architekten, einem Anwalt in der Ein-Mann-Kanzlei oder einem freien PR-Berater. Sie alle können ihre Arbeitszeit nach Belieben gestalten, wobei sich allerdings jede Urlaubswoche als Minus auf dem Konto zeigt. Faktisch hat Jonas natürlich doch Chefs, sogar ganz viele: seine Auftraggeber. Von jedem einzelnen ist er weniger abhängig als ein Angestellter im Betrieb; von allen zusammen aber ist er stark abhängig, denn ohne Aufträge ist sein Einkommen gleich null. Insofern ist das Risiko des Freiberuflers bei der Elternzeit größer als das anderer Väter. Während die Angestellten Ärger kriegen und einen Karriereknick erleiden können, droht dem Freiberufler gleichsam die fristlose Kündigung. Auftraggeber neigen dazu, frei Arbeitende für frei verfügbar zu halten.

Überraschenderweise hat Jonas in diesem Punkt jedoch nur gute Erfahrungen gemacht. Seine Auftraggeber waren zwar zum Teil nicht besonders erfreut, als er ankündigte, acht Monate lang nichts mehr liefern zu wollen. Aber sie hatten Verständnis – und im Prinzip fanden sie es sogar gut. Schließlich sind es Redaktionen, und Jonas machte das, worüber alle schon mal etwas im Blatt hatten: Was tun für Kinder und Familie, Work-Life-Balance verbessern. Indirekt signalisierte Jonas mit der Entscheidung für die Vätermonate auch Selbstbewusstsein: Ich kriege schon noch Aufträge nach der Elternzeit. Wenn solche Signale halbwegs zur Qualität der vorher abgelieferten Arbeit passen, dann können sie positiv wirken. Weil der Auftraggeber sich denkt, der Mann muss gut sein, wenn er sich Elternzeit leisten kann. Gleiches gilt natürlich auch für Angestellte. Auch hier kann es ein Zeichen von Stärke sein, wenn man signalisiert: Ich kann es mir leisten, mal für eine Zeit was anderes zu machen. Wichtig ist nur das Zutrauen, dass es irgendwie weitergehen wird. Was es dann auch tut. Fast immer.

 ## Schlechte Chefs

Auch Männer haben ein Problem mit der Vereinbarkeit von Baby und Büro. Dass Frauen sich zerrissen fühlen zwischen Kind und Karriere, ist bekannt – und lange waren auch fast ausschließlich sie es, die mit diesem Zwiespalt fertig werden mussten, weil ihre Männer daheim ohnehin wenig präsent waren. Die neuen Väter aber, die ganz praktisch zu Hause Verantwortung für ihr Kind übernehmen wollen, sind mit ähnlichen Konflikten im Job konfrontiert wie die Frauen schon immer. Mit dem kleinen Unterschied, dass die Doppelbelastung der Mütter immerhin öffentlich wahrgenommen und diskutiert wird, auch wenn diese Diskussion meist skandalös folgenlos bleibt. Die Zerrissenheit der Väter hingegen wird bislang meist ignoriert oder belächelt.

Manche Chefs reagieren wenig erfreut, wenn ein Mann in ihrer Abteilung in Elternzeit gehen will. Da »werden Väter, die Elternzeit nehmen wollen, als Weicheier dargestellt – oder bei Beförderungen umgangen oder einfach aus dem informellen betrieblichen Informationsfluss ausgeschlossen«, sagt Markus Promberger vom Nürnberger Institut für Arbeitsmarkt- und Berufsforschung, der Denkfabrik der Bundesagentur für Arbeit. Zahlen gibt es hier nicht, Erfahrungen aber durchaus. »Klar hast du das Recht auf Elternzeit, sagen dann die Vorgesetzten«, berichtet Matthias Lindner von der Gewerkschaft ver.di, der Studien zur Alltagspraxis der Elternzeit in Unternehmen gemacht hat. »Geh nur, heißt es oft, aber Karrieremachen kannst du vergessen«, so schildert Gewerkschafter Lindner die Erzählungen von Beschäftigten. Ziemlich exakt so hat sich auch ein Unternehmer Jonas gegenüber ausgedrückt – und zwar kein alter Knochen, sondern ein junger, der eine erfolgreiche Firma gut führt. Seine Mitarbeiter in Führungspositionen seien zu wertvoll, sagte er, als dass er sie in Vaterzeit gehen lassen könne. Was betriebswirtschaftlich verständlich ist – aber natürlich zeigt, wie viel dem Unternehmer die Mitarbeiter wirklich wert sind. Oder wie wenig.

Die Forscher des Wissenschaftszentrums Berlin für Sozialforschung haben systematisch Doppelverdienerpaare befragt, und bei einem arbeiteten beide Partner im selben Betrieb mit demselben Vorgesetzten. Dem Mann sagte der Chef, wenn er Elternzeit nehme, sei an ein berufliches Weiterkommen im Betrieb nicht mehr zu denken. Der Vater verzichtete und wurde befördert, seine Frau blieb zu Hause beim Baby. Auch das ist eine Realität in Deutschlands Wirtschaft. »In den untersuchten Betrieben herrscht immer noch die Vorstellung, Kinder seien Frauensache«, sagt Christine Wimbauer vom Wissenschaftszentrum. »Und das waren Unternehmen, die sich als Vorreiter bezeichnet haben bei der Vereinbarkeit von Familie und Beruf.« Anderswo ist es also noch schlimmer – da macht der Chef wahrscheinlich auch der Frau noch Ärger, wenn sie unverschämterweise ein Kind bekommt.

Viel hängt von dem ab, was man etwas unscharf die Arbeitskultur im Betrieb nennt. Markus war es schon fast unangenehm, als viele Kolleginnen, aber auch Kollegen ihn als Vorbild in den Himmel lobten für etwas, was bei Frauen als selbstverständlich gilt. Sowohl Machokulturen in der Fabrikhalle als auch Karrierekulturen in den Büros können aber ein Problem sein. Und ganz übel ist es, wenn die Karrierehengste auch noch Machos sind oder sein möchten – und nur als gleichwertig akzeptieren, wer wie sie ist. Auch die Branche ist wichtig, in der man arbeitet. Banken und Versicherungen sind vergleichsweise fortschrittlich, heißt es bei der Gewerkschaft ver.di, genauso der öffentliche Dienst und ehemals staatliche Unternehmen wie die heute privatisierten Energiekonzerne. Und: Viele Großbetriebe sind im Personalmanagement flexibler und professioneller als Mittelständler, was Auszeiten wie die Vätermonate einfacher macht.

Grundsätzlich gelten hier schlicht die Gesetze des Marktes, Angebot und Nachfrage. Wo bestimmte Arbeitskräfte gesucht werden, da tun die Unternehmen auch etwas dafür, sie an sich zu binden. Familienfreundlichkeit gehört zu den Maßnahmen, die sich die Firmen auf die Fahnen schreiben – aufgebauscht als Wertemanagement. Je höher die Qualifikation eines Mitarbeiters, desto größer ist bei den Chefs die Bereitschaft, ihm Freiräume wie die Vätermonate zu gewähren, hat der Gewerkschafter Matthias Lindner beobachtet. Kein Wunder: Wer seine Mitarbeiter nach der

Elternzeit unfreundlich empfängt oder schon während der Elternzeit vergrault, muss zahlen. Durchschnittlich 43.000 Euro kostet das Ersetzen eines endgültig verlorenen Elternzeitlers durch einen neuen Mitarbeiter, berechneten die Statistiker der renommierten Prognos AG im Jahr 2003. Diese Summe setzt sich zusammen aus Verlusten durch die unbesetzte Stelle sowie den Kosten der Suche eines geeigneten Ersatzes und dessen Einarbeitung. Je qualifizierter und spezialisierter der Papa ist, desto teurer ist es, ihn zu ersetzen.

Diese Entwicklung – je qualifizierter, desto freier – knickt jedoch meist ab, sobald jemand selbst ein kleiner oder großer Chef geworden ist. Führungskräfte nehmen fast nie Vätermonate. Sie gelten als unabkömmlich, und halten sich auch oft selbst dafür.

Zwei Monate Elternzeit ist in vielen Betrieben kein echtes Problem. »Das wird gesehen wie ein verlängerter Urlaub«, erklärt der Arbeitsmarktexperte Promberger. Und die gesetzliche Regelung, dass es für zwei Vätermonate Geld gibt, dient als Schutzschild für den Wunsch nach einer Auszeit. Die Staatskohle will man nicht verfallen lassen, das ist ein vernünftiger Grund fürs Nehmen der Elternzeit, auch aus Sicht der Machos und Karrieristen. Zugleich signalisiert die gesetzliche Regelung, dass zwei Vätermonate irgendwie gesellschaftlich erwünscht sind. Wer als Mann aber mehr will, vier Monate oder acht mit dem Kind, dem machen allzu oft schlechte Chefs Probleme.

Feige Väter

Je nach Umfrage gilt knapp die Hälfte aller Väter als unzufrieden mit ihrer Situation zwischen Familie und Beruf, sind zwei Drittel für eine stärkere Beteiligung der Männer an der Kindererziehung, halten drei Viertel die Berufstätigkeit sowohl der Mutter als auch des Vaters für sinnvoll. Die Zahlen variieren, eins aber ist klar: Viele Väter wollen in der Familie nicht mehr bloß die Geldranschaffer sein. Der Witz ist nur, dass nach der Geburt eines Kindes laut Statistik die meisten Männer mehr arbeiten statt weniger. Dafür gibt es drei Gründe.

Die Familiengründung findet vor allem bei Studierten heute vielfach zeitgleich zum Berufseinstieg statt, und das ist natürlich eine Phase, in der jeder im Job richtig ranklotzen will. Nur: Ihren Frauen stellt sich dieses Dilemma mindestens genauso wie den Männern, worauf diese aber ungern Rücksicht nehmen. Zweitens haben viele Männer als Väter das Gefühl, mehr Verantwortung zu tragen, und deshalb im Beruf Erfolge produzieren zu müssen. Das ist zwar arg konventionell gedacht, aber kommt wenigstens von Herzen. Drittens ist die Vielarbeiterei aber auch eine Flucht. Die Männer wollen nicht nach Hause – und in Elternzeit wollen sie erst recht nicht.

Klar: Jeder ist unsicher, wenn mit einem Mal ein Kind da ist und man vielleicht zunächst nicht recht weiß, was man mit ihm anfangen soll. Bei aller Freude über das eigene Kind ist es doch oft auch nervig und, jawohl, manchmal langweilig. Zugleich wirkt das Baby verletzlich, man will nichts falsch machen bei all dem Anziehen und Ausziehen und Wickeln. Jonas hatte sich anfangs immer den Spruch der Leiterin des Geburtsvorbereitungskurses aus dem Krankenhaus vorsagen müssen, einer resoluten, alten Ärztin: Bei einem Baby bricht so leicht nix ab.

Die Unsicherheit geht aber oft tiefer. Viele Männer fühlen sich gerade am Anfang angesichts der innigen Zweisamkeit von stillender Mutter und nuckelndem Baby ausgegrenzt, sie merken, was sie dem Kind nicht geben können. Und so holen sie sich Bestätigung auf vertrautem Terrain, im Job. So sehen es Psychologen und Soziologen. »Wenn ein Paar Kinder bekommt, dann lässt sich beobachten, dass die vorher unter Umständen geringe geschlechtsspezifische Arbeitsteilung stärker ausgeprägt wird«, sagt der Forscher Promberger. Auch das Sinus-Meinungsforschungsinstitut fand nach der Geburt bei vielen Paaren eine »Retraditionalisierung – auf der Ebene des Verhaltens, nicht der Einstellung«. Die Frau kümmert sich nicht nur mehr ums Kind, sondern putzt auch das Klo und kauft Gemüse ein. Es ist eine bizarre Rückkehr zum Bild des am Arbeitsplatz schuftenden Papas und der zu Hause fürsorglichen Mama, die gerade bei jenen Paaren so auffällt, die vorher völlig gleichberechtigt gearbeitet haben. Wenn dann noch der Mann den besser bezahlten Job hat, was im Durchschnitt immer noch oft der Fall ist, ist alles klar. Dann strebt der Mann hinaus ins feindliche Leben und Mutti hütet das traute Heim.

Viele Männer verstecken sich auch einfach hinter dem angeblich bösen Arbeitgeber, der sie nicht in Elternzeit gehen lässt. Bis zu drei Viertel erklären in Umfragen, dass Väter, die Elternzeit nehmen wollen, berufliche Nachteile fürchten. »Es gibt da diesen vorauseilenden Gehorsam«, erklärt Promberger. Weil angenommen wird, ein Antrag auf Vätermonate verursache Probleme, »wird er gar nicht erst gestellt«. Allzu gern reden die Männer darüber, dass sie sich um die Kinder kümmern wollen, aber in Wirklichkeit rennen sie weiter jeden Tag in den Betrieb. »Verbale Aufgeschlossenheit bei weitgehender Verhaltensstarre«, so lautet der bereits berühmte Satz des Soziologen Ulrich

Beck über seine Geschlechtsgenossen. Und leider ist er in doppelter Weise wahr. Viele Firmen loben ganz allgemein das Elterngeld und Vätermonate, wollen ganz konkret ihren männlichen Mitarbeiter aber nicht gehen lassen. Und viele Väter reden gern darüber, wie wichtig ihnen ihre Kinder sind. Zu Hause bleiben, das trauen sie sich aber dann doch nicht.

Wie sag ich's meinem Chef? Mit Mut.

KAPITEL 4

Wie sag ich's meiner Frau?

Es wird krachen. Weil Mama sich zu viel einmischt in Papas neue Aufgabe der Kinderbetreuung. Oder weil Mama sich zu sehr raushält und den überforderten Papa alleine lässt.

Es ist völlig unmöglich, sich als Frau in der Paarbeziehung mit Kindern richtig zu verhalten. Genauso wie für Männer. Mit einem Kind ändert sich das komplette Leben. Das schafft Verunsicherungen, auch über die Partnerin. Als Frau kennen wir sie vielleicht schon lange. Als Mutter müssen wir uns erst noch an sie gewöhnen. Dabei hat jede Beziehung ihre eigenen Regeln, ihre eigenen Rituale und ihre eigenen heiklen Punkte. Aber so viel ist sicher: Das neue Leben mit Kind birgt viel Zündstoff. Deshalb wird es knallen. Mit seiner Frau geschickt erst über die Verteilung der Elternzeit und die Vätermonate zu reden und später über die Kompetenzverteilung am Wickeltisch, das ist gar nicht so einfach. Gute Kommunikation von Anfang an und viel Verständnis können Häufigkeit und Heftigkeit der familiären Erschütterungen aber erheblich mindern.

 **Jede Menge Ängste**

Lange war das Kinderkriegen für Jonas gar kein Thema. Erst war das Studieren wichtiger, die nächtelange Lektüre von Theoriewälzern und die improvisierte Existenz in Wohngemeinschaften. Dann kam der Einstieg in den Beruf, mit Dienstreisen und Wochenendeinsätzen. Als irgendwann die Erkenntnis sich durchfraß, dass der Job nicht alles sein kann im Leben, als irgendwie der Gedanke an ein Baby aufkam, da war bei Jonas und seiner Frau klar, dass sie das Projekt Kind nur gemeinsam durchziehen würden oder gar nicht. Nur so konnten sie sich den Schritt zum Leben zu dritt, diese unkalkulierbar große Veränderung, halbwegs vorstellen.

Angst vor dem Verspießern

»Gemeinsam« ein Kind großzuziehen, das hatte mit dem Ideal der fairen Aufgabenverteilung zu tun, mehr aber noch mit dem »Wenn-schon-denn-schon«. Wenn schon Kind, dann wollte auch Jonas sich ums Baby kümmern. Auch als ein Akt der Abgrenzung und Absicherung. Auf der anderen Seite stand nämlich das »Bloß-nicht-so-werden-wie-die«.

Dass die Familiengründung zeitiges Schlafengehen, den Verzicht auf Rucksacktrips durch Kambodscha, letztlich mehr Bürgerlichkeit bedeuten würde, war Jonas und seiner Frau klar. Aber ganz konventionell wollten sie dann doch nicht werden, nicht wie jene Kollegen, die mit Baby plötzlich so zu leben begannen, wie schon ihre Eltern es getan hatten. Auch deshalb waren sich Jonas und seine Frau ganz einig, dass er als Vater sich ein paar Monate im ersten Lebensjahr hauptverantwortlich ums Kind kümmern sollte. Was das Grundsätzliche anging, war hier also die Kommunikation in der Partnerschaft wunderbar gelungen.

Angst vor der Mega-Mutti

Für Jonas und seine Freundin war es dann doch nicht ganz einfach, die konkrete Verteilung der Elternzeit auszuhandeln. Auf seltsame Art konkurrierten sie darum, wer mehr Betreuungsmonate bekommen würde. Dabei hatte er im Grunde von ihr verlangt, nicht so doll Mutter zu sein – das gab erstens Streit und war zweitens Blödsinn. Wahrscheinlich fürchtete er, dass aus seiner schlauen Freundin mit der großen Klappe und dem fransigen Kurzhaarschnitt über Nacht eine Glucke würde, die nur noch Kinderlieder trällert und sich dicke Zöpfe wachsen lässt. Vermutlich wollte er sich auch als Lebensstilpionier profilieren, mit ganz vielen Vätermonaten. Was erhellend ist, weil es von der Gefahr zeugt, plötzlich der Superpapa sein zu wollen. Jonas hatte seinen alten Job in München gekündigt, um zu seiner Freundin nach Berlin zu ziehen und eine neue Lebensphase zu beginnen. Der berufliche Wechsel ins Wagnis Freiberufler spielte sicher auch bei seiner Versessenheit auf die Vätermonate eine Rolle. Die Konzentration aufs Kind als Karriereersatz ist aber bei Männern, das wurde in den Beziehungsdiskussionen am Küchentisch klar, natürlich genauso falsch wie bei Frauen (wobei es dann glücklicherweise bei Jonas mit der freiberuflichen Entwicklung sehr gut klappte).

So sagt man es seiner Frau also besser nicht. Am Ende allerdings hat sich auch bei Jonas alles geruckelt. Aus seiner Frau wurde natürlich keine bezopfte Glucke, sondern die tollste Mama der Welt, mit Erfolg im Job und cool asymmetrischem Haarschnitt. Jonas nahm acht Monate Elternzeit, seine Frau vier. Beim nächsten Mal würden sie wohl eher halbe-halbe machen. Aber beide sind ein bisschen stolz, dass sie das so hingekriegt haben. Dieser Stolz ist mehr als nur ein gutes Gefühl – er ist auch Kitt für die Beziehung.

Denn die kann unter dem Druck der Veränderung, wenn aus Paaren Eltern werden und viele Routinen völlig neu erfunden werden müssen, durchaus Risse kriegen.

Angst, nicht modern zu sein

Dass Yassin und seine Frau für die vollen 14 Monate Elterngeld in Anspruch nehmen wollten, war den beiden frühzeitig klar. Jedenfalls lange bevor sie das erste Mal darüber sprachen, wie ihre Elternzeit genau aufgeteilt werden sollte. Yassin hatte die ausstehende und notwendige Absprache über die Aufteilung damals aber nicht gerade gesucht, sondern eher vermieden. Solange es irgend ging. Der Geburtstermin rückte näher, die Antragsformulare lagen ausgedruckt auf dem Schreibtisch und begannen Staub anzusetzen.

Der Grund für Yassins Verhaltensstarre war wenig ehrenhaft. Denn anders als Markus und Jonas wollte er keineswegs so viele Elternmonate haben wie möglich. Allerdings auch nicht so wenig wie möglich – die zwei Monate Minimum waren ihm nun auch wieder nicht genug. So in der Mitte, bei vier bis sechs, dachte er bei sich, das wäre doch schön.

Aber er dachte es eben lange Zeit nur für sich. Weil er Skrupel hatte. Denn wenn er seinen ehrlichen Wunsch äußerte, das war klar, würde er unweigerlich subtilen Druck auf seine Frau ausüben, entsprechend länger zu Hause zu bleiben. Und das wollte er nicht.

Und weil er sich ein klein bisschen schämte, dass er vielleicht doch nicht der Über-Papa werden würde, der völlig selbstverständlich und ohne den Hauch eines Zweifels mindestens eine Fifty-Fifty-Lösung reklamierte, wenn nicht gleich den Löwenanteil.

Was Yassin während dieser Wochen, in denen der Antrag immer weiter auf dem Erledigen-Stapel nach unten wanderte, nicht wusste, war: Dass gar kein Ärger drohte.

Denn als seine Frau – da allerdings schon etwas genervt, weil er es nicht getan hatte – endlich von sich aus die Verteilungsfrage ansprach, äußerte sie den ehrlichen Wunsch, ein knappes Jahr zu Hause zu bleiben. Die beiden einigten sich darauf, dass Yassin drei Monate plus einen Monat Urlaub nehmen würde und seine Frau elf Monate Elternzeit.

Uff!

Uff? Eigentlich nicht. Denn die Abmachung so lange vor sich her zu schieben ist grundsätzlich keine gute Idee und nicht empfehlenswert. Beim zweiten Kind haben Yassin und seine Frau es auch anders gehandhabt. Und Yassin hat sich besser dabei gefühlt. Schon weil es ehrlicher war, als aus seinem Herzen eine Mördergrube zu machen.

Angst vor der Enttäuschung

Markus hatte weniger Angst als Jonas vor dem So-werden-wie-die. Er ging schon länger gerne früh schlafen, träumte vom familiären Kleintransporter Citroën Berlingo statt von einem BMW-Cabrio und dachte bei einem Rucksacktrip durch Kambodscha vor allem an fiese Insekten und eklige Krankheiten. Angst vor zu viel Bürgerlichkeit war ihm deshalb fremd. Er empfand arriviert tatsächlich als angekommen, und das war für ihn ein schönes Gefühl. Schließlich war er lang genug unterwegs gewesen.

Er hatte auch nicht Yassins Angst, nicht genug Väteranteil bieten zu können. Ähnlich wie bei Jonas ging es sowohl Markus als auch seiner Freundin eher darum, wer wie viel Elternzeit machen darf. Und das war in ihrem Fall eher unkompliziert. Dank des neuen Elterngelds waren die ersten 14 Monate recht komfortabel abgefedert. Das erlaubte Spielräume für mehr. Im Fall von Markus und seiner Freundin: mehr Zeit. Denn Markus wollte schon ein ganzes Jahr in Elternzeit gehen und seine Freundin sechs oder sieben Monate. Die beiden hatten Glück, moderne Arbeitgeber und etwas finanziellen Spielraum. Aus 14 Monaten wurden 19 und beide waren zufrieden.

Was bei Markus aber blieb, war die Angst, dass alles nicht so toll werden würde, wie er sich das ausgemalt hatte. Dass seine Freundin ihm die Zeit einräumen, der Arbeitgeber seinen Antrag durchwinken und diese ganze Elternzeitnummer dann so sein würde wie eine holländische Gewächshaustomate. Groß, bunt und saftig – und dann bleibt doch nur ein fader Geschmack. Aber auch Markus Ängste erwiesen sich als unbegründet. Die Elternzeit schmeckte prima.

 ## Streit, der Paare stärken kann

Gerade Paare, die sich beide gleichermaßen ums Baby kümmern, streiten oft. Zunächst ist das ein Schock für die Beteiligten, so jedenfalls empfand es Jonas – da versucht man voll guten Willens, die Lasten und Freuden des Familienlebens gerechter zu verteilen, und das Ergebnis ist erst mal Ärger. Der aber ist bloß ein Zeichen der ernsthaften Auseinandersetzung, erklären Familienforscher wie Bambey und Gumbinger. Wer sich die Aufgaben ganz traditionell aufteilt, hat weniger Unsicherheit zu bewältigen als moderne Paare. Gleichberechtigung verkompliziert halt manchmal das Leben. In Sachen Komplexität war früher tatsächlich alles besser: Die Frau wurde schwanger und beendete ihre berufliche Laufbahn. Er ging arbeiten und schaffte das Geld ran. Wenn die Kinder groß waren, suchte sie sich vielleicht wieder eine Halbtagsstelle. Aufgrund der Gehaltsunterschiede zwischen Frauen und Männern ist zwar auch heute oft durch finanzielle Zwänge klar, wer zu Hause bleiben wird. Aber wenn die Partner gleich viel oder ähnlich verdienen, sind sie frei zu entscheiden. Und müssen reden. So viel reden, dass etwa Markus und seine Freundin noch vor der Geburt ihres Sohnes miteinander einen Termin vereinbart hatten. Beim Italiener gab es dann Pasta, Süßspeisen und die exakte Aufteilung der Elternzeit.

Wo hingegen klar ist, Kinder sind Frauensache, da gibt es zwischen Papa und Mama weniger Klärungsbedarf. Auch beim randständigen Vater – der das Leben seiner Familie eigentlich nur als Zuschauer verfolgt – gibt es, haben die Wissenschaftler herausgefunden, weniger Konflikte in der Familie. Wo scheinbar Harmonie herrscht, hat sich der Vater oft nur aus der Diskussion verabschiedet. Wenn hingegen beide Partner sich für alles zuständig fühlen, müssen sie das Was und Wie immer wieder neu aushandeln. Das ist anstrengend. »Längerfristig kann es aber zur beiderseitigen Paarstabilisierung beitragen«, meint Karin Jurczyk, Familienforscherin beim Deutschen Jugendinstitut. Weil die Grundlage der Partnerschaft dann kein fauler Kompromiss sei, und weil sich nicht über Jahre der Frust aufstaue.

Wer nach der Geburt streitet, statt sich 24 Stunden am Tag über seine kleine Familie zu freuen, hat oft ein schlechtes Gewissen. Da kommt das Glück in Gestalt eines Kindes, und man weiß es nicht zu würdigen. Vielleicht hilft dann das Wissen, dass laut einer Gallup-Studie jede fünfte Partnerschaft in Deutschland in den ersten paar Monaten mit Kind zu zerbrechen droht. »Viele Paare vertrauen leider darauf, dass sich alles irgendwie regelt«, erklärt der Familienforscher Wassilios Fthenakis, der für eine Studie acht Jahre lang 175 Familien begleitet hat. Wirklich funktionieren würden im Alltag aber nur klare Absprachen, so Fthenakis.

Im Schnitt stabilisieren sich der Untersuchung zufolge erst fünf Jahre nach der Geburt die Paarbeziehungen. Da ist Durchhaltevermögen gefragt.

Und beim Durchhalten kann das Kind enorm helfen. Schließlich ermöglicht ein Kind Momente des partnerschaftlichen Zusammenseins, die so schön, so warm, so voller Liebe sind, dass man nie ohne einander sein möchte. Wenn Markus etwa daran denkt, wie er und seine Freundin auf der Terrasse an dem kleinen See auf Rügen saßen und Cappuccino tranken. Und vor ihnen lief dieses kleine Kind mit tapsigen Schritten hinter den Enten her und rief aufgeregt »Ta, ta, ta«. Und die Sonne wärmte ihre Gesichter. Dann weiß er, dass alles richtig ist. Dann ist der Unterschied zwischen großen Momenten und kleinlichem Streit wieder klar. Und es ist vollkommen egal, wer schuld daran ist, dass vom Knuddelpony bis zur Wickelauflage wieder jede Menge wichtiger Sachen zu Hause geblieben sind. Na ja, fast vollkommen egal.

Kampf um Kompetenzen

Kaum ist das Baby vom Papa angezogen, lässig mit Minijeans und Kapuzenpulli, zieht die Mama es wieder um. Zu warm sei die vom Vater ausgesuchte Montur, sagt sie. Hat der Papa die Tochter morgens erfolgreich ins lustige Ringelkleidchen gezwängt und geht danach duschen, so sitzt ihm beim Frühstück auf Mamas Schoß das Kind im praktischen roten Strampler gegenüber. Zu kalt sei das Kleidchen, sagt sie. Mehr als einmal ist das Jonas passiert. Es ist der ganz normale Kampf um Kompetenzen. In doppelter Hinsicht: Es geht darum, wer was macht – und ob er oder sie es richtig macht. Dadurch wird die Sache so brisant: Wie die Aufgaben verteilt werden, und ob der jeweils andere als fähig oder unfähig zur Aufgabenbewältigung eingestuft wird, das vermischt sich. Und die möglicherweise absolut berechtigte sachliche Kritik der Mutter an der väterlichen Klamottenauswahl fürs Baby kommt natürlich als herbe Abwertung des männlichen Bemühens rüber.

Umgekehrt war Jonas genervt, wenn die einjährige Tochter bei seiner Frau auf dem Wickeltisch herumkrabbeln durfte, statt ruck, zuck eine neue Windel verpasst zu bekommen – und die Mama nur auf das Kind einredete, statt durchzugreifen. Nicht nur, dass er das wenig praktisch fand. Nein, hinter dem Genervt-Sein stand der unausgesprochene Vorwurf, dass die Mama dem Kind nicht genug Grenzen setze. Und Grenzenlosigkeit, so viel war dann doch aus Dutzenden von Gesprächen mit erfahreneren Eltern sowie aus der Lektüre der Babyforscherbücher beim Papa hängen geblieben, Grenzenlosigkeit ist gar nicht gut für so ein kleines Wesen, das in der rätselvollen Unendlichkeit des kindlichen Kosmos seinen Weg suchen muss. Jonas fand also, dass Anziehen Anziehen und Spielen Spielen ist – womit er, so ist das halt, ein bisschen Recht hatte und ein bisschen Unrecht. Dabei hatte es Jonas durchaus keine Freude gemacht, das Kind beim Windelwechseln manchmal fast niederringen zu müssen. Und seine Frau war ganz erfolgreich damit, das musste er insgeheim neidvoll eingestehen, dem Baby auch beim Krabbeln auf dem Kinderzimmerteppich geschickt den Strampler überzustülpen. Das klug klingende »Grenzen setzen« kann auch Prinzipienreiterei sein.

Unterschiede zulassen. Wenn man es für falsch hält, was die Partnerin gerade mit dem Kind anstellt, dann dreimal darüber nachdenken, ob die konkrete Entscheidung wirklich wichtig ist. Oder eher egal.

Wenn beim väterlichen Arbeitseinsatz das zarte Töchterlein aus unerfindlichen Gründen auf dem Wickeltisch richtig brüllte und in höchster Not nach der Mama schrie, allem beruhigenden Brummen des Papas zum Trotz, wurde Jonas' Bemühen manches Mal abrupt beendet. Die Mutter eilte herbei, und er hatte das Gefühl, vom Platz am Wickeltisch weggerempelt zu werden. Da musste Jonas kräftig durchatmen, um sich nicht zu ärgern. Und tat es dann doch: Den ganzen Tag kümmerte er sich in seinen Vätermonaten ums Kind, und kaum kehrte die Mama abends zurück nach Hause, stand er als unfähig da.

Dieser Wettbewerb ums Gebrauchtwerden ist gar nicht gut – keine der beiden Seiten verhält sich hier wirklich schlau. Wer aber als Vater Elternzeit nimmt, sollte sich bewusst sein, dass für die Mutter das Loslassen nicht einfach ist. Nach den Monaten des Stillens ist die Bindung wahnsinnig eng, und das blöde Gerede über Rabenmütter trägt das seine dazu bei, dass frühzeitig in den Job zurückkehrende Mütter nie völlig frei sind von Schuldgefühlen. Seiner Frau auch mal das Feld zu überlassen, statt das eigene Ego zu hätscheln und auf die persönliche Wickelkompetenz zu bestehen, ist Jonas nicht leicht gefallen. Aber wenn er es doch mal hinbekam und einfach unauffällig beiseite trat, sobald die Mutter nach dem Kind griff, dann waren im Ergebnis alle Beteiligten einen Abend lang glücklicher. Der Vater sollte sich klarmachen, dass er niemandem etwas beweisen muss. Der Mutter nicht, und auch sich selbst nicht. Gerade weil er das doch sonst prima hinkriegt mit dem Kind.

Verantwortung abgeben ist schwer

Unmittelbar nach dem Beginn von Markus Elternzeit wollte er mit seiner Kleinfamilie die erste Weihnacht des Sohnes bei den Großeltern feiern. Als Markus nebenbei bemerkte, morgen würde er die Tasche seines Sohnes packen, gab es erst mal einen erstaunlich heftigen Widerspruch seiner Freundin. Die Tasche des gemeinsamen Kindes würden sie doch sicher zusammen packen. Was Markus konsternierte, denn so toll fand er Tasche packen jetzt nicht. Weil seine Freundin ohnehin mit ihrem Job ausgelastet war und das Thema auch nicht mehr ansprach, hat letztlich dann doch Markus den überwiegenden Teil der Sachen des Sohnes gepackt. Aber die Intervention machte deutlich: Die Frage, wer bei einer gemeinsamen Erziehung wann für was zuständig ist, wer die Tasche packt, den Krabbel-Kurs auswählt und bestimmt, wann der Umstieg von Brei auf feste Nahrung erfolgt, ist schwieriger, als man vorher glaubt. Denn eigentlich funktionierte der Rollenwechsel bei Markus und seiner Freundin auf der emotionalen Ebene sonst recht geräuschlos. Sie überließ ihm so umfassend die Hauptsorge für den gemeinsamen Sohn, wie er es vorher bei ihr getan hatte. Markus entschied über die Schlafzeiten, besorgte die meisten Klamotten (nach Oma) und begleitete die Nahrungsumstellung. Auch die leidigen Besuche bei der Kinderärztin blieben nun meist an ihm hängen. Lediglich die großen Dinge wie Kita-Suche, Impfen und grundsätzliche Erziehungsfragen besprachen die zwei noch. Trotzdem, abends, an Wochenenden oder bei Urlaubsfahrten kam es oft zu Missverständnissen. »Ich dachte, du hättest das Knuddelpony eingepackt« ist eine Bemerkung, die so oder so ähnlich bei geteilter Kinderbetreuung das Zeug zum Klassiker hat.

Verantwortung annehmen ist schwer

Missverständnisse gab es natürlich auch bei Yassin und seiner Frau gelegentlich. Besonders überraschte ihn aber, wie seine Frau ihn ab und an regelrecht ermahnte, seine eigene Verantwortung als Vollzeitvater auch wahrzunehmen. Denn unterschwellig dachte Yassin, vor allem am Anfang, gar nicht so selten an die alte Fußballregel »Never change a winning team!«. Auf seine Tochter angewandt, der es ja offensichtlich sehr gut ging und die sich prachtvoll entwickelte, hieß das, dass seine Frau alles richtig machte. Folglich wäre es das Beste für alle Beteiligten, wenn er es ihr einfach nachtäte.

Also begann Yassin zu fragen: »Ziehst du ihr bei so einem Wetter wie jetzt gerade eher die dicke rote oder die etwas dünnere rosafarbene Jacke an?« – »Wir waren heute zwei Stunden im Sandkasten. Soll ich sie da vielleicht baden?« – »Ach ja, 'tschuldigung, aber: Soll ich die Haare auch waschen?«

Das war nicht so gut. Yassins Frau war zwar meistens sehr geduldig, aber manchmal auch genervt. Zu Recht. Denn wie Yassin im Lauf der Wochen feststellte, waren die Antworten auf die meisten ihr gestellten Fragen in etwa so egal wie die Beantwortung der Frage, in welcher Richtung er mit seiner Tochter um den Teich gehen sollte.

»Mach, wie du meinst!«, antwortete sie dann auch oft, und das war eine äußerst sinnvolle Reaktion. Na gut, dachte Yassin daraufhin nämlich immer öfter, dann mache ich es jetzt einfach, wie ich meine! Ich bin schließlich der Vater! Ich bin hier verantwortlich!

Miteinander (ab)sprechen

Während in traditionellen Familien auch ohne viele Worte klar ist, dass Mama die Gummistiefel kauft, müssen sich moderne Paare tagtäglich über die trivialsten Besorgungen verständigen. Was helfen kann im Kampf um Kompetenzen, ist eine klare Aufgabenverteilung. So in der Art: Morgens wickelt Papa, weil die Mama noch vom nächtlichen Aufstehen und Kindberuhigen erschöpft ist. Und abends wird getauscht, weil die Mutter nach dem langen Tag im Büro Sehnsucht nach ihrem Kind hat und außerdem das ermüdete Kind die Mama will – so zumindest Jonas' Erfahrung. Hat sich das mal eingespielt, darf man die Verteilung auch wieder aufweichen. Aber für eine gewisse Zeit kann es allen Beteiligten Sicherheit geben, wenn dran ist, wer dran ist. Diese Regel haben sich Jonas und seine Frau gegeben. Und manchmal haben sie sich sogar daran gehalten.

Was nicht passieren sollte, ist eine Auseinandersetzung vor dem Kind. Denn hier gilt, dass Mama und Papa ein Team sind – ohne jede Ausnahme. Auch wenn Papa am Geisteszustand seiner Partnerin zweifelt, während diese meint, der Vater sei für das Kind gerade ungefähr so förderlich wie Keuchhusten. Markus und seine Freundin mussten sich häufig beim Füttern zusammenreißen, denn sie hatten sehr verschiedene Ansätze, den Brei ins Kind zu kriegen. Sie störte es, wenn er »mit Kasernenhofton« seinem Kind erklärte, dass das Gematsche jetzt reiche, und ihm den Löffel wegnahm. Ihm war sie beim nächsten Füttern »wieder viel zu nachsichtig«. Trotzdem: Diesen Dissens trugen sie nicht vor ihrem Kind aus.

Aus genau diesem Grund sollte man es auch vermeiden, die Frau oder Freundin mit neuen, nicht abgesprochenen Regeln für das Kind zu überrumpeln. Yassin war drauf und dran, seiner Tochter das Besteigen von Stühlen zu verbieten – vor seinem geistigen Auge sah er sie schon auf dem Fußboden aufschlagen. Als seine Frau das bemerkte, stellte sich heraus, dass sie das Kind eher dazu ermuntert hatte. Auch solche vermeintlichen Kleinigkeiten müssen also besprochen werden. Mal abgesehen davon, dass Kleinkinder und Babys ohnehin so wenig »Verbote« wie möglich auferlegt bekommen sollten.

Wer dran ist, ist dran. Zeiten und Aufgaben fest verteilen – und nicht aufgeregt dem anderen in die Babybetreuung reinreden, sondern besser am Abend besprechen, was sich aus dem Tag lernen lässt.

Eine klare Aufgabenteilung hilft allen Beteiligten. Und selbst wenn Papa lediglich seine beiden Vätermonate für sich beansprucht, ist eine richtige Übergabe der Verantwortung sinnvoll. Natürlich ist es für die Mutter nach einiger Zeit der Hauptsorge schwierig, die Verantwortung zumindest vorübergehend abzugeben. Aber es ist notwendig und kann auch den Papa stabilisieren und ihm Selbstbewusstsein geben. Wenn er mal wieder von seiner neuen Aufgabe heillos überfordert ist, dann ist das Beste, was er haben kann, eine Frau, die ihm Raum zum Wachsen lässt.

Mit der Zeit werden dann beim Vater Mut und Selbstvertrauen größer – aber auch die Sensibilität gegenüber den Bedürfnissen seiner Kinder. So hat Yassin als einen besonders schönen Moment seiner Elternzeit ausgerechnet eine Fiebernacht seiner älteren Tochter in Erinnerung. Yassins Frau fragte ihn um Rat, ob man dem Kind noch ein fiebersenkendes Zäpfchen geben sollte. Und seine Frau ist immerhin Ärztin.

KAPITEL 5

Wie meistere ich den Übergang?

Da saß er nun mit seinem Gläschen, das Kind heulte, er selbst tat es ihm nicht nach, weil er ja ein starker Mann war. Aber er war verzweifelt. Mochte sein Nachwuchs keine Möhrchen, hätte er Brokkoli nehmen sollen? Mögen nicht alle Kleinkinder Karotten?

Vielleicht hätte er doch nicht nur mit halbem Ohr zuhören sollen, als ihm seine Frau immer wieder beim Frühstück von Fütterproblemen und Fingerspielen erzählte, während er in der Zeitung blätterte. Aber es ist nie zu spät. Der Ignorant kann, wenn er reuig ist, das Versäumte nachholen. Um den Übergang vom Job zum Kind zu meistern, ist es gut zu wissen, was man mit dem Kind anfängt, wenn man mit dem Job aufhört. Das mindert die Panik und steigert die Vorfreude. Und praktisch ist es auch.

Die einfachste und beste Methode, befand Jonas, bestand darin, die Mutter des gemeinsamen Kindes zu fragen, wie das noch mal ganz-ganz-ganz genau war mit diesen Fütterdings und den Fingerbums. Sich dafür ein paarmal abends Zeit zu nehmen und aufzuschreiben, was die Mutter erzählt und für wichtig hält im Umgang mit dem Kind, das lohnt sich doppelt. Der Vater hat etwas, woran er sich im Zweifel festhalten kann; und die Mutter bekommt gezeigt, dass sie ein bewunderter Profi ist. Solche Listen sind lächerlich: Welche Kitzelspiele, wie oft zu trinken geben, wo die Spucktücher sind. Und für jene Väter, die auch vor ihren Vätermonaten wirklich mitgeholfen haben zu Hause, sind sie völlig überflüssig. Aber das Darüberreden und auch das Aufschreiben können dem Vater helfen, sich seine Tage mit dem Kind besser vorzustellen.

Eine andere Möglichkeit ist eine richtige »Einarbeitung«, wie das auch in guten Betrieben üblich oder zumindest von der Personalführung gewünscht ist. Durch Resturlaubstage bekamen Markus und seine Freundin es hin, dass sich ihre Elternzeiten überschnitten. Drei Wochen hatten beide gemeinsam frei, zwei davon haben sie genutzt, um Freunde in ganz Deutschland zu besuchen. Der Vorteil: Markus konnte leichter seinen Job-Entzug bewältigen und sich auf seine neue Aufgabe vorbereiten, seine Freundin hatte noch ein paar entspannte Tage vor dem Wiedereinstieg, und ihr gemeinsamer Sohn konnte sich langsam auf den neuen persönlichen Assistenten einstellen.

Egal, ob wie bei Jonas einige lange Einweisungsgespräche oder wie bei Markus eine gemeinsame Übergabephase: So etwas erspart vielleicht den einen oder anderen Notfall-Anruf bei der Mutter. Die wieder in den Job zurückgekehrte Mama reagiert nämlich leicht gestresst, wenn sie nach dem heiklen Meeting mit dem Kunden drei Botschaften auf ihrer Mobilbox abhören muss, weil der noch mehr gestresste Vaterzeitler den Ersatzschnuller nicht finden kann und das Kind dafür recht wenig Verständnis aufbringt.

Puffer planen und eine ordentliche »Übergabezeremonie« durchführen. Wer mittwochabends das Büro verlässt, um ab Donnerstag ohne Hilfe der Mutter ein Kind komplett zu betreuen, kommt leicht ins Schleudern. Es muss nicht gleich ein gemeinsamer Urlaub sein, ein langes Wochenende ist auch schön und erleichtert den Übergang.

Abschied, Aufräumen, Anstoßen

Doch bevor der Papa so richtig in den Alltag mit Kind einsteigt, muss er erst mal aus dem Alltag im Büro aussteigen. Wer das für zwei Monate tut, wird wahrscheinlich nicht sein komplettes Büro leer räumen. Wer aber für ein halbes Jahr oder mehr verschwindet, der hat sicherlich einigen Formalkram zu regeln.

Deshalb kann eine Checkliste nicht schaden. Hier eine Anregung, die natürlich individuell variiert werden muss.

Checkliste »Aktion Büroschluss«

1. Wissen alle Bescheid? Abschiedsmail verfassen, gut über den Verteiler nachdenken!
2. Welche wichtigen Bücher/Unterlagen will ich eventuell nach Hause mitnehmen?
3. Habe ich bislang hauptsächlich Dienstrechner oder -mobiltelefon benutzt und brauche vielleicht privaten Ersatz?

4. Frühzeitig einen Termin für den Ausstand festlegen. Das erhöht die Chancen auf hohe Beteiligung und verhindert, dass alle schon verplant sind.
5. Ist eine Umleitung der Kommunikation gewährleistet? Autoresponder bei Email, Voicebox bei Mobiltelefon.
6. Gibt es Abos im Büro, die ich kündigen oder umleiten muss? Muss ich vielleicht meine Tageszeitung oder Fachzeitschriften durch ein privates Abo ersetzen?
7. Newsletter etc. abbestellen?
8. Sind finanzielle Angelegenheiten wie Umgang mit der Betriebsrente, Jobticket etc. mit der Personalabteilung geklärt?

Einige Fragen sollte man sich allerdings nicht erst ein paar Tage vor dem Auszug aus dem Büro stellen. In Tätigkeitsfeldern, in denen viel Projektarbeit stattfindet und bestimmte Vorhaben parallel und oft in relativer Eigenverantwortung abgewickelt werden, empfiehlt es sich dringend, schon in den Monaten vor der Elternzeit darauf zu achten, dass man sich nicht noch eine Aufgabe auflädt, die bis dahin gar nicht mehr zu bewältigen ist – und die dann halb erledigt liegen bleiben muss.

Sinnvoll kann es zudem sein, seinen Ausstand auf einen Freitag zu legen – so dass man mental zumindest das Gefühl hat, in ein gaaanz langes Wochenende zu gehen. Das klingt ein bisschen einfacher, als es ist. Schließlich hat man keinen Einfluss darauf, auf welchen Wochentag der Beginn des Elterngeldbezugs fällt, denn das hängt vom genauen Geburtstag des Kindes ab. Wurde es beispielsweise am 13. eines Monats geboren, beginnt jeder Elterngeldmonat ebenfalls am 13. und geht bis zum 12. des Folgemonats. Aber mit ein paar Resturlaubstagen oder ein paar Tagen »unbezahlter« Elternzeit kann man das ausgleichen – und verhindert so einen Büroauszug an einem Montag, wenn alle gerade in Konferenzen sitzen, die angefallene Arbeit vom Wochenende wegschaufeln oder sonst wie in Wochenanfangshektik gefangen sind. Am Freitag hingegen gehen (meist) alle ins Wochenende – man geht mit und kommt eben erst ein bisschen später wieder. Auch das macht den Übergang leichter.

Markus hatte den Termin seiner Elternzeit so erfolgreich und langfristig kommuniziert, dass ihn immer wieder Leute in seinem beruflichem Umfeld ansprachen, was er denn noch hier mache. Das war dann schon manchmal etwas unangenehm. Trotzdem fand er es insgesamt ungeheuer hilfreich, dass nahezu alle seine beruflichen Kontakte weit vor Beginn seiner Pause wussten, wann und für wie lange er in Elternzeit ging. Nicht zuletzt war seine Informationsoffensive eine gute Gelegenheit, noch mal mit allen zu reden. Insbesondere bei denen, die er schon lange nicht mehr getroffen hatte, war es ein guter Anlass, den Kontakt noch mal aufzufrischen. So kann man dann auch das eine oder andere Unterfangen schon für die Zeit nach der beruflichen Auszeit anstoßen. Und wenn man nicht gar so frühzeitig wie Markus mit der PR-Offensive in eigener Sache beginnt, fragt einen auch keiner, warum man nicht schon längst weg sei.

 ## Grenzen ziehen

In vielen Berufen ist man, wenn man raus ist, raus: Ein ICE-Lokführer wird sicher nicht mitten in der Elternzeit gefragt, ob er ausnahmsweise mal kurz eine Fahrt übernehmen kann. Ein Lehrer wird durch eine Vertretung ersetzt, und wenn die krank ist, wird sie ebenfalls vertreten, und irgendwann gibt es eben Freistunden – aber sicher keine

Anrufe von der Direktorin, ob man, ausnahmsweise, mal einen Tag das eigene Kind woanders lassen könnte. Das ist auch gut so. Und es erübrigt sich somit, seinen Vorgesetzten Grenzen aufzuzeigen.

In anderen Tätigkeitsfeldern hätten einen die Kollegen und die Vorgesetzten zwischendurch mal gerne mit an Bord. Das ist einerseits schön, weil man vermisst wird. Andererseits kann es schnell an den Punkt führen, an dem man als Vater in Elternzeit klarstellen muss: Bis hierhin und nicht weiter. Nachdem man idealerweise mit seinem Chef klar vereinbart hat, wie das Elternzeitarrangement aussehen soll, ist es nun an der Zeit, das Ganze auch um- und durchzusetzen.

Markus hatte sich für die klare Variante entschieden. Eine Elternzeitvertretung übernahm seinen Job, und war für ein Jahr weg. Einige Kollegen und seine Chefs hatten für alle Fälle seine private Mobilnummer, aber seine sonstigen Kommunikationskanäle hatte er dicht gemacht. Bei Kollegen und dienstlichen Kontakten meldete er sich per E-Mail für ein Jahr ab. Dann bat er die EDV, seinen Account vorübergehend zu deaktivieren. Sein Diensthandy bekam sein Vertreter, und auf der Homepage gab der Hinweis »zur Zeit in Elternzeit« eine klare Auskunft.

Bei Yassin war es ein bisschen anders. Weil er in seiner Firma seit Jahren ein ganz bestimmtes Thema betreute, ahnte er manchmal schon beim Radiohören, dass ihn heute womöglich ein Anruf aus der Redaktion ereilen würde. Das war grundsätzlich auch kein Problem: Yassin hatte klargestellt, dass er in dringenden Fällen versuchen würde, erreichbar zu sein. Und wenn es gerade gar nicht ging, dann nahm er auch nicht ab.

Wenn er abnahm, dann war es meistens auch schnell erledigt. Denn oft genügte den Kollegen schon eine Einschätzung: Nein, das ist nicht so wichtig. Oder auch: Doch, da muss man sich drum kümmern. Nur dass sich eben in den Vätermonaten von Yassin meistens jemand anderes drum kümmern musste.

> Klare Absprachen über (Nicht-)Erreichbarkeit in der Elternzeit helfen allen. Unverbindliche Floskeln machen vielleicht den Ausstieg etwas sanfter, führen später aber nur zu Unsicherheiten. Wenn Vorgesetzte und Kollegen sehr genau wissen, was o. k. ist und wo der Elternzeitler seine Grenze zieht, ist das auch für sie angenehmer.

 ## Den Job aus dem Kopf kriegen

Markus hatte sich monatelang auf den Beginn seiner Elternzeit gefreut, bekam dann aber plötzlich heftige Entzugserscheinungen. Er hatte als Mitarbeiter einer Pressestelle beruflich einen sehr hohen Medienkonsum. Morgens warteten im Büro schon zehn Zeitungen auf ihn, die er alle zumindest durchblätterte. Die Meldungen der Nachrichtenagenturen gingen im Minutentakt auf seinem mobilen E-Mail-Gerät ein. Mittags waren die Nachrichten vom Morgen für ihn meist schon kalter Kaffee.

Das alles stresste ihn oft. Aber jetzt stellte er fest, dass er nicht ohne weiteres loslassen konnte. Er musste einfach wissen, was »los war«. Wer in welchem Interview was gesagt hatte, wie die anderen reagiert hatten und wie der Tenor der Kommentatoren war. Und so hockte er in der ersten Woche seiner Elternzeit in den wenigen freien Minuten, die sein Baby ihm ließ, vor dem Rechner und überprüfte abwechselnd die Meldungen der Nachrichtenagenturen und die Neuigkeiten auf Spiegel Online. Alle paar Minuten griff er zu seinem Handy, um zu überprüfen, ob er nicht doch irgendeine wichtige Nachricht verpasst hatte. Gab ständig seine üblichen Stichwörter in die Suchmaschinen ein, um über alle Artikel bundesweit im Bild zu sein, die seine Themen behandelten. Dabei hatte er sich doch so auf seine Auszeit gefreut. Natürlich ist Markus ein Extrembeispiel, aber wohl doch ein erhellendes.

Die Unsicherheit, die Markus plötzlich erfüllte, hängt nach Ansicht des Väter-Coachs Volker Baisch auch mit seiner gesellschaftlichen Verortung zusammen: »Männer definieren sich sehr über den Beruf. Sie tauchen zu Beginn der Elternzeit in eine für sie völlig unbekannte emotionale Welt ein. Da braucht es schon mal ein bis zwei Monate, um sich wirklich umzustellen.« Der Tipp des Beraters: Netzwerk bilden (wie das geht, wird im Kapitel 7, »Netzwerke knüpfen«, erklärt), Gesprächspartner suchen, sich gegebenenfalls auch an Vätertreffs wenden, die es zumindest in Großstädten schon gibt. Hilfe dabei gibt es auch über die Homepage des Vereins Vaeter e.V. (www.vaeter.de).

Um den Übergang etwas zu mildern, verordnete sich Markus feste Computerzeiten. Ansonsten war die Kiste für ihn tabu und somit auch der Zugriff auf die Nachrichtenseiten, um zu prüfen, ob in der letzten Viertelstunde nicht doch etwas Weltbewegendes passiert war. Seinen ständigen Griff zum Mobiltelefon versuchte er durch Bewusstmachung seines Fehlverhaltens zu bremsen. Nicht, indem er sich jedes Mal, wenn er das Handy in seiner Hand entdeckte, zur Strafe in die böse Hand biss. Aber so ähnlich schon. So wurde er schnell clean. Das hatte allerdings zumindest für zwei, drei Monate Nebenwirkungen. Wie ehemalige Raucher, abtrünnige Katholiken oder vormals Übergewichtige übertrieb Markus und wurde dogmatisch. Zeitungen las er zunächst gar nicht mehr, von der *Tagesschau* bekam er allenfalls den Wetterbericht mit, bevor der *Tatort* begann. Und unterwegs erreichbar war er auch für seine Freundin nicht mehr. Das Mobiltelefon lag meist irgendwo in der Wohnung, während Markus zwischen Spielplatz und Krabbelgruppe umherirrte.

Nutze den Tag – er zieht sich

Ein bisschen Vorbereitung macht den Übergang leichter. Denn die größte Schwierigkeit bei diesem, so war es jedenfalls bei Jonas, ist der plötzliche scheinbare Zeitüberfluss. Man steht vor der seltsamen Situation, zu viel Zeit zu haben und dennoch nichts zu schaffen. Was helfen kann: Sich von vornherein fest mit anderen Eltern zu verabreden. Am Besten natürlich mit einem anderen Vaterzeitler, aber auch mit Müttern. Von denen kann man sich einiges abschauen. Und jeder Termin hilft, die plötzliche Leere im sonst so vollen Kalender zu bekämpfen. Mit dieser Leere muss der Mann nämlich erst mal fertig werden – auch wenn er sich vorher darauf gefreut hat, dem Druck im Berufsleben endlich mal für ein paar Monate zu entkommen. Das Gefühl, nicht mehr gebraucht zu werden, macht sich schnell breit – ein dummes Gefühl, denn mit dem Kind ist da natürlich jemand, der einen mehr braucht als sonst irgendwer auf der Welt. Und im Job gilt: Kaum jemand ist unverzichtbar in der Firma oder bei den Auftraggebern, fast jeder ist ersetzbar. Der Trick ist, genau das zu genießen, statt sich davon bekümmern zu lassen.

Komplett aufhören war für Jonas wichtig, um den Übergang vom Job zum Kind wirklich hinzukriegen. Anfangs hatte er noch den Ehrgeiz gehabt, ein paar wenige Projekte zu bearbeiten, so nebenbei, als Ausgleich zur Beschäftigung mit dem Kind. Doch wenn er jemand dienstlich anrief, weil das Kind gerade schlief, war der natürlich gerade nicht erreichbar. Und wenn der Kontakt sich zurückmeldete, war garantiert das Kind wieder wach – und schlecht gelaunt. Alle Arbeitsprojekte zogen sich ewig hin, der Aufwand stand in keinem Verhältnis zum Ertrag. Und für Jonas war es auch ein mieses Gefühl, schon beim Spielen mit dem Kind immer auf die nächste Schlafenszeit zu hoffen, damit er wieder arbeiten konnte. Und beim Arbeiten immer daran zu denken, wann das Kind wohl wieder aufwachen würde, und dass er dann eigentlich etwas Nettes mit ihm machen müsste. Beide litten darunter, der Job und die Kinderbetreuung, so dass Jonas sich ziemlich rasch entschied, das Arbeiten komplett sein zu lassen. Und dann war er geschafft, der Übergang vom Job zum Kind.

 ## Kauf dich glücklich

Gutes Handwerkszeug gibt Sicherheit. Und es drückt die Zugehörigkeit zu einer Gruppe aus. Je nach Güte der Ausführung kann es auch Statussymbol und Belohnung sein. So gönnt sich der Techniker vielleicht eine gute Schieblehre, der BWL-Absolvent beglückt sich zu Beginn seiner Unternehmensberaterkarriere mit einem maßgeschneiderten Anzug und der Grafikdesigner bekommt als Vorschuss auf seinen ersten Auftrag einen schicken Rechner. Und der Vollzeitpapa? Was sind seine Insignien? Die Wickeltasche ist es, worüber sich junge Eltern definieren – fand zumindest Markus und kaufte sich zu Beginn seiner Elternzeit ein Spitzenmodell. Integrierte Wickelauflage, Flaschenhalter außen, abnehmbares Portemonnaie und Schlüsselhaken innen. Dazu noch ein zeitgemäßes Design und Markus fühlte sich schon viel besser. Und wer es eine Nummer kleiner mag, der kann seinem Kind auch einen FC-Köln-Schnuller kaufen, wie es ein Freund von Markus machte. Der kostet viel weniger und gibt ähnlich viel Befriedigung. Ein rotweißgestreiftes Seeräuberkopftuch, so richtig mit gekreuzten Säbeln vorn drauf, hat Jonas sich gegönnt. Nicht für sich selbst, sondern als Kopfbedeckung für seine Tochter. War zwar von Hertie, wenig abenteuerlich. Und doch hat sich Jonas damit sofort viel wilder gefühlt, so als Piratenpapa.

 ## Realistische Ziele setzen

Wer beim Übergang vom Job zum Kind schon dabei ist, gedanklich seine Promotion zu vollenden, Triathlet zu werden, dabei 20 Kilo abzunehmen und drei Fremdsprachen zu lernen, der wird enttäuscht werden. Markus scheiterte grandios mit dem Plan, jeden Mittagsschlaf seines Sohnes mit Yoga-Übungen auszufüllen. Zumindest für die ersten Wochen empfiehlt sich als Ziel einfach, »mit dem Kind durch den zu Tag kommen«. Was darüber hinausgeht, wird der Papa dann schon sehen. Dann werden die privaten Extra-Pläne für die Elternzeit auch realistischer. Denn ein bisschen Luft für kleine Extras bleibt schon.

Allerdings wirklich nicht viel – zumindest nach Yassins Erfahrung. Zu den vielen Dingen, die er sich für seine erste Elternzeitphase vorgenommen hatte, gehörte zum Beispiel, dass er ganz sicher ganz viele Einträge in die beiden kleinen Babytagebücher machen wollte, in denen er und seine Frau, na ja, in Wahrheit vielmehr seine Frau, Beobachtungen über die beiden Töchter festhielten. Nach 16 Wochen zu Hause waren es sechs Einträge. Über diese Niederlage hat Yassin nur hinweggetröstet, dass er live dabei war und vieles ohnehin nicht vergessen wird.

Ich will arbeiten!

Verdammt noch mal, heute, nur heute, wäre ich wirklich gerne im Büro! Ein oder zwei Mal hat Yassin das gedacht. Er schob seine Töchter im Kinderwagen durch den Park, eigentlich war alles schön, aber er hatte im Vorbeigehen die Titelseiten der Zeitungen überflogen oder im Radio morgens noch eine wichtige Meldung gehört – irgendwie rumorte es in ihm: Wenn ich heute in der Firma wäre, dann würde ich so richtig loslegen! Es juckte ihm richtig in den Fingern. Phantomschmerzen.

Na ja, ganz so dramatisch war es nicht. Aber es war ganz klar – trotz erfolgreichen Übergangs – eine Rückfallsituation.

Was Yassin dann geholfen hat, ist eigentlich ganz einfach: Tief Luft holen und die Kinder anschauen. Es ist nämlich so: Egal, ob man einen eher routinemäßigen oder einen eher aufregenden Job hat, meistens wiederholt sich alles irgendwann. Aufregung kommt, Aufregung geht. Großes Projekt kommt, nächstes großes Projekt kommt. Was aber nur einmal passiert, das ist *das*: Das erste Lebensjahr meines Kindes. Das wiederholt sich nicht. Und nicht zuletzt um da dabei zu sein, ist man ja in Elternzeit gegangen.

KAPITEL 6

Geld her!

Als Markus' Bruder sein erstes Kind bekam, wohnte er gerade auf Island. Eine bemerkenswerte Insel mit vielen Schafen und wenig Bäumen, was irgendwie zusammenhängt. In Island gibt es viele Kinder und wenig Hürden für Eltern, was vielleicht auch irgendwie zusammenhängt. »Plötzlich war das Geld auf meinem Konto«, erklärte Markus' Bruder, als die beiden mal wieder über die Vorteile der nordischen Kinderpolitik diskutierten. Das Krankenhaus meldete die Geburt beim Amt, die fingen brav mit dem Überweisen des Kindergeldes an. Für deutsche Papas ein Traum.

Zwar fand Markus im Internet einen Haufen Zeitungsberichte über das neue Elterngeld, aber keiner verriet ihm, wo er den Antrag bekommen beziehungsweise stellen konnte. Bei ihm war es das Jugendamt, was aber woanders in Deutschland wieder ganz anders sein kann, da die Abwicklung Sache der einzelnen Bundesländer ist. Jede einzelne staatliche Leistung oder Vergünstigung muss einzeln beantragt werden, fast jede bei einer anderen Behörde. Und natürlich werden immer wieder jede Menge Kopien und Unterlagen verlangt. Einige Anträge sind echte Beispiele für den Bürokratiewahn. So wollte das örtliche Jugendamt für den Kita-Gutschein von Markus wissen, wie hoch das Einkommen seines Kindes sei. Das kann es zwar auch mal geben, etwa Zinsen aus Erbschaften. Gemeint sind hier aber natürlich die Einnahmen der Eltern. Beim Elterngeldantrag lag zwar eine Liste der gewünschten Unterlagen bei, die Markus auch alle brav einreichte. Einige Zeit später meldete sich das Amt trotzdem mit neuen Dokumentenwünschen. Und seinen von den nordischen Ämtern verwöhnten Bruder erwischten die deutschen Behörden auch noch. Er musste mitten im isländischen Winter in die 450 Kilometer entfernte Hauptstadt Reykjavik reisen, um sein Kind bei der deutschen Botschaft persönlich vorzuzeigen. Für die Botschaft war die isländische Geburtsurkunde nämlich nicht genug, die Diplomaten mussten unbedingt noch mal anderthalb Sekunden auf das Kind schauen, um sich zu vergewissern, dass es wirklich ein Kind war.

Für junge Eltern ist diese Papierschlacht nervenaufreibend, da sie sich gerade in der schlaflosen Überlastungsphase nach der Geburt eines Kindes mit Anträgen, Anträgen und wieder Anträgen herumschlagen müssen.

Über staatliche Leistungen vor der Geburt erkundigen. Notwendige Unterlagen rechtzeitig zusammenstellen und dann lediglich mit der Geburtsurkunde ergänzen. Viele Formulare gibt es übrigens im Internet, aufzufinden durch einfaches Googeln. Wer die Mappe mit allem Papierkram schon vor der Geburt angelegt hat, kann dem folgenden Chaos etwas gelassener entgegensehen.

Elterngeld als Starthilfe

Das Elterngeld ist nicht einfach eine neue Form der Familienförderung, eine unter vielen, Teil des Papierkriegs. Das Elterngeld ist eine echte Revolution, und wie bei den meisten gesellschaftlichen Umstürzen gibt es dabei Gewinner und Verlierer. Bislang ging es in der Familienpolitik grundsätzlich ums Soziale. Das Geld vom Staat war ein Ausgleich zwischen Arm und Reich sowie zwischen Menschen mit Kindern und solchen ohne. Beim Elterngeld geht es nun erstmals statt um Gerechtigkeit schlicht um Ergebnisse.

Die Leute sollen erstens mehr Kinder bekommen, weil sie weniger finanzielle Einbußen in der Babypause befürchten müssen. Dies gilt aber vor allem für gut Verdienende. Bei ihnen lohnt sich das Elterngeld viel mehr als bei Geringverdienern, schließlich hängt die Höhe der Zahlungen vom vorher kassierten Gehalt ab. Zweitens sollen vor allem die Frauen nach der Geburt rascher wieder arbeiten gehen, was gut ist für ihre eigene Berufsbiografie – für ihre Arbeitgeber allerdings auch. Weil es erst relativ viel Geld gibt, dann aber relativ bald gar nichts mehr, ist das Elterngeld ein Schubs, nicht die theoretisch möglichen drei Jahre Elternzeit zu nehmen. Die Vätermonate bieten zusätzlich für Männer einen Grund, auch mal auszusetzen. Das Elterngeld setzt bei all diesen Punkten einen wirtschaftlichen Anreiz, auch das ist ziemlich neu in der Familienförderung.

Früher gab es das Erziehungsgeld. Bis zu zwei Jahre lang nach der Geburt eines Kindes bekamen bedürftige Geringverdiener und Arbeitslose 300 Euro monatlich. Das neue Elterngeld sieht zwar auch eine Mindestzahlung in dieser Höhe vor, dies aber eben nur höchstens 14 Monate. Das ist ganz klar eine Verschlechterung, ebenso wie die neue Regelung für Gutverdiener eine Verbesserung ist.

Ein Problem bleibt: Ein Drittel der Elterngeldberechtigten bekommt nur den Mindestsatz, und der reicht nun wirklich nicht zum Leben. Damit mangelt es an einer vorübergehenden eigenständigen Existenzsicherung für diese Menschen, die sich auf das finanzielle und berufliche Wagnis Kind einlassen.

Hinter diesen gesetzlichen Bestimmungen steht allerdings auch die Idee eines Kulturwandels. In Deutschland sind Mutterschaft und Berufstätigkeit immer noch zwei sehr unterschiedliche Dinge, und die Väter drücken sich gern um die Babybetreuung herum. Das ist schade für alle Beteiligten, und gerecht ist es auch nicht. Insofern ist das Elterngeld doch eine gute Sache – und das nicht bloß wegen der schönen Überweisungen aufs eigene Konto.

Dass es sich auszahlen kann, wenn Väter das Elterngeld nutzen, zeigt die Statistik. Jeder dritte Vater, der die Leistung beantragte, bekam zwischen 1000 und 1800 Euro. Bei den Frauen hatte nur jede Zehnte dieses Glück. Nun liegt dies wohl vor allem daran, dass unfairerweise die Männer mehr Vollzeit arbeiten und auch pro Stunde mehr verdienen als die Frauen. Nahezu alle Frauen beantragen Elterngeld, bei den Männern hingegen nur einige wenige – und wahrscheinlich gerade die, bei denen es sich besonders lohnt. Dennoch: Wenn Männer ordentlich verdienen, dann ist neben all den Gründen des Gefühlshaushalts eben auch das Geld ein starkes Argument dafür, dass sie viele Vätermonate nehmen.

Was man bekommt und wo

Elterngeld gibt es für zwölf Monate; wenn beide Partner für mindestens zwei Monate zu Hause bleiben, erhöht sich die maximale Förderdauer auf 14 Monate. Da es eine Lohnersatzleistung ist, berechnet sich die Höhe nach dem Netto-einkommen. Der Staat zahlt 67 Prozent auf das durchschnitt-liche Nettoeinkommen der letzten 12 Monate vor Geburt des Kindes. Maximal gibt es 1800 Euro Elterngeld, was immerhin einem vorherigen Nettoeinkommen von ungefähr 2700 Euro entspricht. Mindestens beträgt der Sockelbetrag 300 Euro im Monat, auch für Papas, die vorher gar nichts verdient haben. Grundsätzlich haben alle Anspruch auf Elterngeld, also auch Selbstständige.

Da die einzelnen Bundesländer für die Abwicklung und Auszahlung des Elterngelds zuständig sind, können wir an dieser Stelle leider keine allgemeinverbindlichen Angaben machen, welche Behörde sich darum kümmert und wo man das Formular bekommt. Eine stets aktuelle Liste der zuständigen Landesbehörden findet sich aber auf der Internetseite des Bundesfamilienministerium (www.bmfsfj.de).

Wichtig ist eine zeitige Antragstellung, da die zuständigen Behörden tendenziell unter Überlastung leiden und die Klagen über eine lange Bearbeitungsdauer zahlreich sind. Und wer ab Monat eins Geld sehen will, muss wissen, dass man Elterngeld nur jeweils drei Monate rückwirkend beantragen kann. Wie bei fast allen staatlichen Leistungen ist das Formular kompliziert und die Liste der benötigten Unterlagen lang. Auf jeden Fall parat haben sollten die jungen Eltern: Gehaltsbescheinigungen für die letzten zwölf Monate vor Geburt des Kindes (bei Selbstständigen Steuerbescheid oder Einnahmen-Überschuss-Rechnung), Kopien von Pass oder Ausweis der Eltern, Geburtsurkunde und Bescheinigung des Arbeitgebers über die Länge der beantragten Elternzeit. Bleibt zunächst die Mama zu Hause, kann der Vater im Antrag auch darauf verweisen, dass er seine Dokumente später nachreichen wird.

Wo die Tücken lauern

Das neue Elterngeld wird sicher zu Recht als die familien-
politische Sensation der letzten Jahre gehandelt. Doch wie
bei allen staatlichen Wohltaten steckt der Teufel oft im De-
tail. Und auch das Elterngeld ist mit einigen Tücken verse-
hen, welche die Freude der neuen Eltern gewaltig trüben
können.

Progressionsvorbehalt: Das Elterngeld unterliegt dem Progressionsvorbehalt. Sprich: Man muss es zwar nicht versteuern, aber bei der Steuererklärung angeben, da es den
Steuersatz nach oben treibt. Der ist bekanntlich umso höher,
in Prozent vom Einkommen, je höher das Einkommen ist.
Verdient nun ein Ehepaar etwa 50.000 Euro plus 18.000
Euro Elterngeld, dann muss es zwar nur 50.000 Euro versteuern, die aber zum Steuersatz von 68.000 Euro (Einkommen plus Elterngeld). Hier gewinnen deshalb sogar mal
Unverheiratete. Denn wo keine Ehe, da auch keine gemeinsame Steuererklärung. Also wird Papis Elterngeld nicht bei
der verdienenden Mama negativ angerechnet und umgekehrt. Allerdings muss Papa dann natürlich trotzdem das
Elterngeld auf den Betrag aufschlagen, den er selbst im
Jahr seiner Elterngeldmonate entweder in Teilzeit oder außerhalb der Elternzeit verdient hat. Hat etwa Papa bis Oktober gearbeitet und dabei 30.000 Euro verdient und dann
für November und Dezember noch mal 2500 Euro Elterngeld bezogen, muss auch er die 30.000 Euro Einkommen
zum Steuersatz von 32.500 versteuern.

Mutterschaftsgeld: Außerdem wird das Elterngeld auf das
Mutterschaftsgeld angerechnet. Das bedeutet für den Stan-
dardfall, wenn Mama nach der Geburt zunächst zu Hause
bleibt, dass in den acht Wochen nach der Geburt, in denen

es noch Mutterschaftsgeld gibt, faktisch nicht gezahlt wird, da das Mutterschaftsgeld immer höher ist. Schließlich entspricht das Mutterschaftsgeld dem bisherigen Nettogehalt in vollem Umfang und nicht nur zu maximal 67 Prozent, wie das beim Elterngeld der Fall ist. Eigentlich wird das Elterngeld also nicht 14 Monate, sondern nur zwölf gezahlt.

Geringverdiener: Richtig unangenehm ist das Elterngeld für alle, die nicht so viel verdienen. Die bekamen, wie schon erklärt, vor 2007 für zwei Jahre monatlich 300 Euro Erziehungsgeld. Jetzt gibt es für sie nur noch den Sockelbetrag des Elterngelds. Das sind zwar auch 300 Euro, aber nur für ein Jahr. Während also alle Durchschnitts- und Besserverdiener bei der Einführung viel Grund zur Freude hatten, bedeutete dies für schlechter bezahlte Arbeitnehmer, die meisten Studenten oder Arbeitslose eine Halbierung der staatlichen Leistungen.

Netto: Für uns ist netto meist das, was auf dem Konto landet. Nicht so für die Elterngeldstelle. Die zieht neben einer Werbekostenpauschale noch Weihnachts- und Urlaubsgeld, Feiertags- und Wochenendzuschläge sowie etwaige Sonderzahlungen ab. Geht beispielsweise der Monteur zweimal im Monat am Wochenende schuften und erhält dafür einen Aufschlag auf seinen normalen Stundenlohn, zieht ihm die Elterngeldstelle das Extrageld leider bei der Berechnung seines Nettogehalts wieder ab.

Krankenversicherung: Wer freiwillig gesetzlich versichert ist und nicht verheiratet, der hat ein Problem. Der muss nämlich auch in der Elternzeit bei null Einkommen die Mindestbeiträge an die Krankenkasse zahlen. Wer gesetzlich pflichtversichert ist, bei dem wird auch ohne Trauschein eine Art fiktiver Ehegattenversicherung eingerichtet und es fallen keine Beiträge an. Gekniffen sind Privatversicherte – egal ob verheiratet oder nicht. Ihre Beiträge laufen unverändert weiter. Der direkte Zuschuss durch den Arbeitgeber allerdings nicht. Wer allerdings in der Elternzeit in Teilzeit arbeitet und dabei die Einkommensgrenze für die Privatversicherung unterschreitet, hat die Chance, wieder in die gesetzliche Kasse zu wechseln.

Verlängerungsoption: Wer will, kann seinen Elterngeldzeitraum strecken und so als Paar beispielsweise aus 14 Monaten 28 machen. Das ist eine echte Mogelpackung: Natürlich gibt es dann 28 Monate lang genau die halbe Kohle. Gewonnen hat er damit nichts, im Gegenteil. Wer 14 Monate voll kassiert und dabei die Hälfte aufs Sparbuch packt, hat noch einen kleinen Zinsvorteil. Einzige Ausnahme: Selbstständige, die aus steuerlichen Gründen die Zuflüsse durch das Elterngeld gerne strecken würden, können sich in bestimmten Fällen besser stellen.

 ## Es gibt noch mehr Geld!

Vor ein paar Jahren hat das Familienministerium in einer Bestandsaufnahme ermittelt, wie viel Geld der Staat eigentlich insgesamt an Eltern und Kinder verteilt. Das Ergebnis: Unglaubliche 189 Milliarden Euro, jedenfalls im Jahr 2006. Das klingt gut, selbst wenn dies die Ausgaben für das Kindergeld genauso umfasst wie für die Witwenrenten oder Abtreibungsberatung. Es gibt aber noch eine zweite Zahl. Die Förderung verteilt sich auf die unglaubliche Menge von 153 verschiedenen Maßnahmen. Das ist schlecht. Wer wo welches Geld erhält oder erhalten könnte, wissen nur Experten, und oft nicht mal die. Und der Staat versteckt hinter der hohen Fördersumme und der Vielzahl der Programme gern, dass er vielerorts trotz allem zu wenig tut – etwa beim Ausbau der Krippenplätze für Kinder unter drei Jahren. Zwar will das Familienministerium die Fördermaßnahmen übersichtlicher und zielgenauer gestalten, was löblich ist, aber nützen wird es wohl wenig. Trotzdem, unterm Strich macht es vielleicht doch die Entscheidung fürs Kinderkriegen und auch für die ja doch mit Einkommensverzicht verbundenen Vätermonate leichter, wenn man sich mal bewusst macht, was es bei der Familienförderung alles so gibt.

Kindergeld und Kinderfreibetrag

Der größte Batzen der staatlichen Zahlungen ist das Kindergeld. Das muss man beantragen, und zwar bei den örtlichen Familienkassen – bizarrerweise sind diese ein Anhängsel der Arbeitsagentur, besser bekannt unter dem alten Namen Arbeitsamt. Welches Formular man benutzen und wohin man es samt der Geburtsurkunde des Kindes schicken muss, kann man im Zweifel unter 01801-546337, der zentralen Rufnummer der Familienkassen, erfahren. Für das erste und zweite Kind gibt es je 164 Euro monatlich, für das dritte Kind 170 Euro und für alle weiteren Kinder steigt der Betrag auf 195 Euro. Reich wird damit niemand, aber zu verachten ist der Zuschuss keineswegs. Das Geld gibt es bis zum 18. Lebensjahr des Kindes, in bestimmten Fällen auch länger. Den Antrag unterschreiben müssen beide Eltern – und dabei auch entscheiden, wer von ihnen das Geld aufs Konto kriegen soll. Und, nein, das lohnt keinen Streit.

Das Finanzamt prüft, ob man sich mit dem Kindergeld günstiger stellt oder mit dem Kinderfreibetrag. Sensationellerweise tut die Behörde das, ohne dass man hierfür wie sonst für fast jeden Euro Familienförderung einen speziellen Antrag ausfüllen müsste. Gepriesen seien die vielfach verkannten Finanzbeamten! Damit diese tätig werden können, muss man allerdings seine Einkommenssteuererklärung machen und dort das Kind angeben. Das Finanzamt verrechnet dann Kindergeld, Einkommen und Steuerfreibeträge; es wird also nicht etwa erst eine Rückzahlung des bereits erhaltenen Kindergeldes nötig. Der Kinderfreibetrag in der Steuer wurde Ende 2008 auf insgesamt 6000 Euro angehoben. Davon profitieren Eltern, die zusammen ein Bruttoeinkommen von mindestens 67.000 Euro verdienen, sowie Alleinerziehende, die mehr als 35.000 Euro bekommen. Zusätzlich sind die Möglichkeiten ausgeweitet worden, die Kosten des Babysitters oder der Putzhilfe bei der Steuer abzusetzen. Bei diesen sogenannten familienunterstützenden Dienstleistungen kann man bei Ausgaben bis zu einer Höhe von 20.000 Euro ein Fünftel steuerlich geltend machen, also maximal 4000 Euro.

Im oben genannten Kinderfreibetrag ist neben dem von Steuern freigestellten finanziellen Existenzminimum des Kindes auch ein Freibetrag für Betreuungs- und Erziehungsbedarf enthalten.

Die ganzen Freibeträge lohnen sich dann so richtig, wenn sie bei insgesamt gutem Einkommen die Einkünfte rechnerisch so weit drücken, dass man eine Steuerstufe tiefer rutscht. Aber allzu viel sollte man sich den Kopf darüber nicht zerbrechen, weil man sowieso kaum etwas daran ändern kann.

Kinderzuschlag

Kinder, Kinder – neben dem Freibetrag gibt es auch einen Zuschlag, und trotz der Wortähnlichkeit hat das eine mit dem anderen wenig zu tun. Der Kinderzuschlag wird wie das Kindergeld von der Familienkasse gezahlt, siehe oben, und beträgt bis zu 140 Euro pro Kind. Gezahlt wird er an Eltern, die von ihrem Einkommen leben könnten, wenn sie keine Kinder hätten – die also erst durch den Nachwuchs in die unangenehme Situation geraten, das Arbeitslosengeld II zur Aufstockung des Einkommens beantragen zu müssen. Wobei hier der Begriff des Arbeitslosengeldes ziemlich irreführend ist, eigentlich handelt es sich um die gute alte Sozialhilfe, nur wurde diese umbenannt. Die Berechnung des Kinderzuschlags ist kompliziert, es spielen auch Miete und Heizkosten eine Rolle. Die Mühe kann sich aber lohnen. Denn wer ins Arbeitslosengeld II rutscht, der muss im Jobcenter wirklich die Hosen runterlassen, und eventuell vorhandenes Vermögen wird ihm auf die staatliche Hilfsleistung angerechnet. Hilfreich ist der Kinderzuschlagsrechner auf der Internetseite des Bundesfamilienministeriums (http://www.bmfsfj.de/bmfsfj/generator/Kategorien/Service/online-rechner.html). Hier muss man zwar eine Menge Felder ausfüllen, aber dafür weiß man hinterher über seine Ansprüche auch wirklich Bescheid. Und das mühevoll ausgefüllte Formular kann man ausdrucken und bei der Familienkasse einreichen. Zum Oktober 2008 hat die Bundesregierung das Gesetz so geändert, dass sich die Menge der vom Kinderzuschlag profitierenden Eltern mehr als verdoppelt hat. Das Antragsverfahren wurde ein klein wenig vereinfacht, immerhin. Den Kinderzuschlag anstelle des Arbeitslosengeldes II gibt es nun, wenn ein Paar 900 Euro oder mehr als monatliches Einkommen hat, bei Alleinerziehenden liegt die Grenze bei 600 Euro. Un-

terhalb dieses Mindesteinkommens greift das Arbeitslosengeld II oder die Sozialhilfe. Schwieriger ist die Frage
nach der Höchstgrenze, also bis zu welchem Einkommen
es noch den Kinderzuschlag gibt. Das wird individuell berechnet, bei zum Beispiel zwei Kindern können aber sogar
2500 Euro Bruttoeinkommen der Eltern noch zum Kinderzuschlag berechtigen. Details findet man unter www.kinder-
zuschlag.de, das ist eine Internetseite der Bundesagentur
für Arbeit. Was der Kinderzuschlag einer Familie konkret
bringt, weiß diese weiterhin erst, nachdem sie den Antrag
gestellt hat.

Mutterschaftsgeld

Lang bevor die Vaterzeit beginnt, gibt es das Mutterschaftsgeld. Es ist eine Art vorgezogenes Elterngeld: Auch hier ist
die Höhe abhängig vom Arbeitseinkommen vor der Geburt
des Kindes. Wie schon erklärt, werden die Leistungen nach
der Geburt mit dem Elterngeld verrechnet, faktisch wird
es vermindert. Gezahlt wird das Mutterschaftsgeld im Mut-
terschutz, der normalerweise sechs Wochen vor der Geburt beginnt und acht Wochen danach endet. Das Geld
kommt von der gesetzlichen Krankenkasse, allerdings nur
bis zu einer monatlichen Lohnersatzsumme von derzeit
390 Euro. Die Lücke bis zum zuvor erhaltenen Nettolohn
muss der Arbeitgeber überbrücken. Privatversicherte müssen sich an das Bundesversicherungsamt wenden, die Tele-
fonnummer 02 28/6 19 18 88 ist allerdings furchtbar oft
besetzt. Sie erhalten vom Staat nur 210 Euro monatlich,
sind aber vielleicht über ihre private Versicherung zusätzlich abgesichert. Gesetzlich Versicherte können einfach direkt ihre Kasse kontaktieren, die zentrale Nummer steht im
Zweifel auf der Versicherungskarte. Oder, klar, im Internet.

Ehegattensplitting

Wenn der eine Partner gut verdient und der andere schlecht oder gar nicht, dann lohnt es sich richtig, verheiratet zu sein. Das Ehegattensplitting funktioniert so: Beide Gatten zählen ihre Einkünfte zusammen, dann wird durch zwei geteilt. Sparen lässt sich dabei, weil der Gutverdiener in eine niedrigere Steuerstufe rutscht. Wer nicht verheiratet ist, sondern schändlicherweise bloß durchs Kinderkriegen zum Erhalt der Gesellschaft beiträgt, profitiert nicht. Umgekehrt greift die steuerliche Förderung der Heirat auch dann, wenn die Eheleute keinen Nachwuchs haben. Weil unter den Verheirateten wiederum nur jene Paare wirklich etwas vom Splitting haben, bei denen die Einkommen stark auseinanderklaffen, sprechen böse Menschen von der Privilegierung der Hausfrauenehe.

Wo etwa nach der Elternzeit ein Partner weiterhin nicht oder kaum arbeitet, kann das Splitting das Familieneinkommen verbessern, um einige Hundert Euro im Jahr. Damit der Effekt wirklich groß ist, muss man schon ziemlich viel verdienen. Hat beispielsweise der eine Partner das erkleckliche Einkommen von 105.000 Euro im Jahr, der andere gar keines, so sparen die verheirateten Partner gegenüber einem Paar mit gleichem Einkommen, aber ohne Trauschein, knapp 8.000 Euro. Verdient hingegen der eine immer noch stattliche 60.000 Euro und der andere 20.000 Euro, so beläuft sich die Ersparnis auf deutlich bescheidenere 1690 Euro. Politiker von rechts wie links erwägen, das Ehegattensplitting zu einem Familiensplitting umzubauen. Dann würde auch die Zahl der Kinder berücksichtigt – und dies vielleicht sogar nach dem Grundsatz: Familie ist, wo Kinder sind. Eheleute ohne Kinder würden dann nicht mehr profitieren, Unverheiratete mit Nachwuchs hingegen schon. Noch ist aber völlig offen, was daraus wird.

Auch die kostenfreie Mitversicherung von Familienangehörigen bei den gesetzlichen Krankenkassen bringt eine reale Ersparnis. Bei den Kindern für alle Eltern, ansonsten wird auch hier die Alleinverdienerehe gefördert. Denn wer mangels Einkommen nicht selbst krankenversichert ist, kann dies über seine Gattin sein – oder, meistens, über seinen Gatten. Es reicht, Kinder oder Gatten einfach bei der Krankenkasse zu melden. Die erledigt den Rest.

Rentenpunkte, Riester und Pflegeversicherung

Bei der gesetzlichen Rentenversicherung gibt es zwar erst mal nichts zu holen, dafür aber später. Grundsätzlich werden bis zu drei Jahre Erziehungszeit bei der gesetzlichen Rente angerechnet. Zugrunde gelegt wird dabei ein Durchschnittsverdienst. Dafür muss der Vater lediglich unter Vorlage der Geburtsurkunde beantragen, dass die Kindererziehung auf seinem Rentenkonto gutgeschrieben wird.

Schwieriger wird es, wenn beide Eltern zeitgleich zu Hause bleiben. Dann verfährt die Rentenversicherung nach traditionellem Muster und schreibt die Zeiten der Mutter gut. Soll Papa die Rentenpunkte kassieren, müssen beide Partner einen Antrag bei der zuständigen Rentenversicherung stellen. Da die gesamt Materie recht kompliziert ist, lohnt sich bei allen Sonderfällen und Zweifeln ein Anruf bei der kostenlosen Service-Nummer 08 00/10 00 48 00 der Deutschen Rentenversicherung.

Auch für den Riestervertrag lohnt sich der Nachwuchs, denn für jedes Kind gibt es eine gesonderte staatliche Zulage. Der Versicherungsanbieter schickt einem das Zulagenformular automatisch jedes Jahr im Januar oder Februar zu. Dann einfach den Nachwuchs vermerken, Geburtsurkunde beilegen und Zulage kassieren.

Und zuletzt noch die Pflegeversicherung: Ab dem ersten Kind reduziert sich der Beitrag um 0,25 Prozentpunkte, da dies der Aufschlag für Kinderlose ist. Also die Gehaltsabteilung darauf aufmerksam machen. Und, natürlich, Geburtskurkunde vorlegen.

Weitersuchen

Wer sich ganz aktuell und gezielt informieren will, muss ins Internet. Erster Anlaufpunkt kann das Bundesfamilienministerium sein. Unter www.familien-wegweiser.de und unter www.bmfsfj.de/Politikbereiche/Familie/leistungen-und-foerderung.html muss man sich durch einen Riesenhaufen Daten klicken, unter dem sich mancher Schatz verbirgt. Dort findet sich auch ein Online-Rechner fürs Elterngeld – und zwar einer, der jeweils dem aktuellen Gesetzesstand entsprechen müsste. Unter der Service-Nummer 01 80/1 90 70 50 kann man auch telefonisch Broschüren bestellen oder fragen, wen man bei einem bestimmten Anliegen fragen soll. Rechtsauskünfte darf das Ministerium allerdings nicht geben. Viele Städte und Gemeinden bieten gleichfalls Informationen im Internet oder per Telefon und vermitteln anders als das Ministerium im fernen Berlin oft auch konkrete Ansprechpartner vor Ort. Hier gilt: Einfach mal die Zentrale der Kommunalverwaltung anrufen und sich geduldig durchfragen. Auch die großen Wohlfahrtsverbände bieten örtliche Beratung an, allerdings eher für Krisen in der Familie. Selbsthilfeorganisationen gibt es auch, sie sind aber meist stark spezialisiert: Auf Alleinerziehende, Kinderreiche, Scheidungsväter, Kinderladengründer.

Geld zurücklegen!

Nichts beendet die immer wieder verlängerte Phase der eigenen Jugend schneller als ein Kind. Was hatte man sie immer verachtet, die Kleingeister, deren Leben mit Mitte Zwanzig zu Ende schien, die nur noch zu Hause hockten und DVDs glotzten. Und dann das: Nur wenige Wochen nach der Geburt seines Kindes war Jonas schon häufiger in der Videothek gewesen als in den zehn Jahren davor. Hatte Markus noch bis vor wenigen Jahren eine total verrauchte Wohnung und eine kurze Stippvisite der Polizei als notwendige Bedingung für eine gute Party verstanden, war er jetzt kurz davor, selbst die Polizei zu rufen, wenn jemand auf dem Spielplatz eine Zigarette anzündete. Während Jonas sich bewusst mit seiner Angst vor der totalen Verspießerung auseinandersetzte, nahm Markus seine neue Bürgerlichkeit gleichmütig hin. Letztlich kann man nichts dagegen tun: Junge Eltern denken plötzlich an Bausparverträge, Risikolebensversicherungen und die Ausbildung ihrer Kinder, die sich noch nicht mal selbstständig vom Rücken auf den Bauch drehen können.

Und so falsch kann dieser Reflex nicht sein. Neugeborene Babies sind zwar erst mal preiswert. Die Ausgaben für Babyschale, Kinderwagen, Wickeltisch und Windeln holt man mehr oder weniger bei den Einsparungen für Kino, Theater und essen gehen wieder rein. Aber mit den Jahren werden sie teuer. Je nach Methode der Berechnung kommen die Statistiker auf bis zu 120.000 Euro Kosten für ein Kind bis zur Volljährigkeit. Die Ausgaben für ein Studium oder eine aufwendige Berufsausbildung noch gar nicht eingerechnet. Schon in der relativ preisgünstigen Babyphase mit dem Sparen für die Zukunft zu beginnen ist also eine ziemlich schlaue Idee.

Und vielleicht kann man sich auch gerade als Vaterzeitler dem Gedanken besonders schlecht entziehen, dass für das Kind in Gelddingen vorgesorgt werden muss. Da gibt es ein gewisses Kompensationsbedürfnis: Wenn Papa schon die Ernährerposition gegen die Babybetreuung getauscht hat, zumindest zwischenzeitlich, will er doch wenigstens die finanzielle Zukunft klarmachen. Und zwar genau so, wie es all die Versicherer und Banken immer in ihren Werbespots verkünden, mit dieser widerlichen Mischung aus Kinderlachen und väterlich-ernstem Brummbass. Dabei geht es den Finanzdienstleistern natürlich nicht um die Zukunft unserer Kinder, sondern um ihre eigene – also um Profit.

Die Auswahl an Vorsorgemaßnahmen ist riesig, und sie ändert sich ständig. Ziemlich aktuell ist auch hier das Internetangebot von *Finanztest*, unter dem Dach der Stiftung Warentest (www.finanztest.de). Anders als beim Bankberater mischen sich die Empfehlungen der *Finanztest*-Experten auch nicht mit irgendwelchen Eigeninteressen am Jahresbonus, den es in einigen Geldhäusern für möglichst viele Abschlüsse – egal welcher Qualität – gibt.

Jonas hat trotzdem einfach den Kinderwagen zur Bank geschoben und mit seiner altvertrauten Kundenberaterin gesprochen. Was er wollte, war eine Art Ausbildungssparen, was er bekam, war eine Art kurz laufende Rentenversicherung auf den Namen des Babys. Mit monatlich 50 Euro werden Aktienfonds gekauft – in der Vergangenheit haben die mehr Rendite gebracht als das Sparbuch, allerdings sind ein paar Monate nach dem Vertragsabschluss natürlich prompt die Börsen abgestürzt. Jonas hält sich deshalb an die schrecklich unmoderne Anlegerweisheit, dass man Aktien kaufen und dann erst mal vergessen soll. Das Auf und Ab der Finanzmärkte kostet sonst vor allem eines: Nerven. Und die braucht man als Vaterzeitler eigentlich fürs Baby. Zusammen mit ein paar Einmalzahlungen ins Fondssparen, für die sich Geldgeschenke von Oma und Opa nutzen lassen, entsteht durch die monatlichen Überweisungen ein Startguthaben, das dem Kind eines fernen Tages die Ausbildung erleichtern soll. Schließlich wird es in Zukunft eher mehr als weniger Studiengebühren geben, und viele Lehrlingsgehälter sind zu klein zum Leben.

> Die finanzielle Vorsorge für den Nachwuchs, insbesondere beim ersten Kind, sollte man zum Anlass nehmen, die eigene Vorsorgesituation im Ganzen zu überprüfen. Hat man die wichtigsten Absicherungen erledigt? Dazu gehören Berufsunfähigkeitsversicherung, Risikolebensversicherung, Riesterrente und Haftpflicht.

Auch wenn man die Ausbildung des Kindes im Hinterkopf hat, kann man natürlich auch Geldanlagen abschließen, auf denen nicht ausdrücklich das Wort »Ausbildungs-Irgendwas« draufsteht. So schneiden etwa die speziellen Ausbildungsversicherungen bei der Stiftung Warentest wegen ihrer mageren Renditen (allerdings bei hoher Sicherheit) eher schlecht ab. Alternativ kann der junge Papa das Geld auch in Sparpläne (sicher), Bundesschatzbriefe (bombensicher), Bausparverträge (sicher), renditeträchtigere Aktien oder Aktienfonds (unsicher) und tausend andere Dinge stecken. Wobei immer gilt: zu viel Risiko meiden. Wer möchte schon seinem Kind erklären, dass die Studienbeihilfe leider flachfällt, weil Papi der Meinung war, die Telekom-Aktie sei ein echter Geheimtipp. Auch auf die hohe Verzinsung von argentinischen Staatsanleihen sollte man kein komplettes Studium bauen.

Wer gerne selber wählt, welche Wertpapiere die Nerven des Papas strapazieren sollen, der kann es halten wie Markus. Er war als gelernter Bankkaufmann der Meinung, dass er den richtigen Mix auch allein hinkriegen würde. Das sollte allerdings wirklich nur der tun, der zu Recht behaupten darf, ein gewisses Grundverständnis der Geldanlagen zu besitzen. Hier empfiehlt sich eine weitere Anlegerweisheit, dass das Risiko mit dem Zeithorizont wachsen darf – und umgekehrt. Sprich: Seinem Baby darf man schon mal ein paar riskantere Aktienfonds ins Depot packen, kurz vor Ausbildungsbeginn, wenn die Kohle absehbar gebraucht wird, sollten es dann doch lieber mehrheitlich sichere Bundesschatzbriefe oder Ähnliches sein.

Dass Jonas Tochter ab dem 16. statt dem 18. Geburtstag über das Geld verfügen können soll, hat die Bankberaterin ziemlich nervös gemacht. Das Geld gehöre dann wirklich dem Kind, betonte sie – und meinte: So eine Göre schmeißt die Kohle für alles Mögliche raus, aber nicht für eine sinnvolle Ausbildung. Auch Jonas hat mal mit leichtem Gruseln gelesen, wie sauteuer eine Ausbildung zur Pferdepsychologin ist – der Job ist natürlich ein Mädchentraum. Trotzdem, Jonas blieb dabei, 16 sei ein gutes Alter, vor allem wenn es um eine Lehre geht. Und seine Tochter, die würde doch eine Vernünftige sein. Ein paar Illusionen muss man sich bewahren, damit die Kinder später was zum Zerstören haben.

Noch wichtiger als die finanzielle Vorsorge für die Ausbildung der Kinder ist allerdings die ausreichende Absicherung der Eltern. Eine ordentliche Berufsunfähigkeits- und Risikolebensversicherung sollten die schon haben. Dies gilt ganz besonders für den Hauptversorger in klassischen Alleinverdienerhaushalten.

Jonas hat als Freiberufler lange schon eine zusätzliche Altersvorsorge für sich selbst abgeschlossen. Die hat die

Form einer Lebensversicherung, was vielleicht nicht die beste Geldanlage der Welt ist. Mit Kind aber findet Jonas bei der Versicherung jetzt zum ersten Mal die sogenannte Risikokomponente gut. Fällt ihm morgen ein Ziegelstein auf den Kopf, bekommen Frau und Kind richtig Geld. Da kann sich dann Jonas endlich mal richtig als Ernährer der Familie fühlen: Wenn er tot ist.

Gutes Gefühl.

KAPITEL 7

Netzwerke knüpfen!

Es war um kurz nach elf Uhr vormittags, als Yassin bemerkte, dass etwas nicht stimmte. Fühlte sich komisch an, verdächtig. Gar nicht gut. Und in der Tat: Die Zahnkrone war ihm rausgebrochen. Mist. Denn da waren seine beiden Kinder, eins hungrig, eins müde. Und da war nicht: seine Frau. Die war für ein paar Tage weggefahren. Zum Zahnarzt musste Yassin trotzdem. Aber die beiden Zwerge mitnehmen, das war nicht so recht vorstellbar. Es ist ja schon schwer genug, mit den beiden zum Kinderarzt zu gehen; aber wenn der Papa selbst im Stuhl sitzt und sich nicht rühren kann?

Mit anderen Worten: Ein Notfall. Klar, es gibt schlimmere. Aber es reichte, um Alarmstufe Gelb auszurufen. Konkret hieß das, einen Notruf an die Schwester seiner Frau abzusetzen, die ungefähr eine Stunde entfernt wohnt. Sie nahm das Telefon ab, kam und half. Gerettet!

Kinder bedeuten Chaos. Nicht immer, aber oft. Das ist ihr Reiz in einer sonst furchtbar durchorganisierten Welt. Das ist für die Eltern aber gelegentlich auch Grund zur Panik. Papa zu Hause, Mama im Job – das wirkt erst mal wie eine solide Konstruktion. Was aber, wenn das Kind krank wird und Papa ansteckt? (Kleine Kinder sind immer krank. Okay, fast immer. Jedenfalls: verdammt oft.) Was ist, wenn der Vater doch mal ins Büro muss, die Mama sich aber nicht frei nehmen kann? Und was ist, wenn Papa und Mama skandalöserweise einfach mal gemeinsam was unternehmen wollen? Dann brauchen sie ein Netzwerk aus Kontakten und Betreuungsmöglichkeiten fürs Kind. Je dichter dieses geknüpft ist, desto geringer ist die Gefahr, dass das Kind durch die Maschen fällt.

Betreuung bedeutet dabei im Übrigen nicht immer gleich klassisches Babysitting: Eltern weg, Kind mit vertrauter Person allein zu Hause. Es kann – zumindest für die trotz Elternzeit gestressten Eltern – auch schon entlastend sein, wenn Besuch da ist, der trotz grundsätzlicher Anwesenheit der Eltern einfach mal die Flasche gibt, das Windelwechseln übernimmt oder zehn Minuten das Kind mit einem Buch beschäftigt. Ja, selbst wenn jemand ganz simpel einfach nur dabei ist und sich mit ums Kind kümmert, sorgt das manchmal schon für eine Steigerung des Wohlbefindens beim betreuenden Elternteil. Nicht zuletzt, weil es eine keineswegs ganz geringe Gefahr gibt, als junges Elternpaar mit seinem Kind zu vereinsamen: Man hat einander, aber sonst niemanden mehr. Dem gilt es vorzubeugen, und die Integration von Freunden und Bekannten oder Verwandten in den eigenen Alltag mit Kind ohne völlige Übergabe der Verantwortung kann dabei helfen.

Bei allen Personen, die einmal das Kind hüten, mit ihm spielen oder überhaupt irgendwie Zeit verbringen sollen, gilt grundsätzlich, dass sie es gut kennen sollten – und andersherum. Natürlich, im absoluten Notfall geht es vielleicht einmal nicht anders. Aber wer seine Kinder nicht überfordern will, der gewöhnt sie zuvor an alle potenziellen Aufpasser.

Betreuung – ob im Notfall oder sonst – ist indes nicht der einzige Grund, der für das Knüpfen von Netzwerken spricht. Väter, die in Elternzeit sind, haben zwar viel zu tun – aber das, was sie tun, müssen sie nicht immer alleine mit ihrem Kind tun. Vieles ergibt sich natürlich: Spätestens, wenn man den anderen Elternzeitvater zum dritten Mal in einer Woche auf dem Spielplatz trifft, wird man ein Gespräch beginnen, aus dem sich vielleicht gemeinsame Ausflüge ins Eltern-Kind-Café am nächsten Regentag ergeben. Anderes kann man selbst anstoßen – ganz gleich, ob es um Erfahrungsaustausch geht oder darum, Mitreisende mit Kindern für den nächsten Urlaub zu finden.

Bei alldem hat man allerdings als Vater eine Art natürlichen Nachteil: Wenn man in Elternzeit geht, ist das Kind in den meisten Fällen schon einige Monate alt, denn für gewöhnlich gehört die erste Zeit nach der Geburt doch der Mutter.

Das heißt, die anderen (Mütter), auf die man trifft, haben ein paar Monate Vorsprung. Was nicht so viel ist, die Sache aber trotzdem erschwert. Denn sie haben in ihren Geburtsvorbereitungskursen, Rückbildungstreffs und Krabbelgruppen alle in der gleichen Situation gesteckt: Sie waren einander fremd und in einer neuen Situation. Wenn dann nach einigen Monaten ein Vater übernimmt, sind sich die Mütter in der Krabbelgruppe, in die zuvor seine Frau das gemeinsame Kind begleitet hat, bereits vertraut.

Der junge Vater hingegen ist in einer ähnlichen Lage wie der Schüler, dessen Eltern mitten im Schuljahr umgezogen sind, und der jetzt da steht, vor der neuen Klasse. Oder der Zugezogene im kleinen Dorf. Hier hilft die Clique, der Verein, eben: das Netzwerk. Und das sollte sich der neue Vater aufbauen. Das ist während der Elternzeit relativ gut zu regeln. Aber die dauert nicht ewig. Man muss daher schon während der Vätermonate vorsorgen für die Phase danach. Es lohnt sich.

Zurück zur Familie

Es ist natürlich schwierig, Familien miteinander zu vergleichen. Aber eines gilt immer, wenn ein Kind geboren wird:
Aus den eigenen Eltern werden Großeltern, seine Geschwister macht man zu Onkeln und Tanten; und selbst die Cou-
sine, die man seit seiner eigenen Konfirmationen nicht mehr
gesehen hat, meldet sich vielleicht auf einmal wieder, wenn
sie erfährt, dass man Vater geworden ist.

Im besten Fall – und wenn die Erfahrungen von Markus,
Jonas und Yassin nicht völlig täuschen, ist der gar nicht
so selten – ergeben sich aus diesen neuen Umständen auch
neue Beziehungen. Die Entstehung der eigenen kleinen Familie zieht häufig eine Wiederbelebung des eigenen Fa-
miliennetzwerks nach sich – meistens zum Vorteil für das
Neugeborene und oft genug auch für die jungen Eltern.
Großeltern, Onkel, Tanten: Für junge Eltern sind sie oftmals echte Anker in dem ganzen neuen Durcheinander.

Her mit den Großeltern: Für eine kurze Auszeit!

Als Yassin und seine Frau es das erste Mal taten, war ihre
erstgeborene Tochter sechs Monate alt. Vier Wochen gemeinsamen Urlaub hatten sie zu diesem Zeitpunkt schon mit
Yassins Eltern in Jordanien hinter sich. Ihr Ziel: Vor dem
Rückflug nach Deutschland noch 36 Stunden in Jerusalem
verbringen. Das Hindernis: ihre Tochter. Denn obwohl der
Trip nur wenige Dutzend Kilometer Luftlinie umfasst, kann
er sehr mühsam sein, nicht zuletzt, weil eine Grenze passiert werden muss, an der man oft stundenlang in der nah-
östlichen Hitze herumsteht. Das fanden Yassin und seine
Frau potenziell zu anstrengend für ihre Tochter. Die Lösung: Das Kind bleibt bei Oma und Opa. Premiere!

Es wurden wunderschöne anderthalb Tage, in denen Yassin und seine Frau sich zum ersten Mal seit einem halben Jahr wieder »wie früher« fühlten: Keine Kinderschleppvorrichtung vor dem Bauch beim Bummel durch den Basar, kein Tragetuch um die Schultern in der Grabeskirche, und nachts gemeinsames Durchschlafen im Hotelzimmer. Nach einem gemeinsamen Drink bei Sonnenuntergang.

Nur einmal haben die beiden bei den Großeltern angerufen. Kein Geschrei im Hintergrund, keine leise Panik in der Stimme der Oma. Im Gegenteil: Alles war bestens. Sogar eingeschlummert ist die Tochter friedlich und ohne Protest. Die ganze Aktion lief so glatt, dass Yassins Frau schon fast traurig war, dass ihre Tochter sie nicht zu vermissen schien.

Das zweite Mal taten Yassin und seine Frau es zum ersten Mal, als ihre zweitgeborene Tochter sogar erst zarte vier Monate alt war. Der Grund war diesmal weniger amüsant: Die Doktorprüfung von Yassins Frau stand an, musste vorbereitet und dann außerhalb Berlins absolviert werden, und Yassin fühlte sich in dieser Zeit von dem Gedanken, ganz allein auf beide Kinder aufzupassen, überfordert. Wieder hieß die Lösung: Oma und Opa. Dieses Mal waren es allerdings Yassins Schwiegereltern, welche die Kleine nahmen. Dafür gleich fast eine ganze Woche lang.

Und wieder: kein Protest, nirgends. Die Tochter machte bei den Großeltern sogar weniger Geschrei beim Einschlafen als zu Hause. Es existieren Beweisfotos mit aussagekräftigem Lächeln auf ihrem Gesicht.

Sicher, es ist ein Glücksfall und keineswegs selbstverständlich, wenn Großeltern erstens noch am Leben sind, zweitens nicht in Neuseeland wohnen und drittens auch noch bereit sind, wirklich mit anzufassen. Yassin und seine Frau wissen das. Und wissen es zu schätzen. Aber sie wissen auch: Es gehört Mut aufseiten der jungen Eltern dazu, die eigenen Kinder auch mal vertrauten Personen anzuvertrauen. Einfach ist es nicht, jedenfalls nicht beim ersten Mal. Aber wenn die Betreuer keine Unbekannten für die Kinder sind, dann kann es klappen. Hat es jedenfalls bei Yassin und seiner Frau.

Großeltern als Helfer in der Not

Bei Jonas ist es so, dass die Großeltern ziemlich weit weg wohnen. Klar, dass die dann nicht regelmäßig Betreuungsdienste übernehmen können. Aber auch Jonas war schon mal knapp davor, seine Eltern zu alarmieren. Erst hatte seine Tochter Brechdurchfall, dann seine Frau, dann er. Und nur gerade so wurde seine Frau wieder rechtzeitig halbwegs gesund, bevor Jonas selbst nicht mehr einsetzbar war – wegen dieses blöden kleinen Virus. Es müssen nicht die großen Katastrophen sein, in denen man wieder nach seinen Eltern schreit, die kleinen tun es auch schon. Und das Schöne ist: Jonas wusste, dass seine Eltern alles stehen und liegen lassen würden und innerhalb einiger Stunden im Zug säßen. Er hat das dann doch nicht nutzen müssen. Aber eine neue Gelegenheit kommt bestimmt. Dass für Jonas nur solche Notruf-Aktionen in Frage kommen, findet er schade. Denn für seine Tochter wäre es einfach schön, wenn die Großeltern regelmäßig da wären. Ob sie die mit einem Jahr schon wirklich erkannt hat, ist fraglich. Mit eineinhalb aber hat sie sich immer gern Oma und Opa auf Fotos angeschaut. Und war sichtlich traurig, mit vorgeschobener Unterlippe und allem drum und dran, wenn die Großeltern nach einem nachmittäglichen Besuch wieder fort waren. Das muss nicht für jedes Kind gelten, aber Jonas' Tochter hatte eine klare Neigung zum großfamiliären Denken. Wenn alle da waren, dann fand sie das schön.

Routinierte Großeltern

Markus' Bruder hatte schon zwei Kinder, als Markus zum ersten Mal Vater wurde. Das erleichterte die Sache mit den Großeltern. Bislang hatte nämlich immer er den Weg für seine beiden jüngeren Brüder geebnet. Während er gefühlt mit 17 noch um elf die Party verlassen musste, durften sie – wiederum gefühlt – mit 15 schon die halbe Nacht um die Häuser ziehen. Nun war mal sein kleiner Bruder voranmarschiert. Zum ersten Mal merkte Markus, wie schön es sein muss, einen großen Bruder zu haben. Seine Eltern wussten (wieder), was kleine Kinder essen, wie man wickelt, Kinder beruhigt, und wo die schönsten Spielplätze der Gegend liegen. Sie waren im Besitz eines Kinderwagens, die Treppen in ihrem Haus hatten Sicherheitsgitter, und ein Kinderbett gab es auch. Was aber am wichtigsten war: Sie waren daran gewöhnt, dass jemand vorbeikam, ein bis zwei Kinder ablud und dann schnell wieder verschwand.

So weit war Markus bis jetzt nicht gegangen. Aber als seine Eltern bei einem Besuch von sich aus anboten, das Kind ins Bett zu bringen, damit er mit seiner Freundin Essen gehen konnte, war das schon angenehm. Und dass der Morgenversorgungsservice inklusive Wickeln und Füttern inbegriffen war, fanden die beiden auch sehr komfortabel. Endlich mal ausschlafen!

Dass seine Eltern das alles von sich aus anboten, lag eben nicht nur daran, dass sie nett sind, sondern auch daran, dass sie sich das Ganze zutrauten – weil sie wussten, wie es geht. Als Markus zum dritten Mal seinem Vater erklärte, er sei jederzeit mobil zu erreichen, kriegte er gleich einen leichten Anpfiff. Ob er denn glaube, sie würden das zum ersten Mal machen? Immerhin hätten sie drei Kinder großgezogen und sich auch schon um andere Enkel gekümmert.

Denn so groß die Freude über den neuen Enkel war, so war das Ganze sicherlich nicht halb so aufregend wie beim ersten Mal.

Motivierte Großeltern

Für die Eltern seiner Freundin war es das erste Enkelkind. Ein Riesenereignis. Die ganze Straße wusste schon davon, da hatte der Kleine kaum seine ersten paar Windeln vollgemacht.

So ganz sicher, fand jedenfalls Markus, waren sich die Eltern seiner Freundin anfangs im Umgang mit dem Kind nicht. Ihnen war es zunächst sichtlich lieber, wenn Markus oder seine Freundin dabei waren und entschieden, wann es Essen gab oder wann das Kind müde war. Was ihnen aber an Routine fehlte, das machten sie mit Begeisterung wett. Der erste Enkel ist halt doch was Besonderes. So kennt Markus bis heute niemanden, der so ausdauernd mit seinem Sohn spielen kann wie die Oma. Und mit welcher Freude Opa die Flohmärkte der Gegend durchstöbert auf der Suche nach schönen Spielsachen oder Klamotten für den Enkel, ist fantastisch.

Klar, seine eigenen Eltern in Schubladen – routinierte alte Hasen, motivierte Newcomer – zu packen, klingt vielleicht skurril. Kann aber ein guter Anfang für eine gute jahrelange Zusammenarbeit sein. Denn auch wenn die Eltern vielleicht noch ein paar Geschwister großgezogen haben, ist das meist schon Jahrzehnte her. Sie haben ihre Kinder damals auf die Rückbank des Autos gelegt und nicht in Stiftung-Warentest-Sehr-gut-Kindersitze gepresst. Sie haben uns gegen den plötzlichen Kindstod zum Schlafen auf den Bauch gelegt, wir haben gelernt, dass das saugefährlich sei, und legen unsere Kinder nur auf den Rücken. Und so muss man vielleicht den Großeltern in eine neue Rolle, die sie gerne annehmen wollen, auch reinhelfen. Ihnen vertrauen – und das Kind einfach mal übergeben.

Markus und seine Freundin sind einmal mit ihren Eltern Essen gewesen, danach wollten die beiden gerne noch ins Kino. Und da sie eh schon in der Stadt waren, was lag da näher, als dass Oma und Opa ihren Enkel einfach mit nach Hause nahmen – und so das erste Mal alleine ins Bett brachten. Hat wunderbar geklappt.

Großeltern sind auch nur Eltern

Über Elternzeit für Großeltern ist immer mal wieder in der Zeitung zu lesen. Bislang jedoch gibt es so etwas nur für den Fall, dass die Eltern eines Kindes selbst noch in der Ausbildung oder minderjährig sind. Zudem können Großeltern in Ausnahmefällen Elterngeld bekommen, etwa wenn die Eltern des Kindes schwer krank sind. So geht es beim Einsatz der Großeltern im Grunde bislang doch nur um eins: Ihre Liebe zu den Enkeln – und auch zum eigenen, nun groß gewordenen Kind, das anstelle von Stress im Job nun eben Stress daheim hat. Und diese Liebe als Motivation für Betreuungsdienste, das ist nicht das Schlechteste.

Bei Großeltern freilich kommt oftmals ein relativ spezifisches Phänomen hinzu, über das man sich vorher Gedanken machen sollte: Die Generationen-Kluft. Unsere Eltern haben uns anders erzogen und behandelt, als wir es mit unseren Kindern tun. Vielleicht nicht in allem – ganz sicher jedoch in zahllosen Details. Lernen wir heute in den Geburtsvorbereitungskursen meist, dass das neugeborene Kind am besten die ersten drei Wochen seines Lebens gar nicht gebadet wird, schwärmen unsere Eltern uns vom täglichen

Seifenschaumbad ab dem ersten Lebenstag vor. Sind wir der Meinung, dass ein schreiendes Kind sehr wohl Aufmerksamkeit braucht, vertreten unsere eigenen Eltern gerne die Ansicht, das kräftige doch die Lungen. Es ist dabei erstaunlich, dass einige dieser Regeln jeweils unter Auslassung einer Generation wieder populär werden. Wahrscheinlich lernen unsere eigenen Kinder wieder, unsere Enkel jeden Abend einzuseifen.

Wer von Natur aus ein eher gelassenes Gemüt hat, dem werden solche Differenzen wenig ausmachen. Yassin und seine Frau haben oft mit leisem Amüsement beobachtet, wie begeistert die Großeltern ihr Wissen von vor 30 Jahren hervorkramten. Man kann, darf und sollte es ihnen nicht verdenken, schließlich haben sie uns ja großgezogen und sind damit offensichtlich nicht völlig gescheitert. Um jedoch zumindest ganz vorsichtig auf das Phänomen aufmerksam machen zu können, waren Yassin und seine Frau sehr dankbar, als sie eine Sonderausgabe der Zeitschrift *Eltern* fanden, die genau diese Unterschiede zum Thema hatte. Sie haben zwei Exemplare gekauft und den Großeltern geschenkt. Ein Symbol, mehr nicht. Aber die Botschaft ist auch unausgesprochen anscheinend durchgesickert. Wenn die beiden später Zettelchen mit Bedienungsanleitungen fürs Kind abgaben oder erklärten: Wir machen das so, dann gab es seitens der Großeltern jedenfalls keine Versuche, darauf Einfluss zu nehmen. Und wer so vorsichtig vorgeht, der verprellt seine Eltern nicht. Denn immerhin sind sie es, die einem freiwillig helfen und sich dabei verständlicherweise nicht jeden Handgriff vorschreiben lassen wollen. Und dass es später ein paar Extras und Besonderheiten bei Oma und Opa für die Enkel gibt: Dafür sind sie ja da.

Pass! Auf! Mein! Kind! Auf!

Blut ist dicker als Wasser, sagt man. Aber es gibt Alternativen zur eigenen Verwandtschaft, wenn es um Hilfe beim Beaufsichtigen des Nachwuchses geht. Und oft ist die Hemmschwelle, diese zu suchen oder anzunehmen, höher als eigentlich nötig.

Her mit dem Babysitter!

Als die Babysitterin das erste Mal vor der Tür stand, war das ein besonderer Moment für Jonas. Nicht bloß, weil es niemandem so ganz leicht fällt, das Schicksal des wichtigsten Menschen auf diesem Planeten – des eigenen Kindes – in so völlig fremde Hände zu legen. Sondern weil die Babysitterin ein bis zwei Köpfe größer war als Jonas, eine beeindruckende Erscheinung, zu der er aufschauen musste. Was nur zeigt, dass man sich erstens unter einer Babysitterin, jedenfalls wenn es wie bei Jonas eine 18-jährige Schülerin ist, offenbar gefühlsmäßig eine kleine, knuddelige Person vorstellt. Und zweitens zeigt es, dass Äußerlichkeiten wirklich nur Äußerlichkeiten sind. Die Babysitterin hatte sich als derartig einfühlsam gegenüber dem Kind und offenherzig gegenüber den Eltern erwiesen, dass diesen das abendliche Ausgehen nach einiger Zeit wirklich leicht fiel. Weil sie wussten: Ihr Töchterlein war in fremden, aber guten Händen. Die Babysitterin würde ihr so lange über den Kopf streicheln, bis das Kind schlief, selbst wenn es eine Dreiviertelstunde dauerte. Und wenn das Kind trotz allem unglücklich war und brüllte, dann würde die Babysitterin das den spät heimkehrenden Eltern auch erzählen. Als Jonas' Tochter dann irgendwann schon fast zwei Jahre alt war, schrie sie immer begeistert den Namen der Babysitterin durch die Gegend, wenn es an der Tür klingelte. Selbst wenn es elf Uhr vormittags war und nur der Paketbote ins Haus wollte.

Nicht jede Babysitterin ist so ein Glücksfall fürs Kind – aber viele können es sein. Und in jedem Fall ist es ein Glück für die Eltern, wenn sie abends endlich mal wieder ausgehen können. Mit dem guten Gefühl, einen professionellen Dienstleister für seine Arbeit zu bezahlen – statt ein schlechtes Gewissen zu haben, dass man wieder mal Freunde oder Großeltern bemüht. Ein Dienstleister freut sich in der Regel über seinen Einsatz an der Babyfront, auch weil er damit Geld verdient. Und deshalb kann man ihm ein bisschen was zumuten. Dass er quer durch die halbe Stadt anreisen muss, zum Beispiel. Oder dass man eineinhalb Stunden später als vereinbart nach Hause kommt, weil die Musiker beim »De Phazz«-Konzert einfach zu gut waren und unter drei Zugaben nicht von der Bühne kamen.

Was schwer ist: die richtige Babysitterin zu finden. Jonas und seine Frau hatten sich überlegt, dass es gut wäre, nicht bloß wahllos jemanden aus dem Kleinanzeigenteil der Zeitung oder von der Pinnwand im Supermarkt zu nehmen. Eine Agentur einzuschalten – zumindest in größeren Städten gibt es die –, bietet zwar eine gewisse Wahrscheinlichkeit, dass die Babysitterin sich Mühe gibt. Weil sie sich ihren Ruf beim Vermittler nicht ruinieren möchte, um erneut Jobs von ihm zu kriegen. Aber die Agenturen behalten einen bedeutenden Teil der Bezahlung für sich, was die Motivation der Babysitter nicht vergrößern dürfte. Und so hatte Jonas in seinem Kollegenkreis rumgefragt und seine Frau in ihrem, ob vielleicht jemand jemanden kennen würde? Tatsächlich war die Babysitterin von Jonas' Tochter dann die Tochter einer Freundin der Kollegin seiner Frau. Was bedeutete: Würde es richtig schlecht laufen mit dem Kind, wäre das für die Babysitterin unangenehm, weil es da diese indirekte soziale Verbindung zwischen ihrer eigenen Familie und der von Jonas gab. Ein zweiter Faktor, den Jonas gut fand, war das Alter der Babysitterin. Sie war keine 15 mehr, hatte also schon etwas Stresstoleranz und Verantwortungsgefühl erworben. Sie war aber mit knapp 19 Jahren noch in einem Alter, wo fünf Euro pro Stunde für eine meist doch sehr gemütliche Arbeit eine ordentliche Bezahlung sind. Und wo man die Arbeit als Babysitterin auch noch wirklich ernst nimmt – statt sie nur als mickrigen Job zu betrachten. Ein Hintergedanke war, dass die Babysitterin nach dem Abitur in der Stadt bleiben und studieren wollte, ideale Voraussetzungen für einen weiteren flexiblen Einsatz. Zumal die junge Frau das kleine Kind ganz offenbar auch lieb gewonnen hatte. Jedenfalls war nach einigen Monaten in ihrem Handy eine ganze Reihe unscharfer Fotos des betreuten Grinsekindes abgespeichert.

Es ist gut, sich schon früh einen Babysitter zu suchen, das war zumindest Jonas' Erfahrung. Vielleicht kriegt man es schon vor der Fremdelphase des Kindes hin, die so um den achten Monat meist ihren Höhepunkt hat – denn dann werden neue Gesichter einfach nur noch angeschrien. Ansonsten fällt dem Baby die Gewöhnung an den Sitter aber nicht schwerer als dem Kleinkind. Und Mama und Papa gewöhnen sich wohl auch besser dran, wenn sie früh anfangen mit dem Einsatz des Babysitters.

Her mit den Nachbarn!

Es klopfte. Der Nachbar von Gegenüber stand vor der Tür. In der Hand ein Babyphone: »Könnt ihr gerade? Wir wollten noch einen Happen essen gehen.« Meist konnten Markus oder seine Freundin und nahmen das Babyphone der

Nachbarn in Empfang. Deren zwei Kinder schliefen da schon friedlich in der Wohnung direkt über den Flur. Größtenteils gab es gar nichts zu tun, selten wachte mal ein Kind auf und einer der beiden musste kurz in die Wohnung der Nachbarn, um die Kinder zu beruhigen. Normalerweise kein Problem, die Kleinen waren an Markus und seine Freundin gewöhnt. Schließlich lebten sie schon seit über einem Jahr Tür an Tür.

Später, als Markus und seine Freundin dann auch Eltern waren, entwickelte sich ein reger Babyphone-Verkehr über den Flur hin und her. Eigentlich musste man nur aufpassen, dass man nicht am selben Abend ausgehen wollte. Ansonsten war klar, die anderen haben auch kleine Kinder, einer wird schon da sein.

Mit dem Auszug der Nachbarn, die eine größere Wohnung brauchten, endete eine Phase des für junge Eltern ungewöhnlich opulenten Abendprogramms. In den letzten Wochen vor dem Umzug hatten Markus und seine Freundin das günstige Arrangement noch mal heftig genutzt. Und waren so oft im Kino, dass es schwierig wurde, überhaupt noch einen einigermaßen interessanten Film zu finden.

Klar, die sympathische Familie mit ähnlichen Problemen direkt hinter der Tür gegenüber, das ist ein Glücksfall. Aber gerade bei denen, die in Mietshäusern wohnen, gibt es oft in der Etage drunter oder drüber die netten Nachbarn, die sicherlich bereit wären, mal das Babyphone zu hüten. Der große Vorteil bei Nachbarn ist, dass der Babysitteraufwand und damit die Hemmschwelle ziemlich niedrig sind. Wer beim Einzug nicht einmal seinen Nachbarn von der gleichen Etage Hallo sagt, wird allerdings nie erfahren, ob die nicht die perfekten Babysitter wären.

Auch das soziale Leben einer funktionierenden Hausgemeinschaft kann für junge Eltern Gold wert sein. In dem

Mietshaus, in dem Markus wohnt, leben einige andere Eltern mit kleinen Kindern. Bei der letzten WM in Deutschland haben die sich dann einfach zum Public Viewing im Hof verabredet. Markus stellte seinen Fernseher bereit, die Nachbarn von Gegenüber den Grill und die junge Familie aus dem Erdgeschoss die Steckdose auf ihrer Terrasse. Da saßen dann alle mit ihren Babyphones im Hof, aßen Würstchen, tranken Bier und genossen das spannende Spiel. Der Abend war so erfolgreich, dass im Lauf der WM viele kinderlose Freunde nach und nach zum Public Viewing im Hinterhof dazukamen.

Und auch für den spontanen Noteinsatz können Nachbarn wunderbar sein. Als sein Sohn noch ganz klein war, hatte Markus ihn oft für eine Viertelstunde bei der Nachbarin geparkt, wenn er mal in Ruhe etwas im Keller suchen oder ungestört ein wichtiges Telefonat erledigen wollte. Ebenso hilfreich kann das Erfahrungswissen von Nachbarn mit Kindern sein, die damit gerade junge Eltern zumindest seelisch sehr unterstützen. Als Markus' Sohn eine Weile kaum etwas essen wollte, beruhigte ihn eine mehrfache Mutter aus dem Haus: »Solange die gut trinken, ist das für eine Weile gar kein Problem. Solche Phasen hatten meine auch.« Und Markus, der sich schon in der Notaufnahme mit einem Kind sah, das an den Tropf muss, entspannte sich, wartete ab – und drei Tage später futterte der Junge wieder wie ein Scheunendrescher.

Jonas und seine Frau haben seltsamerweise einfach nicht daran gedacht, mit strategischem Weitblick Kontakte zu anderen Bewohnern ihres Mietshauses zu knüpfen. Dabei hätte sich das angeboten: Nicht mal einen Monat nach der Geburt von Jonas' Tochter bekam auch eine andere Familie im Haus ihr erstes Kind. Vielleicht war Jonas zu diesem Zeitpunkt einfach zu fixiert auf das eigene Baby und hat das fremde Kind nicht richtig wahrgenommen. Es wäre so leicht gewesen, sich mit einem Geschenk für das Neugeborene einfach mal bei den Nachbarn zwei Etagen höher einzuladen und zu einem Zeitpunkt, wo das Babysitten noch in unglaublich weiter Ferne zu liegen schien, das Thema wechselseitiger Betreuung des Nachwuchses anzusprechen. Irgendwie hatte Jonas diesen günstigen Zeitpunkt aber verpasst. Ein Fehler – aus dem man lernen kann.

Kommen in den Monaten rund um die Geburt des eigenen Kindes in der Hausgemeinschaft keine anderen Kinder zur Welt, so macht das auch nichts. Dann einfach mit dem eigenen Kind, wenn es vielleicht vier Wochen alt ist, bei den Nachbarn vorbeischauen, die vielleicht Kleinkinder haben – und den eigenen Nachwuchs schon mal vorstellen. Auch hierbei kann man ruhig gleich über spätere gegenseitige Dienste sprechen. Bei Nachbarn mit größeren Kindern würde Jonas allerdings nicht so gern anfragen. Einfach weil die ein bisschen aus der Übung sind, was den Umgang mit Babys angeht. Und weil sich das wechselseitige Betreuen dann nicht mehr anbietet – und nur dieses wechselweise Betreuen macht das Aufpassen durch die Nachbarn so entspannt. Weil man nicht großartig dankbar sein muss, denn am nächsten Samstagabend wird man ja umgekehrt das Babyphone der Nachbarn auf dem Couchtisch stehen haben.

Her mit den anderen Eltern!

Etwas seltsam ist es schon, wenn man sich neue Bekanntschaften auch unter dem Blickwinkel anschaut, inwieweit sie in das eigene Netzwerk rund ums Kind passen könnten. Fast wirkt es schäbig, solcherlei Nützlichkeitserwägungen anzustellen. Aber wer schlau ist, als Papa oder Mama, der handelt so.

Eine Bekannte von Jonas' Frau war alleinerziehend und hatte gar keine andere Wahl, als heftig an ihrem Netzwerk zu knüpfen. Als sie ihr Kind schon mit sieben Monaten in die Krippe brachte – und übrigens ist aus dem Baby eine knallfröhliches Mädchen geworden, geschadet hat ihr der frühe Start in der Kita also offenkundig nicht –, da hatte sie gleich ausgespäht, mit welchen anderen Eltern sich kleine Freundschaften schließen ließen. Freundschaften, die zum Beispiel dazu führen, dass mal die eine Mutter, mal die andere zwei Kinder abholte statt nur das eigene. Jonas war da nicht so schlau, als sein Kind mit einem Jahr in die Kita kam. Immerhin haben Jonas und seine Frau sich fest vorgenommen, mit einer Reihe von Freunden möglichst ins gleiche Viertel oder sogar ins gleiche Mehrparteienhaus zu ziehen. Denn auch nach der Elternzeit ergibt sich ganz sicher immer wieder Betreuungsbedarf. Und da wäre es einfach auch schön, ein klein bisschen Großfamilie zu spielen. Unter alten Freunden. Mit neuen Kindern.

Manche Kinder tun es gar nicht. Aber die meisten beginnen um den achten Monat herum zu fremdeln – das heißt sie lassen kaum jemanden an sich heran außer Mama und eventuell Papa. Das muss man einplanen, denn diese Phase kann ein paar Monate dauern. Und man sollte sie respektieren – sie gehört zur kindlichen Entwicklung. Also in dieser Phase nicht das Kind überfordern mit lauter neuen Helfern. Egal, wie praktisch die wären.

Du bist nicht allein!

Großeltern, Babysitter, Nachbarn und andere Elternpaare können eine große Hilfe sein. Manchmal sind sie sogar die Retter in der Not, ohne die nichts mehr ginge. Aber oft genügt es auch eine Nummer kleiner. Auch dafür brauchen wir Netzwerke: Damit wir nicht alleine auf dem Spielplatz hocken, nicht als Einzige die Sonderangebotsaktion im Babyladen verpassen und uns nicht jede Information über Kindererziehung aus schlauen Büchern holen müssen.

Gruppen, Gruppen, Gruppen

Für Markus und seine Freundin war der Montagvormittag immer ein ganz besonderer Termin – die Krabbelgruppe. Aber ums Krabbeln ging es nur in zweiter Linie. Das Treffen musste aus einem ganz anderen Grund sorgsam vorbereitet werden. Sonntags machte seine Freundin mit Markus' Zuarbeit eine Liste. Darauf standen die wichtigsten Fragen der Woche, die gerade ihr Leben bestimmten. Unser Kind pupst so viel und das bereitet ihm Unwohlsein. Unser Kind wacht jeden Morgen um vier auf. Unser Kind isst seinen Brei nicht mehr, trinkt seine Milch nicht, schreit jeden Abend beim Ins-Bett-Bringen.

Interessanterweise hatten nämlich die anderen Mütter meist zur selben Zeit genau das gleiche oder ein sehr ähnliches Problem – und manchmal schon eine eigene Lösung gefunden. Außerdem wusste die Kursleiterin meist Rat. Und diese doppelte Erkenntnis des »Ich-bin-nicht-allein« und jemand hat sogar noch einen Rat, das war für die beiden völlig unerfahrenen Jungeltern etwas total Beruhigendes. So dass die Formel »da müssen wir Montag beim Kurs nachfragen« ziemlich bald zum festen Repertoire bei Markus und seiner Freundin zählte. Und es müssen ja gar nicht nur die großen Fragen seien. Informationen über die schönsten Spielplätze der Gegend, aktuelle Sonderangebote im Babyladen oder Erfahrungen mit Trinklerntassen sind ebenfalls wertvoll.

> Kurse mit dem Baby besuchen. Hilft sehr beim Vernetzen und bietet einen Rahmen für Beratung und Erfahrungsaustausch. Ob Schwimmen, Musik, Massage oder Yoga (gibt es alles wirklich!) oder diverse Formen der Krabbelgruppe bleibt ganz dem persönlichen Geschmack überlassen.

Väter unter sich

Die beiden hatten beruflich schon ein paar Jahre miteinander zu tun, als Yassin Markus am Rande einer dienstlichen Veranstaltung erzählte, dass er bald Vater werden würde. Erst grinste Markus, dann legte er nach: Bei ihm sei es ganz genauso. Markus' Sohn und Yassins erste Tochter erblickten dann auch innerhalb von zwei Wochen das Licht der Welt. Später, als beide Kinder schon munter krabbelten, hatten Yassin und Markus sich öfter getroffen – mit Sohn und Tochter. Es war einfach angenehm, mal beim Spazieren schieben mit jemandem zu reden, in diesem Fall sogar – auch – über Dinge, die mit dem Beruf zu tun hatten, aus dem beide gerade ausgestiegen waren. Es ging bei diesen Verabredungen nicht primär um die Kinder; die mussten einfach nur an die frische Luft und schliefen dann eh die meiste Zeit. Es ging darum, dass die Väter sich trafen, um mal etwas anderes zu erleben, Neuigkeiten und Erfahrungen auszutauschen und eine weniger langweilige Kinderwagen-Schlaftour zu absolvieren, als es jeweils alleine der Fall gewesen wäre.

Markus kennt mittlerweile eine ganze Reihe erziehender Mitväter. Einen hat er sogar per Kontaktanzeige gefunden: »Vater sucht andere Väter« lautete die Überschrift des Aushangs im Geburtshaus, in das Markus immer zu seiner Krabbelgruppe ging. Anfangs war er allerdings total skeptisch.

Für ihn hatte der Gedanke, sich bewusst mit anderen Vätern zu treffen, zunächst etwas von Selbst-Ghettoisierung. Schließlich war er gerade erst erfolgreich in die Domäne der Frauen eingebrochen. Sich jetzt sofort andere Väter – möglichst noch zum »Erfahrungsaustausch« – zu suchen, das klang wie nach Spanien fahren und dann beim Schnitzel-Willi ein Krombacher trinken.

Andererseits: Es gibt sie eben, die Männerthemen und die der Frauen.

Sich mit Vätern zu vernetzen ist allerdings gar nicht so einfach. Beruflich Visitenkarten tauschen, das geht leicht. Aber die Rolle des Vaters, das ist ein ganz anderer Kontext. Einer, in dem man sich fremd fühlt: »Wenn auf einem Spielplatz mehrere Väter sind, die sitzen oft wie eine Perlenkette aufgereiht am Rand – mit ausreichend Abstand zueinander – und lesen Zeitung oder beschäftigen sich sonstwie«, sagt der Leiter des Berliner Väterzentrums, Eberhard Schäfer. Frauen würden da viel eher in Gruppen zusammensitzen. »Väter kommunizieren untereinander eher wenig über das Vatersein.« Das Väterzentrum in Berlin ist eine von wenigen Anlaufstellen, wo erziehende Väter die Möglichkeit haben, ohne viel Aufwand Kontakt zu Mitvätern herzustellen. Dabei kann dann sogar noch ein gehöriger kultureller Mehrwert entstehen. Bei der EM zum

Beispiel gab es dort gemeinsames Fußballgucken mit ausreichend Spielmöglichkeit für die Kleinen, damit die nicht wie zu Hause in der spannendsten Phase der Partie das An-Aus-An-Aus-Spiel am Fernseher entdeckten. Und auch im Alltag kann ein Brunch nur unter Vätern »einfach entspannter« sein, wie ein Teilnehmer bemerkte. Das Problem ist allerdings, dass es solche oder ähnliche Treffs ausschließlich in Großstädten wie Berlin oder Hamburg gibt. Der Vater in Nürtingen muss sich sein »Väternetz« selber bauen. Hilfreich kann es da sein, vielleicht andere Männer, die man im Geburtsvorbereitungskurs trifft und nett findet, direkt mal um ihre Kontaktdaten zu bitten. Was übrigens nur ein guter Grund unter vielen ist, einen Geburtsvorbereitungskurs zu besuchen, der zumindest an einigen Terminen auch für die Väter offen ist.

Eher bescheiden sind bislang die Möglichkeiten des virtuellen Väternetzes. Communities im Internet für Väter, so wie es schon diverse für Mütter gibt, sind bislang rar. Bislang haben Internettreffs wie www.ichbinpapa.de zwar genug Mitglieder für einen virtuellen Austausch. Die Wahrscheinlichkeit, dass einer dieser Väter aber im »real life« dann auch direkt um die Ecke wohnt und sich als Spielplatzpartner anbietet, ist denkbar gering.

Auch Markus baute sich schließlich sein Väternetz auf. So hatte er sich entschieden, auf den Aushang im Geburtshaus zu reagieren. Mittlerweile trifft er sich regelmäßig mit dem anderen Vater, dessen Sohn fast genauso alt ist wie seiner. Man besucht sich gegenseitig alle zwei Wochen, einer passt auf die Kinder auf, der andere kann mal ins Café gehen und dort in Ruhe seine Zeitung lesen, und bei der Rückkehr quatscht man noch ein bisschen darüber, was in den vergangenen Wochen im Leben des anderen denn so passiert ist. Eine sehr nette Kooperation bei der Kinderbespaßung.

Einen anderen Vater trifft Markus mittlerweile einmal die Woche. Mit ihm wurde er quasi über dessen Freundin verkuppelt, was recht oft geschieht, so nach dem Motto: »Du, der Markus ist zwölf Monate in Elternzeit, mit dem musst du dich mal treffen!« Unausgesprochen ist mittlerweile klar, dass sich die Jungs mit Kindern mittwochs gegen vier sehen. Nur der Ort wechselt. Dann werden die Kinder möglichst weitgehend sich selbst überlassen. Und die beiden tun das, was Männer gerne tun. Nämlich über Computer reden. So freute sich Markus eine Weile jede Woche darauf, Berichte über das neue Projekt seines Vater-Kumpels zu hören. Der wollte über den Computer das Fernsehsignal an den Beamer geben, das Ganze dann ohne Verzerrung an die schiefe Wand projizieren – und das alles, ohne ein störendes Kabel durch den Raum zu verlegen. Ein anderes Mal haben die beiden zwischen zwei Spielplätzen mal eben gemeinsam einen Computerladen besucht. Am Tag zuvor war gerade ein ganz spannendes Notebook auf den Markt gekommen. Das mussten sie unbedingt begutachten. Mütter, die dazu bereit sind, sind eine Seltenheit.

Urlaub mit Kind(ern)

Kaum etwas machte Markus so bewusst, dass jetzt alles anders war, als die ersten Urlaube mit dem Knirps. Das waren nämlich gar keine Urlaube. Von wegen lange ausschlafen, laue Sommerabende an der Strandpromenade, coole Clubs und bezaubernde Nächte. Man war nur einfach woanders. Der tägliche Trott war derselbe: früh aufstehen, Kind füttern, Kind wickeln, Kind bespaßen, Kind schlafen legen. Man kann diesen Trott allerdings noch verschärfen, wenn man mit einer anderen Kleinfamilie verreist.

Fünf Kilometer weit waren sie gekommen. Da blinkte hinter ihnen das Auto, in dem Jonas mit seiner Frau saß. Ihre Tochter war jetzt doch aufgewacht und musste dringend etwas essen. Hatte sie zumindest dadurch angedeutet, dass sie so schrill brüllte, dass die entnervten Eltern sich kaum noch auf die Straße vor ihnen konzentrieren konnten. Dumm nur, dass beim Wiederanfahren nach der Fütterpause von Jonas' Tochter Markus' Sohn aufwachte. Der dann natürlich dringend gestillt werden musste.

Ein kleiner Abstecher zur Festung Carcassonne im Süden Frankreichs hatte es werden sollen. Es wurde ein Tagestrip. Dabei lag die wohl berühmteste mittelalterliche Burganlage keine 50 Kilometer von dem malerischen kleinen Weindorf entfernt, in dem Jonas, Markus und ihre Kleinfamilien drei Wochen Urlaub machten.

Markus' Sohn war gerade sechs Monate alt, Jonas' Tochter fast ein Jahr. Der Plan war einfach: vier Eltern und zwei Kinder. Das würde bestimmt entspannter sein als zwei Eltern und ein Kind im Urlaub. Der Plan war quasi wie der des Daimler-Vorstands vor der Fusion mit Chrysler: Zusammen sind wir stärker. Das Ergebnis von Jonas' und Markus' Plan war zwar nicht so teuer wie die völlig vergeigte Fusion der beiden Autokonzerne, aber fast genauso erfolglos.

Die Kinder waren einfach noch zu unterschiedlich: Markus' Sohn machte noch mehrere kurze Schlafpausen am Tag, Jonas' Tochter kam mit zwei längeren Pausen hin. Jonas' Tochter aß morgens schon beim Frühstück mit, Markus' Sohn eigentlich nicht, aber alleine auf der Decke kugeln wollte er auch nicht. Jonas' Tochter konnte die Treppe hochkrabbeln, Markus' Knirps war froh, wenn er sich bis zum Ende seiner Krabbeldecke rollte.

War das eine Kind satt, kackte das andere in die Windel, danach musste es gefüttert werden, worauf das andere Kind wieder müde wurde. Ein Ausflug am Tag. Mehr war nicht drin. Als entspannter Kontrapunkt des Tages blieben die wunderschönen Abendstunden auf der Dachterrasse des kleinen Hauses, das sie gemietet hatten – wenn denn beide Kinder friedlich schliefen. Eigentlich die Chance, auch mal als Paar loszuziehen. Eine »kleine Flucht« zu erleben.

Jonas hatte das Gefühl, dass Markus und seine Frau einfach noch nicht so weit waren, ihr Kind, das ein paar entscheidende Monate jünger war als das von Jonas, einfach so abzugeben. Umgekehrt war die Mama von Jonas' Tochter froh, in den Ferien endlich mal viel Zeit mit dem Kind zu verbringen; der Papa hingegen hatte schon sieben Vätermonate hinter sich. Das wechselseitige Babysitten sollte die Freiheit bringen, auch mal ins Kino oder Restaurant auszugehen. Das hat in drei Urlaubswochen exakt einmal geklappt. So locker waren alle offenbar nicht.

Und doch, bei allem Chaos, allen Unzulänglichkeiten hat der Doppel-Baby-Urlaub etwas Gutes. Das jeweils andere Pärchen versteht es, wenn allein der Aufbruch zum Strandausflug schon eineinhalb Stunden dauert, weil erst das Kind gewickelt wird, dann tausend überflüssige Dinge eingepackt und die unverzichtbaren Bilderbücher vergessen werden, danach das Kind erneut gewickelt wird, bevor es von all der Warterei hungrig geworden ist und nach dem Fläschchen schreit. Zwar zerrt es an den elterlichen Nerven, wenn all dies gleich doppelt geschieht. Aber kinderlose Mitreisende wären längst mit Weinkrämpfen zusammengebrochen oder einfach abgereist.

Außerdem hatten Jonas und Markus den Eindruck, dass sie nur zu früh verreist waren. Schon ein Jahr später fingen ihre Kinder an, sich miteinander zu beschäftigen. Dann konnten die Eltern nett zusammen Kaffee trinken und plaudern, während die Kleinen sich mit Sand zuschippten. Was Hoffnung für viele Urlaube über viele Jahre machte.

Urlaubs kleiner Bruder

Was für den Sonderfall Urlaub gilt, ist – leider – in gewissem Maße selbst für den harmlosen Tagesausflug gültig. Man muss sich keine Illusionen machen: Mit vier Kindern, vier Eltern, drei Kinderwagen, zwei Autos, einem Dutzend Stofftieren, einem Berg Babyklamotten für jedes Wetter und einem halben Dutzend Milchflaschen mit je individueller Füllung in den Tierpark zu fahren ist nicht entspannend. Trotzdem haben Yassin und seine Frau es mehr als einmal mit ihren Freunden und deren Kindern gemacht. Und zwar, weil es zwar knochenanstrengend, zugleich aber lustig ist. Weil es Spaß macht, den Kindern beim Spaßhaben zuzuschauen. Sicher, Gespräche wie unter Freunden normalerweise üblich wird man bei solchen Ausflügen kaum führen können. Aber darum geht es auch nicht. Sondern darum, nicht immer im eigenen Saft zu schmoren. Sich zur Gesellschaft und Geselligkeit zu zwingen. Natürlich wäre es einfacher, nur mit den eigenen Kindern zu fahren. Bei vier Kindern schafft man in vier Stunden im Tierpark gerade mal das Affenhaus und die Elefanten. Egal. Der Tapetenwechsel und das Gefühl, mal etwas anderes gemacht zu haben, sind wichtiger.

Elternzeit ist viel Routine; Kinder wollen das so. Aber gelegentlich kann es richtig gut tun, sie zu durchbrechen. Und Verabredungen mit anderen Vätern und deren Kind an Orten, die beide nicht kennen, sind ein gutes Mittel dazu.

Und wenn man es im Einzelfall schon mit dem Ausflug nicht schafft, so kann zumindest das Darüberreden einem die Zeit vertreiben. Markus und ein Bekannter haben jedes Mal, wenn sie mit ihren Kindern auf dem Spielplatz um die Ecke oder beim Planschbecken in der Nähe waren, ihre Planungen für den großen Ausflug wieder neu belebt. Eine große Radtour mit den Kleinen hinten im Kindersitz sollte es werden. Bis zum wunderschönen Waldsee vor den Toren der Stadt. Utopischer Plan. Aber davon zu reden, während man mit gefühlt 5000 Kindern im kleinen Planschbecken stand, das war schon schön.

KAPITEL 8

Und was mache ich jetzt die ganze Zeit?

Elternzeit ist wie Eiskunstlauf. Es gibt die Pflicht und die Kür, und auf die Schnauze fallen kann man bei beidem. Je jünger das Kind, das betreut werden muss, desto größer der Pflichtanteil, den man als Elternzeitvater absolvieren muss: Ein erstaunlich großer Teil des Tages geht, insbesondere bei Neugeborenen, mit Wickeln, Füttern und Schlafenlegen vorbei. Beim einjährigen Kleinkind sind die Zeiträume, die mit Kür gefüllt werden müssen, schon wesentlich größer. Was anstrengender ist, was weniger aufreibend, dafür gibt es keine allgemeingültige Regel. Routine kann helfen, Raum für Kreativität genau so. Das hängt nicht zuletzt vom Temperament des Vaters ab – und vielleicht auch von dem des Kindes.

In jedem Fall aber ist es normal, dass Väter sich, zumal zu Beginn ihrer Elternzeit, die Frage stellen: Und was mache ich jetzt den ganzen Tag? Tja – Vater sein eben. Und das heißt: Den täglichen Spagat zwischen Pflicht und Kür hinlegen. Aber keine Angst, die schönsten Momente passieren einfach – oftmals ganz unvermittelt während der scheinbar langweiligsten Tätigkeiten. Und außerdem hat der Vater es durchaus in der Hand, sich den Alltag mit Kind wenigstens ein bisschen nach seinen Vorlieben zu gestalten.

 **Der lange Tag**

In einem Punkt sollten Väter in Elternzeit sich freilich keinen Illusionen hingeben: Vätermonate sind Kindermonate, denn sämtliche Aktivitäten, die der Vater in Elternzeit absolviert, drehen sich entweder um kindliche Bedürfnisse oder finden nur statt, weil das Kind sie – freundlicherweise – duldet. Na ja, oder weil es gerade schläft.

Ein Elternzeittag von Jonas, mit sechs Monate alter Tochter

- 3 h 15: Das Kind quengelt. Die Mama muss stillen. Papa seufzt selig, schläft sofort wieder ein.
- 6 h 20: Genug geschlafen, findet das Kind. Wird von Papa ins Elternbett geholt, gibt aber keine Ruhe.
- 6 h 40: Papa steht auf. Ausziehen des Kindes, Bauch streicheln, Windel ab, Füße kitzeln, Po säubern, das Katzenlied singen, neue Windel dran, das Fröschelied singen. Sucherei, kann keine sauberen Langarmbodys mehr finden, der vollgesabberte von gestern ist aber schon wieder trocken, fast jedenfalls.
- 7 h 20: Grübeln über die Frage, warum dauert das morgens eigentlich immer so lang?
- 7 h 25: Mama duscht, Papa geht mit dem Baby auf dem Arm zum Bäcker. Beide brabbeln aufeinander ein. Höhepunkt des Tages.
- 7 h 40: Frühstücksbrei anrühren und füttern. Mama föhnt sich noch die Haare. Baby isst überraschend willig. Gefühl der Dankbarkeit. Dann sofort Sorge: Reicht die Muttermilch nachts nicht mehr?
- 8 h 30: Der Mama Tschüss sagen.

- 8 h 35: Großes Fitnessprogramm – Finger hinhalten und das Baby sich daran hochziehen lassen, Baby mit dem Stofffuchs zum Drehen vom Rücken auf den Bauch verlocken, Baby die Rasselkette vor der Nase baumeln lassen zum Greifenüben, Baby vom Stoffhai auffressen lassen, Baby ein ums andere Mal den Wasserball zwischen Hände und Füße geben, Baby die Knisterfolie über den Kopf werfen …
- 9 h 20: Baby müde. Schlafenlegen. Papa auch müde, deckt aber den Frühstückstisch ab. Spülmaschine ein- und ausräumen. Langarmbodys mit Wasser und Gallseife schrubben, damit die Kackeflecken rausgehen. Waschmaschine anstellen.
- 9 h 55: Zeitung lesen.
- 9 h 57: Es ist so komisch still. Kontrollgang. Baby schläft noch und hat das Atmen nicht eingestellt.
- 11 h 05: Kind erwacht, aus dem Bett holen. Ist gut gelaunt, aber ausgelaufen. Hätte doch teure Pampers statt der billigen Drogeriemarke kaufen sollen. Ausziehen, Katzenlied, neue Windel, Fröschelied, anziehen. Nochmal Katzenlied.
- 11 h 25: Mittagessen, endlich! Tag schon halb rum. Vorgekochtes auftauen und heiß machen, füttern. Verdammt, Lätzchen umbinden vergessen. Egal.
- 11 h 55: Gemeinsam Bilderbuch gucken.
- 12 h 15: Gemeinsames Aus-dem-Fenster-gucken. Draußen Autos, Bäume. Sensation: ein Vogel!
- 12 h 45: Mit dem Kinderwagen abschieben. Baby schläft rasch ein. Meditativ am Kanal lang. Beim Schieben Telefonate mit dem Handy erledigen. Kurz bei der Drogerie vorbei, teure Pampers kaufen.
- 13 h 40: Ins Café, wo es mittags noch ganz ruhig ist. Luxus: ein Cappuccino. Buch über Kinderbetreuung weiterlesen.
- 14 h 35: Kind erwacht. Trage es auf dem Arm nach Hause, einhändig den Kinderwagen bugsierend. Erkläre die Aussicht: Haus, Hund, Baum.

- 14 h 50: Obstbrei füttern. Kind mag nicht. Sofort Sorge: Droht Mangelernährung?
- 15 h 05: Wickeln.
- 15 h 15: Akuter Ideenmangel. Kind ablegen und Wäsche im Wohnzimmer auf den Ständer hängen. Baby nölt. Penny Lane von den Beatles singen. Erregt kurzfristig Aufmerksamkeit.
- 15 h 35: In-die-Luft-Werfen und Auffangen, Flugzeugspiel, Im-Kreis-Drehen, Powerkuscheln. Baby juchzt. Dann »Große-Uhren-machen-Ticktack«, mit dem Kind auf den Knien hin und her, rauf und runter, nach sieben Mal habe ich keine Lust mehr.
- 16 h 05: Kind auf den Boden legen, Stofftiere drum herum drapieren. Soll sich mal selbstständig beschäftigten. Wichtiges Training.
- 16 h 10: Spiele auf dem Boden mit Kind und Stofftieren. Nicke kurz ein.
- 16 h 20: Baby müde, mag aber im Bett zunächst nicht einschlafen. Kampf bis zur Erschöpfung.
- 16 h 35: E-Mails beantworten.
- 17 h 45: Kind erwacht. Schmusen. Wickeln.
- 18 h 05: Bilderbuch gucken. Kind hat Hunger, muss aber warten, bis die Mama nach Hause kommt. Wachsender Unmut beim wenig einsichtigen Kind.
- 18 h 15: Frau anrufen, wann kommst du? Ganz bald.
- 18 h 20: Wann ist ganz bald?
- 18 h 30: Um die Wette krabbeln funktioniert nicht. Dann Kind durch die Wohnung tragen. Allseitige Verzweiflung. Katzenlied.
- 18 h 35: Mama kommt, toll! Aber fünf Minuten nach der regulären Zeit, Skandal! Väterlicher Rückzug aufs Sofa. Jetzt ist mal die Mutter dran.
- 20 h 05: Gemeinsames Gutenacht-Lied-Singen.
- 23 h 30: Das Kind schreit.

Ein Elternzeittag von Markus, mit 12 Monate altem Sohn

- 6 h 37: Die Nacht ist vorbei. Lautes Heulen aus dem Kinderzimmer – nach immerhin fast elf Stunden Schlaf. Seine Freundin steht auf, rührt die Morgenmilch an, wickelt und füttert den Knirps.
- 6 h 50: Markus und seine Freundin packen ihren Sohn in die Mitte ihres Doppelbetts und hoffen auf ein paar ruhige Minuten.
- 6 h 55: Das Kind will keine ruhigen Minuten, kann leider schon alleine über Papa aus dem Bett krabbeln.
- 7 h 00: Der Morgenschiss, das Kind stand an Papas Seite des Bettes. Markus geht wickeln.
- 7 h 20: Das Kind drückt schon wieder. Und erneut spielte das Kind an Papas Seite des Bettes. Schon wieder Windelwechsel.
- 7 h 30: Das Kind hat genug im Schlafzimmer gespielt und will weiter. Markus und sein Sohn wackeln ins Wohnzimmer. Mama geht duschen.
- 7 h 45: Mama macht Tee und Müsli. Papa geht duschen. Ihr Sohn trägt Plastikschüsseln in der Küche rum.
- 7 h 55: Mama und Papa essen Müsli, das Kind will noch keinen Morgenbrei und trägt lieber weiter Schüsseln rum, will hoch auf Papas Schoss, Müsli essen, Müsli ausspucken, wieder runter, doch wieder hoch …
- 8 h 20: Mama geht ins Büro, Papa räumt den Tisch ab und verhindert, dass sein Sohn mit den Tellern in die Spülmaschine krabbelt.
- 8 h 45: Papa macht sich einen Kaffee mit Milch, setzt seinen Sohn auf den Wohnzimmerteppich und sich selbst auf die Couch. Kind spielt friedlich mit der Murmelbahn.
- 9 h 00: Das Kind ist müde, reibt sich die Augen und landet im Bett.

- 9 h 05: Das Kind will raus aus dem Bett.
- 9 h 10: Das Kind will immer noch raus aus dem Bett.
- 9 h 15: Das Kind schläft, Markus macht sich noch einen Kaffee und holt die Zeitung aus dem Briefkasten, schafft Sport, überspringt Politik und liest ein bisschen Vermischtes
- 9 h 45: Lautes Geschrei aus dem Kinderzimmer.
- 9 h 50: Jetzt will das Kind doch noch seinen Brei essen, Streit darüber, wer den Löffel halten darf, Papa gewinnt, aber die Stimmung ist kurz im Eimer.
- 9 h 55: Stimmung wieder gut, Brei weg.
- 9 h 56: Markus beginnt die Sachen für den Spielplatz zu packen, das Kind will alle Sachen haben, um sie wegzutragen.
- 10 h 25: Markus ist fertig mit Packen, Wickeln und Kind anziehen. Auf zum Spielplatz.
- 10 h 40: Das Kind sitzt im Sand und buddelt und schlägt mit seiner Schaufel auf den Boden. Zufrieden.
- 11 h 10: Das Kind sitzt im Sand und buddelt und schlägt mit seiner Schaufel auf den Boden. Immer noch zufrieden.
- 11 h 30: Das Kind will nicht mehr im Sand sitzen und mit seiner Schaufel auf den Boden schlagen. Markus hat jetzt auch den Politikteil gelesen, packt das Kind in den Kinderwagen und geht einkaufen.
- 11 h 45: Ankunft Supermarkt, Kind darf im Einkaufswagen sitzen.
- 12 h 05: Einkaufen prima gelaufen, Unmut beim Umpacken in den Kinderwagen.
- 12 h 30: Ankunft zu Hause, Papa holt Gläschen aus Abstellkammer, Kind realisiert Heißhunger, heult rum, zieht an Papas Hosenbein, will hoch, Papa genervt, einhändig essen zubereiten ist schwer.
- 12 h 40: Essen geht los. Diesmal mit zwei Löffeln, Kind will nur matschen, Löffel weg, Riesengeschrei, Papa genervt, Kind auch.

- 12 h 55: Essen ging irgendwie dann doch, Papa saniert den Esstisch. Kind sitzt zufrieden auf dem Bobby-Car.
- 13 h 30: Kind kommt ins Bett.
- 13 h 40: Papa beruhigt schreiendes Kind.
- 13 h 50: Papa beruhigt noch immer schreiendes Kind.
- 14 h 00: Kind schläft.
- 14 h 05: Papa sitzt mit gekauftem Ciabatta am Tisch, dann Einräumen der Spülmaschine, Abwasch, Überprüfen der E-Mails, kurz auf die Couch legen, durchatmen.
- 15 h 00: Geheul aus dem Kinderzimmer, Wickeln und dann mit unausgeschlafenem Kind auf die Couch. Bücher gucken.
- 16 h 00: Nachmittagsbrei, wieder Kampf, viel Matsch, Papa und Kind genervt.
- 16 h 15: Ab ins Kindercafé, Treffen mit anderem Papa und dessen Sohn.
- 16 h 30: Kinder mit Spielzeug ausgestattet. Kaffee trinken und über Für und Wider des neuen Mini-Notebooks diskutieren.
- 16 h 45: Kind will Treppe runterkrabbeln, hoch, runter, hoch, runter, hoch, runter.
- 17 h 00: Noch ein Stück Kuchen, weiterer Kaffee, Kinder wieder ruhiger. Räumen Bauklotzkiste aus.
- 18 h 00: Aufbruch nach Hause.
- 18 h 30: Mama kommt nach Hause, steigt in die Abendbrei-Zeremonie ein (Papa wieder völlig genervt), Papa lässt Badewasser ein.
- 18 h 45: Kind planscht, große, ganz große Freude.
- 19 h 00: Papa holt Kind aus der Wanne, Protest.
- 19 h 30: Mama bringt Kind ins Bett. Feierabend!

Viel zu tun, nichts geschafft

Da hat man den ganzen Tag mit dem Kind, und einen großen Teil der Zeit schläft es auch noch. Da kann man doch
so einiges schaffen! Tut man aber nicht. Jedenfalls ist es
Jonas so gegangen, dass er sich am Ende des Tages oft gefragt hat, was er eigentlich die ganze Zeit getan hatte. Nun
gibt es in den Vätermonaten durchaus die Gefahr, ohne
eine gewisse Planung etwas zu versumpfen. Da stapft man
etwa vormittags ewig im Schlafanzug durch die Wohnung
und duscht erst, wenn das Kind Mittagsschlaf hält. Feste
Termine, vielleicht jeden zweiten Tag, können die Woche
strukturieren. Montagvormittags Pekip, diese Nacktkrab-
belgruppe mit pädagogischem Mehrwert, mittwochnach-
mittags eine Freundin samt deren Sohn treffen, Freitag-
nachmittag das Kind der Frau in die Hand drücken und
lang aufgeschobene Besorgungen erledigen, so hat Jonas es
gemacht. Dann aber donnerstags auch noch Babyschwimmen, das war ihm im Grunde schon zu viel. Klingt komisch, ist aber so. Schließlich zerrt das Baby ständig an unserer Aufmerksamkeit, was so anstrengend wie schön ist.
Und, das ist nicht zu unterschätzen, das ganze Anziehen-
Wickeln-Füttern ist richtig Arbeit.

Das große Tabu der Elternzeit: So ein Baby kann zwischendurch auch mal richtig langweilig sein. Alle reden
immer nur darüber, wie schön es mit dem Kind ist – dieses
schelmische Lächeln, diese lustigen Krabbelversuche! Oder
wie schrecklich es ist – chronischer Schlafmangel, nerven-
zerfetzende Schreianfälle. Und beides stimmt ja auch. Aber
wer den ganzen Tag mit dem Kind verbringt, dem wird
zwischendurch auch mal die Zeit lang. Das aber ist nun
wirklich kein Drama. Auch im Job, und sei er noch so interessant, gibt es mal langweilige Phasen. Sogar mit der besten aller Frauen, der eigenen, ist es nicht jeden Tag 24 Stun-

den lang spannend. Und so ist es eben auch mit dem Kind, selbst wenn es einem von allem auf der Welt das Wichtigste ist. Und deshalb war Jonas ganz ehrlich ab und zu auch mal ganz froh, wenn das Wickeln und so weiter den Tag gefüllt hatte. Nicht immer kann man ein inspirierter Papa sein, dem ständig tolle Spiele einfallen und der von früh bis spät in seiner Begeisterungsfähigkeit nicht nachlässt. Wer das von sich selbst erwartet, wird ganz sicher scheitern. Und ein von sich selbst enttäuschter Papa kann kein guter Papa sein.

> Ein Baby-Tagebuch führen. Und jeden Abend notieren, wie der Tag war. Dabei merkt man, wie viele kleine tolle Dinge man getan hat. Später haben dann Mama und Papa eine schöne Erinnerung an diese ersten Monate mit dem Kind. Man vergisst sonst schnell.

Von Baumärkten und anderen Absurditäten

Markus' Sohn ist ein echter Kenner von Baumärkten. Nicht dass Markus gerade ein Haus bauen, die Wohnung renovieren oder einen Kinderherd selber schreinern würde. Der Baumarkt ist einfach nur die letzte Rettung, wenn Markus so gar nichts einfällt. Und es draußen mal wieder kalt und regnerisch ist. Wenn einem das im Sommer bei gutem Wetter passiert, ist das kein Problem. Der nächste Spielplatz ist für fast alle Eltern erreichbar und bei Kindern zwischen 8 und 88 Monaten eigentlich eine Bank. Im Winter sieht man aber schnell alt aus und macht ganz gruselige Sachen, wenn man mal wieder die Wohnung verlassen will. Wie Markus, der mit seinem Sohn dann durch den Baumarkt streifte auf der Suche nach Inspirationen. Oder im Einkaufszentrum spazieren ging, was morgens extrem trostlos sein kann, denn um neun haben dann nur die Drogerie und vielleicht der Lebensmittelladen auf. Alle schönen Klamottenshops, der Elektromarkt und die Buchhandlung sind noch zu. Der einzige Vorteil ist, dass man sich endlich mal auf den automatischen Massagesessel hocken kann, der einem für zwei Euro eine zehnminütige Massage verpasst. Ist ja keiner da, der einen dabei erwischen könnte.

Zen, oder: Die Kunst, die Zeit zu vergessen

Es gibt weniges, was so wenig esoterisch und stattdessen bisweilen übel riechend konkret ist wie die Kinderpflege. Trotzdem haben Jonas und seine Frau sich mit Blick auf die Babybetreuung was von den Buddhisten abgeguckt. Nämlich: Wenn man eine Sache macht, soll man auch wirklich diese Sache machen. Wenn du sitzt, dann sitze, wenn du gehst, dann gehe, sagen die Buddhisten – und Jonas, durchaus kein Buddhist, sagt sich das auch manchmal vor, wenn er hundert Dinge im Kopf hat und zehn davon gleichzeitig zu machen versucht. Wenn man das Kind vom Rücken auf den Bauch rollt, ein ums andere Mal, weil das Kind sich nur umgekehrt vom Bauch auf den Rücken rollen kann und dann nölt – dann macht man eben genau das. Statt zu grübeln, was man in dieser Zeit Schlaueres anstellen könnte. Und wenn man auf dem Sandkastenrand in der Sonne sitzt, während das nun schon größere Kind Dreck in sich hineinstopft, dann sitzt man einfach nur auf dem Sandkastenrand in der Sonne. Anderenfalls wird man nämlich wahnsinnig, so allein mit dem Kind.

Was wirklich frustrierend sein kann, ist ständig auf die Uhr zu schauen. Einerseits muss man das natürlich, weil man ja die nächste Flasche pünktlich geben muss und die richtigen Schlafzeiten nicht vergessen will. Aber andererseits fangen Tage mit Babys oft eben schon um sechs Uhr in der Frühe an, und man könnte heulen, wenn man nach gefühlten acht Stunden Kampfeinsatz an der Wickelfront auf die Uhr schaut und es auch nach mehrmaligem Schütteln immer noch erst elf Uhr ist. Elf Uhr! Arghhh!

Hier kann die Einstellung helfen, die Beppo den Straßenkehrer aus dem Kinderbuch *Momo* von Michael Ende vor dem Verzweifeln bewahrt: Ich schaue nie aufs Ende der Straße, sagt er sinngemäß, sondern immer nur auf meine Füße und den nächsten Besenstrich. Also: Nicht dem »Feierabend« entgegenfiebern! Denn am Ende ist doch das Kind genau der Mensch, mit dem man Zeit verbringen möchte. Also genießen! Oder zumindest: Es versuchen.

Routine und Rituale

Es wäre interessant, die Protokolle am Anfang diesen Kapitels einmal aus der Perspektive der Kinder zu lesen – und zugleich völlig sinnlos. Denn Kinder denken, sofern sie denken, in anderen Kategorien. Und zu den Kategorien, die für sie keinerlei Bedeutung haben, zählen Tage, Stunden oder gar Minuten. Kleinkinder leben im Augenblick. Wenn sie hungrig sind, wollen sie essen. Wenn sie müde sind, nicht warten, bis sie zu Hause sind.

Doch das heißt nicht, dass Kinder keinen Sinn für Wiederkehrendes haben. Im Gegenteil: Regelmäßigkeiten im Ablauf helfen ihnen bei der Orientierung. Abwechslung ist wichtig – Routine und Rituale sind es genauso.

Yassin hat während seiner Vätermonate die Erfahrung gemacht, dass ganz bewusst geschaffene Rituale sehr sinnvoll sind. Für seine Töchter waren es wichtige Signale, die anzeigten, was als Nächstes kommen würde. Und für ihn bedeutete es oft, dass die Nerven geschont wurden.

Bei seiner älteren Tochter zum Beispiel hat Yassin während der Elternzeit ein kleines Ritual eingeführt, das dem eigentlichen Ins-Bett-bring-Ritual vorgeschaltet wurde: Es hieß Spielsachen-ins-Bett-Bringen und hatte den Vorteil, dass es nicht nur seine Tochter aufs Schlafengehen einstimmte, sondern zugleich ein bisschen Ordnung schaffte. Seine Tochter fand es jedenfalls von Anfang an völlig logisch, dass auch die Stofftiere, Bausteine und Bälle schlafen wollen. 15 Minuten vor dem Zähneputzen hatte Yassin ihr signalisiert, dass die Spielsachen jetzt mächtig müde seien. Seine Tochter half ihm dabei, sie in die Schubladen und Kisten zu räumen – und fing irgendwann sogar an, denen, die ihr am liebsten waren, Gutenacht-Küsschen zu geben. Waren alle Spielsachen versorgt und die letzte Puppe verabschiedet, dann wusste sie: Jetzt bin ich dran. Zähneputzen, Waschen und ab ins Bett.

Und im Schlafzimmer selbst folgte das nächste Ritual: Gemeinsames Herunterlassen der Rollläden, auf Papas oder Mamas Arm kuscheln, drei Strophen »Weißt du wie viel Sternlein stehen?« – und ins Bettchen legen. Wahrscheinlich war es diese Regelmäßigkeit, die dazu führte, dass Yassin und seine Frau bis jetzt noch nicht damit konfrontiert wurden, dass ihre ältere Tochter die Zubettgeh-Zeit zu verhandeln versuchte. Ein weiterer Vorteil: Ein ausgeprägtes Ritual erleichtert es auch Großeltern, Onkeln und Tanten sowie Babysittern, die jeweils damit verknüpften Tätigkeiten zu übernehmen.

Ähnlich wichtig ist die mit weniger Brimborium verbundene Routine im Kleinkinderalltag. Es ist sinnvoll, dass es auch beim Essen, beim Wickeln, beim Anziehen gewisse Regelmäßigkeiten gibt. Natürlich haut es bei keinem Kind hin, dass es immer um 11 Uhr 30 zu Mittag isst, und anschließend jeden Tag bis 13 Uhr 30 Mittagsschlaf hält. Aber darum geht es auch nicht. Sondern eher darum, dass das Kind klare Signale empfängt. Dass es weiß, woran es ist.

Alltäglicher Alltag

Gerade am Anfang nimmt der ganz praktische Teil der Babypflege einen unfassbar großen Teil des Tages in Anspruch. Dabei sollte der Vaterzeitler nicht unterschätzen, dass Füttern und Wickeln mehr ist als nur Füttern und Wickeln. Es sind Momente intensiven Kontakts mit dem Kind, so hat zumindest Jonas es erlebt. Wenn das Kind halbnackt auf der Wickelkommode liegt und sich beim Kitzeln vor Vergnügen windet, wenn es mit sehr ernstem Blick zum Vater sich den Fuß in den Mund zu stecken versucht oder wenn es auf Papas Katzenliedsingerei hin engagiert mitzuquäken beginnt, dann ist das einfach großartig.

Auch Yassin findet, dass Wickeln mehr als Fäkalienentfernung, Füttern mehr als Mästen und Anziehen mehr als Kälteversiegelung ist. Na gut, Anziehen hat Yassin ehrlich gesagt noch am wenigsten spannend und schön gefunden. Aber wenn er seinen Töchtern die Flasche gab, während die auf seinem Schoß saßen und sich an ihn kuschelten, die kleinen Köpfe gegen seine Brust gelehnt: Das war was Besonderes, und zwar jedes Mal. Und beim Wickeln konnte Yassin, vor allem als die Kinder noch so richtig klein waren, am ehesten und genauesten die Lernfortschritte wahrnehmen: Jetzt kann sie das Mobile schon genau erkennen! Jetzt merke ich genau, dass sie weiß: Jetzt kriege ich eine neue

Windel. Jetzt kann sie auf einmal selber nach der Windel greifen …

Man sollte sich auch in Erinnerung rufen, dass es beim Wickeln, Füttern und Anziehen um essentielle Bedürfnisse, ums Überleben geht – es warm haben, nicht verdrecken, satt sein. Das mag alles höchst simpel anmuten. Ist es aber nicht. Jedenfalls nicht am Anfang.

Wenn ein Kind nicht isst, dann zermürbt das die Eltern innerhalb kürzester Zeit. Vielleicht ist der Vater tagsüber sogar recht lässig, schließlich hat das Kind nach wie vor Speckbeinchen, denkt er, verhungern wird es schon nicht so schnell. Aber spätestens, wenn auch die Mutter abends beim Füttern scheitert, herrscht Krisenstimmung. Zumal wenn Mama und Papa den Ernst der Situation möglicherweise unterschiedlich einschätzen; das soll schon vorgekommen sein. Auch Papa Jonas ist allerdings verzweifelt, als Tag für Tag seine süße Kleine, nachdem er immer wieder aufs Neue für das vor Hunger schreiende Kind hektisch den Brei angerührt hat, nach drei Happen den Löffel aus der Hand schlug. Apfelmus, Keks, nichts half. Nach der mittäglichen Essensschlacht war der Brei an der Küchenlampe und auf Jonas' Brille. Nur im Bauch des Kindes war er nicht. Was hier hilft: lockerlassen. Die Fixierung aufs Essen wird sonst zwanghaft, und das Kind merkt das, so war zumindest Jonas' Eindruck. Die Auseinandersetzung ums Essen kann ihren eigenen Sinn haben, etwa als weiterer Schritt zum Ich. Sie kann aber auch ganz simple, vorübergehende Gründe haben. Etwa: Das Kind fühlt sich gerade einfach nicht wohl in seiner Haut. Oder der Bauch drückt. Oder das Wetter ist zu warm. Oder ein Zahn kommt. Oder ein Zahn kommt nicht. Nichts davon sollte einen stressen – das nämlich beeinträchtigt das Kind im Zweifel mehr als ein oder zwei ausgelassene Mahlzeiten. Lieber einfach jedes Mal aufschreiben, wie viel das Kind gegessen und getrunken hat; denn oft täuscht der Eindruck, dass das Kind so gar nichts zu sich nimmt. Trinken muss natürlich auf jeden Fall sein, auch wenn das Kind nichts essen mag. Austrocknen tun kleine Kinder schneller als verhungern. Was also tut der Vater den ganzen Tag? Alle halbe Stunde das Wasserfläschchen hinhalten. Und den Tee. Und die Milch.

Wickeln ist eigentlich kein Problem. Wenn allerdings ein Kind ein ums andere Mal ausläuft, weil es Dauer-Dünnschiss hat, dann wird das ständige Umziehen zur Tortur für Eltern und Kind – verstärkt durch die Sorge, dass nicht normale Verdauungsprobleme der Grund für die Sauerei sein könnten, sondern doch vielleicht eine Infektion, oder eine Lebensmittelunverträglichkeit, gar eine Missbildung im Magendarmtrakt. Hier sind der Fantasie keine Grenzen gesetzt. Leider. Glücklicherweise bringt dann der Kinderarztbesuch meist das Ergebnis, dass dem Kind nichts fehlt.

Reden und Singen!

Die Existenz als Vater mit dem Baby daheim ähnelt, während die Mutter im Büro ist, der von Robinson und Freitag auf der einsamen Insel. Zwar kann der gestrandete Vater alle paar Tage zu Nachbarinseln rudern, aber diese Selbstrettungsversuche dauern immer nur ein paar Stunden. Also redet Robinson mit dem Baby Freitag, obwohl ihn das nicht versteht und nie in verständlicher Weise antwortet. Das ähnelt einem ewig langen Selbstgespräch und mag wunderlich wirken. Das Reden mit dem Baby hat aber den großen Vorzug, den Papa nicht nur vom Wahnsinnigwerden abzuhalten, sondern sogar sinnvoll zu sein. Wie soll ein Kind jemals selbst sprechen lernen, wenn nicht durch das gute Beispiel der Betreuer? Außerdem, sagen die Fachleute, nimmt auch ein sehr kleines Kind schon Stimmungen auf, die es aus dem Gebrabbel des Papas heraushört. Also stand Jonas am Herd, während das Kind sicher im Laufstall daneben platziert war, und kommentierte sein eigenes Tun wie ein Radioreporter ein Fußballspiel. »Jetzt gieße ich die Milch in den Topf, die kommt aus der Kuh – halt, das war ein Schwapp zu viel, und hollala, der Topf war schon heiß, rühren!, sonst brennt's an …« Dabei gilt: Sich selbst nicht so ernst nehmen. Das mit der Kuh wird das Kind wohl erst mit knapp zwei Jahren verstehen. Aber Jonas hat es das eigene Tun ein bisschen amüsanter gemacht, dass er das Kind als Publikum behandelte.

Noch besser als Reden ist Singen. Gerade für einen Mann ist das ziemlich gewöhnungsbedürftig – doch das Kind wird ihn dafür lieben. Und die Mama, das ist was wert, auch. Singen macht das Kind klug (Synapsenbildung im Hirn!) und froh, und irgendwann den Papa auch. Den natürlich nur froh, nicht klug. Jonas sind am Anfang keine Lieder eingefallen, außer »Alle meine Entchen«, und auch hier war er nur bei der ersten Strophe textsicher. Er hat sich dann ein Liederbuch schenken lassen und hat immer mit dem Kind auf dem Schoß daraus vorgesungen. Schnell haben sich ein paar Lieblingslieder ergeben, und bei der zwölften Wiederholung merkt man sich auch den Text. Später musste das Kind nur »Lala Katze!« sagen, und Jonas fing an »Miau, miau, hörst du mein Schreien …«. Wie eine Mutter aus seiner Krabbelgruppe es sagte: Man wird zur wandelnden Jukebox. Das Kind muss nur noch die Knöpfe drücken.

Nun ist es nicht jedermanns Sache, beim Einkauf mit Kind im Supermarkt in der Warteschlange an der Kasse schön laut was von Katzen und Entchen und Fröschelein vorzusingen. Da hilft es, die Lieder von ein paar Lieblingsgruppen im Internet nachzuschauen und auszudrucken. Kann englisch sein, aber Sprache lernt das Kind natürlich besser bei deutschen Texten. Ob »Wir sind Helden« oder »Die Fantastischen Vier«, Rammstein oder Grönemeyer: Möglichkeiten gibt es genug. Kindgerecht und cool, das ist das Motto dabei. Wann hat man sonst schon mal die Gelegenheit, den Soundtrack eines Lebens bewusst zu gestalten? Es ist wie die Musik zu einem Film. Nur dass man selbst ihn dreht.

> Lieder von deutschen Popstars aus dem Internet ausdrucken, Texte lernen und dann immer dem Kind vorsingen. Kann cooler sein als »Alle meine Entchen«. Auf jeden Fall lustiger.

Markus machte aus seiner Unfähigkeit, sich auch nur ein einziges Kinderlied zu merken, eine Tugend. Er improvisierte seine eigenen Lieder. Meist nahm er einfach eine bekannte Melodie irgendeines Pop-Klassikers und sang dazu, was ihm gerade so in den Sinn kam. Das machte Spaß, führte gelegentlich sogar zu sinnigen Texten und gab Markus das Gefühl, seine grauen Zellen am Leben zu erhalten. Es hatte nur einen entscheidenden Haken: Das einzelne Lied war nicht wiederholbar. Und so etwas wie ein allabendliches Nachtlied als Ritual für das Kind, das macht schon Sinn.

Das bisschen Haushalt ...

... macht sich unterdessen leider nicht von allein. Es soll Paare geben, die sich darauf geeinigt haben, dass der jeweils in Elternzeit befindliche Partner von den Haushaltspflichten befreit ist. Yassin und seine Frau fanden das nicht praktikabel. Denn erstens stapelt sich dann alles am Abend, was die Stimmung runterzieht und wie eine Anklage aussieht. Und zweitens ist auch der arbeitende Elternteil, und das völlig zu Recht, abends erschöpft.

Der Haushalt ist keine Kleinigkeit. Väter, die in Elternzeit gehen, sollten sich das schon vorher klarmachen. Mit einem kleinen Kind in der Wohnung oder im Haus läuft die Waschmaschine täglich, es muss mehr gespült werden als für zwei und der Fußboden, die Wände, die Tische und die Stühle, die Teppiche, Türen und Fenster ... nun ja, brauchen auch deutlich mehr Aufmerksamkeit als früher. Dazu kommen nervige und zeitraubende Spezialaufgaben wie Fläschchen säubern und auskochen.

Und schließlich gilt es, anders zu planen, als man es gewohnt ist. Mal eben die Pfandflaschen zum Kiosk bringen? Den Müll raustragen? Mit Kleinkind kann das dauern. Denn man muss es anziehen und mitnehmen, das heißt im Zweifelsfall: Klamotten raussuchen, Kind reintun, Mütze suchen, Mütze aufsetzen, Kinderwagen fertig machen, losrollen – und wenn man zurück ist, alles wieder rückwärts. Yassin hat sich da manchmal einfach vorgestellt, er würde in einem Film mitspielen, der in Zeitlupe gedreht wird.

Was allerdings richtig Spaß machen kann, das ist: Das Kind in irgendeiner Form an den Haushaltsarbeiten beteiligen. Yassin schwört sowieso und auch aus anderen Gründen auf Baby-Tragetücher. Aber nicht zuletzt, weil sich die Hausarbeit, die ja doch gemacht werden muss, mit einem um den Wanst geschlungenen Kind umdeuten lässt zu einer

Aktion, die dem Kind Nähe und Geborgenheit gibt. Denn Kinder, die viel getragen werden und dabei viel Köpernähe erfahren, schreien später weniger und sind ausgeglichener. Heißt es zumindest in nicht wenigen Ratgebern und Elternbüchern. Yassins Erfahrung zufolge schlafen kleine Kinder im Tuch zudem meist recht schnell ein. Unterm Strich empfand Yassin es jedenfalls als wesentlich angenehmer, den Abwasch zu machen, wenn er dabei eine seiner Töchter im Tragetuch hatte, als ohne. Es erschien nicht mehr nur wie eine lästige Pflicht.

Alltäglicher Ausnahmezustand

Himmlische Ruhe, Markus sitzt auf dem Sofa. Die Spülmaschine ist eingeräumt, die Folgen der vormittäglichen Spielzeugschlacht im Wohnzimmer zumindest notdürftig beseitigt. Markus will gerade die Zeitung aufschlagen und von seinem Tee nippen, da schrillt die Sirene. Mit hohen, fordernden Lauten teilt sein Sohn mit, dass er wach ist. Und Hunger hat, großen Hunger und zwar jetzt. Dummerweise hat Markus noch nicht das Wasser für den Nachmittagsbrei erhitzt. Das kostet wertvolle Sekunden. Er hetzt in die Küche, füllt Wasser in den Kocher und schaltet ihn an, dabei ruft er »Papa kommt gleich, Papa kommt gleich«, denn die Schreie aus dem Zimmer seines Sohnes werden immer drängender. Also hechtet Markus ins Kinderzimmer, holt seinen Sohn aus dem Bett und versucht, sein schreiendes Kind zu wickeln. Das Kind windet sich, kommt mit dem rechten Fuß in die Kacke, die in der Windel liegt. Markus wird sauer, das Kind schreit mehr und drückt den Rücken zum Hohlkreuz durch. Irgendwann ist das Kind dann gewickelt und Markus muss entscheiden, ob er mit einem fordernd nörgelnden Kind auf dem Arm dessen Brei zubereitet, obwohl er dabei mit einer Hand zurande kommen muss. Was nervt, länger dauert und schnell mal schiefgeht. Oder ob er seinen Filius auf den Boden setzt, was zu Heulerei führt, aber das Breimachen beschleunigt.

Dies ist ein eher normaler Mittagschlaf beziehungsweise dessen Ende gewesen, als Markus' Sohn zwischen sieben und 14 Monate alt war. Danach wurde das Kind nach dem Aufwachen etwas gelassener.

Kinder sind ein Vollzeitjob, und zwischendurch gibt es Pausen. Anfangs mehrere kleine bei Neugeborenen, später wenige größere, irgendwann kommt ein langer Mittagsschlaf. Doch gerade wenn Kinder klein sind, wird der Entspannungsfaktor der Pausen durch die ständige Rufbereitschaft gemindert. Markus' Sohn etwa schlief zwischen seinem sechsten und zwölften Lebensmonat zwei- bis dreimal am Tag. Morgens gegen neun, eine halbe Stunde oder eine, vielleicht auch anderthalb. Mittags dann eine Stunde oder weniger oder mehr. Nachmittags vielleicht, vielleicht auch nicht.

Markus empfand diese Nicht-Planbarkeit des Tages als enorm anstrengend. Wenn das schreiende Kind seine Mittagspause verkürzte, war das schade, richtig doof wurde die ganze Sache aber, wenn er gerade auf der Leiter hockte, um die neue Gardinenstange festzuschrauben.

In kleinen Happen leben

Etwas Entlastung kann der Vater sich dadurch verschaffen, dass er seine freie Zeit in kleine Happen aufteilt. Quasi Leben aus dem Baukasten. Markus legte alle Tätigkeiten, die sich nicht in ganz kleine Einheiten unterteilen oder sofort unterbrechen ließen, möglichst auf den Abend oder das Wochenende, wenn seine Freundin zu Hause war und ihm den gemeinsamen Sohn vom Leib halten konnte beziehungsweise dieser schon schlief. Sprich: Die nächste Gardinenstange wurde eben am Samstag angedübelt, die Abstellkammer wurde am Abend umgeräumt und das lange, spannende Dossier der Wochenzeitung musste halt bis Sonntag warten. Auch das große Festmahl wurde eher am Wochenende zubereitet, während seine Freundin den Sohn auf dem Spielplatz bespaßte.

Werktags in den Schlafpausen gab es dann eher kleine Häppchen. Kulinarisch, weil etwa fertig gekaufte Baguettebrötchen und Salate, selbst geschmierte Stullen, aufgewärmte Nudeln vom Vortag oder sonstige schnelle Gerichte die kurzen Pausen füllten.

Aber auch was seine Tätigkeiten betraf, wurde er ein Meister der Einteilung. So lässt sich beispielsweise die echt nervige Kontenklärung bei der Rentenversicherung, die viele noch nie gemacht haben, aber schon mindestens zwei Schreiben von der Versicherung bekommen haben, prima auf gefühlte 25 Mittagsschlafpausen verteilen. Auch die nötigen Geldanlagen für das neue Kind oder der immerwährende Formularwahnsinn lassen sich gut in kleine Schlafpausenhappen zerlegen. Und eine Küche lässt sich in 100 kleinen Schritten saubermachen.

So nervig diese ständige Unsicherheit über die verfügbare Zeit ist, so endlich ist dieser Zustand auch. Irgendwann schlafen fast alle Kinder nur einmal mittags und das meist zwei Stunden. Das ist dann der Beginn einer großartigen Zeit.

Die noch unregelmäßigen Schlafpausen kleiner Kinder nur mit Tätigkeiten ausfüllen, die schnell gehen oder jederzeit unterbrochen werden können. Wenn das Kind aufwacht, während man gerade die Abstellkammer umräumt und der ganze Flur mit altem Geschirr, Einmachgläsern und ätzenden Reinigungsmitteln vollsteht, kann das schnell zu Panik führen. Und vor allem nicht vergessen: Selber Pause machen!

Einen »Gelben« gibt es nicht

»Brauchen Sie eine Krankschreibung?«, fragte Markus' Hausärztin, als der mal wieder mit einer Mandelentzündung bei ihr auftauchte. Brauchte er nicht. Wofür auch? Um sie seiner Freundin vorzulegen, damit die ihn auch ordentlich pflegte? Na klar, manchmal musste Markus notgedrungen in Anspruch nehmen, dass seine Freundin zu Hause blieb, um Mann und Kind zu versorgen.

Dass man in der Elternzeit mit einer Krankschreibung nichts anfangen kann, ist logisch, illustriert aber sehr schön eine grundlegende Erkenntnis für den betreuenden Vater. Er hat nicht nur im Regelfall keine Verwendung für eine Krankschreibung, er hat auch keinen Urlaubsanspruch und am Wochenende kein natürliches Recht darauf, dass sich die Frau um die Kinder kümmert, während er erst lange ausschläft und dann mit den Kumpels Bundesliga-Gucken geht. Ja, so ist das, mag die erfahrene Hausfrau und Mutter jetzt sagen. Für Markus war diese Erkenntnis trotzdem etwas überraschend, und er brauchte eine Weile, um das zu verdauen. Dass es nicht automatisch frei gibt, sondern nur, wenn man es mit seiner Frau so vereinbart. Und wenn man seine Frau morgens fragen muss: »Schatz, wäre es möglich, dass du heute nicht zur Arbeit gehst, ich fühle mich gerade überhaupt nicht gut«, dann gibt einem das ein so beschissen unmännliches Gefühl, dass man sich lieber mit einer Packung Aspirin durch den Tag quält.

Mit Luft planen

Aus seinem Büroalltag wusste Markus, dass man seinen Tag mit etwas Luft planen sollte. Weil immer etwas Unvorhergesehenes passiert, und weil kaum etwas so unsouverän wirkt, wie den ganzen Tag gehetzt durch die Gegend zu laufen. Wer vielleicht ein paar Minuten Zeit hat, um nach einem Termin zu Fuß ins Büro zu gehen, der hat auch die Möglichkeit, über seinen nächsten Termin nachzudenken und dort nicht unvorbereitet reinzuplatzen.

Was er aber mit seinem Sohn lernte, war eine andere Liga, wenn nicht eine andere Sportart: Der Tag sollte möglichst komplett aus Luft bestehen. Einen Termin am Tag bekam Markus sicher hin. Etwa vormittags die Krabbelgruppe. Oder nachmittags das Treffen mit anderen Eltern oder sogar mal einen kleinen Ausflug mit seinem Nachwuchs. Mit etwas Übung, nach einigen Wochen, gingen sogar zwei Termine am Tag: Vormittags Krabbelgruppe, nachmittags eine Freundin mit ihrer Tochter besuchen.

Was er ganz zu Anfang seiner Elternzeit versuchte, drei Termine und mehr, das endete meist im totalen Chaos, stresste Markus, seinen Sohn und alle anderen, mit denen die beiden in Kontakt kamen. Zwischen Krabbelgruppe und Spielplatzverabredung noch ein Mittagessen mit einer Kollegin legen, während das Kind dann ja wohl im Kinderwagen seinen Mittagsschlaf absolviert, das machte Markus genau ein Mal. Es mag Kinder geben, die man so durch den Tag schleifen kann. Markus' Sohn aber hatte einen eingebauten Stress-Sensor. Und immer, wenn Markus den Tag zu eng plante, sorgte der Stress-Sensor dafür, dass er mit seinen waghalsigen Plänen nicht durchkam.

Katastrophen, Chaos und Langeweile

Tage mit Kindern sind in etwa so planbar wie das Wetter am Picknick-Wochenende. Es gibt gewisse Wahrscheinlichkeiten, aber sicher ist man nie. Kinder werden überraschend krank. Gerade nach der Stillzeit, wenn sie ihr eigenes Immunsystem aufbauen, ist es fast eine Überraschung, wenn die Kinder zwischendurch mal nicht krank sind. Und dann sind sie vielleicht gerade neben der Spur, weil sie zahnen oder weil sie schlecht geschlafen haben. Oder einfach nur so. Und dann kann man alle seine schönen Verabredungen wieder absagen. Und wenn das Kind nicht krank ist, nicht zahnt und auch sonst prima drauf ist, schläft es länger als gewöhnlich. Oder macht in dem Moment in die Hose, in dem Papa gerade auf die letzte Minute zu einer Verabredung hetzen will. Sprich: Mit einem kleinen Kind einen Termin pünktlich zu erreichen ist pure Glückssache.

Und so verbindet die Elternzeit alles auf schöne Weise: Routine wird durch Raserei unterbrochen, das Chaos mündet ansatzlos in Langeweile, und Papa weiß wahlweise nicht, was er den Tag getan hat – oder wo ihm nach diesem Tag der Kopf steht.

KAPITEL 9

Was macht das Kind den ganzen Tag?

Kleine Kinder machen nicht viel – das aber verdammt intensiv. Weil sie, ganz einfach, nur durch Wiederholung etwas lernen. Vom Drehen aus der Rückenlage in die Bauchlage über den Vierfüßlerstand bis zum Krabbeln, das will alles zigtausendmal geübt sein. Festhalten und wieder loslassen erst der Rassel, dann des Wasserballs, das führt zu Hunderten von Frustanfällen und Erfolgserlebnissen. Genauso die ganze Interaktion mit dem Papa, das Anlächeln und Anbrüllen. Was tut das Kind den ganzen Tag? Trainieren: Muskeln und Sinne und Hirn. Dafür Energie nachtanken, durch Essen und Schlaf. Und, vor allem, Emotionen ausleben. Kleine Kinder können sich maßlos ärgern oder fürchten, aber auch über jede Kleinigkeit unglaublich freuen. Und diese Lebensfreude, die macht dann auch den Papa froh. Und lässt ihn die lange Trainingszeit durchstehen, ja sogar genießen. Als Jonas' Tochter immer begeistert quietschte, sobald sie den Wasserball bekam, den sie auf dem Rücken liegend schon so gut festhalten konnte, dass der Papa ihn nur noch alle zwei Sekunden wieder aufheben musste – das war genauso schön wie später der erste wacklige Schritt. Es geht eben nicht einfach ums Abwarten, bis das Kind groß ist; weder für die Eltern noch für das Baby.

Die Vaterzeit in der Elternzeit ist die gute Zeit – findet jedenfalls Jonas. In den ersten drei Lebensmonaten sind die allermeisten Babys mit Ankommen beschäftigt. Erst mal Basisfunktionen wie die Verdauung in Gang bringen, Gewicht zulegen und ordentlich Entschrumpeln. Für Yassin war auch das eine spannende Zeit. In der Regel aber kümmert sich direkt nach der Geburt vor allem die Mutter ums Kind. Wenn dann später der Papa übernimmt, ist das Kind schon deutlich weiter. Es schaltet um vom Ankommen in der Welt auf Entdeckerreise. Dabei braucht es einen Begleiter, die perfekte Mischung aus Genie und Trägersklave. Je nach Naturell des Kindes und je nach Geschick des Betreuers ist die Begleitung mehr oder weniger eng. Aber ohne Begleitung geht es nicht. Einer muss ja den Steckdosenschutz montieren.

 ## Kinder sind schwer zu verstehen

Markus' Sohn zeigte in die Luft und lachte sich schlapp. Doch da, wo sein Finger hinzeigte, konnte Markus nur den Himmel entdecken. Und der war schon die ganze Zeit da gewesen, ohne dass sein Sohn sich schlappgelacht hätte. Ein anderes Mal fing sein Sohn an zu weinen, und wieder war, so fand der Papa, nichts anders als in der Minute zuvor.

Mit der Geburt eines Babys bekommt der Begriff »sprachlos« eine sehr wörtliche Bedeutung. Klar, nach der ersten Phase der totalen Überforderung mit dem Säugling erweitert sich das Spektrum, weil beide Seiten dazulernen. Kleinkinder können sich immer besser ausdrücken. Sie modulieren ihr Weinen, beherrschen einfache Gesten, irgendwann kommt die Mimik. Auch die Eltern werden besser. Sie kön-

nen das Hungerweinen vom Schmerzweinen unterscheiden. Sie erkennen meistens, wann ihr Kind müde ist. Wenn
der Vater derlei für magische Fähigkeiten der Frau hält,
dann übrigens nur deshalb, weil er nicht genug Übung hat –
und die wird er in der Elternzeit, keine Sorge, zwangsläufig
schon noch bekommen. Aber ob das Kind beim Essen pro-
testiert, weil es gerade keinen Hunger hat oder nur kein
Obst will, oder der Löffel die falsche Farbe hat – das können junge Eltern oft nur raten.

Wie der Tag mit dem Papa zu Hause aus Perspektive des
Kindes im Alter von sechs oder zwölf Monaten ausschaut,
was es wie erlebt, lässt sich also kaum sagen. Kleine Kinder
leben in ihrer eigenen Welt. Vater und Mutter sind da nur
mehr oder weniger verständige Beobachter, so die Erfahrung von Markus, Yassin und Jonas. Sie probieren rum, so
gut sie es halt können.

Sogar Sprache ist kein verlässlicher Helfer. Es ist zwar
ein Riesenschritt, wenn ein Kind zu sprechen beginnt. Plötzlich wird vieles klarer, durchaus auch einfacher. Yassin etwa
fand es super, als seine ältere Tochter zu Beginn der zweiten Elternzeitphase in der Lage war, ihm mitzuteilen, ob sie
nachmittags lieber Brot (»Neeein!«), Milch (»Neeeeinnnn!«)
oder Obstbrei (»Ja! Ja! Ja! Ooooost esssse!«) haben wollte.
Aber auf der anderen Seite orientierten sich etliche ihrer
mit viel Bestimmtheit vorgetragenen Urteile eher am Wahr-
heitsgehalt einer Politikerrede im Wahlkampf. Eine Zeit
lang war Yassin zum Beispiel überzeugt, dass sie nun sogar
mitteilen konnte, ob man ihr die Windeln wechseln sollte,
weil sie die entsprechende Frage, ob die Hose denn voll sei,
ein paar Mal richtig mit Ja oder Nein beantwortet hatte.
Aber das waren wohl Zufallstreffer. Nun gut, möglicherweise war sie sich ja auch selbst nicht immer ganz sicher.
Und »vielleicht« gehört nun einmal nicht zum Wortschatz
eines Kleinkindes.

Kinder haben ihre eigene Agenda

Was für Kinder gerade angesagt ist, unterscheidet sich manchmal merklich von dem, was ihr Betreuer gerade als Ansage gemacht hat. Kinder haben ihren eigenen Kopf, auch wenn der noch ziemlich klein ist. Papa weiß vielleicht, dass jetzt mal zügig das Fläschchen leergetrunken werden muss, weil beide sonst zu spät zum Pekip-Kurs kommen. Das Kind weiß hingegen, dass es jetzt unbedingt ausprobieren muss, wie Papier schmeckt. Wenn das Kind später größer ist und zu sprechen beginnt, übernimmt es sogar die Worte der Erwachsenen, wendet sie aber in eigener Logik an: »Spielen muss!«, konterte Jonas' Tochter gern dessen Forderung, jetzt müsse sie schlafen gehen. Wer hat Recht? Keiner natürlich. Falsche Frage.

Die richtige Frage lautet: Wie kriegt man es hin, dass beide ihre Agenda durchziehen können? Antwort: Niemals immer, egal was man versucht. Es wird stets Tage geben, an denen Vater und Kind irgendwo zu spät kommen. Viele sogar. Aber es klappt häufiger mit dem Pünktlichsein, wenn man sich bemüht, Puffer einzubauen. Der Weg zu dem Gebäude, in dem der Kurs stattfindet, dauert möglicherweise zu Fuß und allein nicht mehr als fünf Minuten. Mit Kind dauert er länger. Viel länger. Man muss kindliche Ablenkungen einplanen – und wenn der Sohn oder die Tochter wider Erwarten diesen Puffer nicht in Anspruch nehmen, sondern sich bereitwillig und rechtzeitig (also zu früh) in den Wagen setzen lassen – tja, dann ist es immer noch besser, man ist zu früh beim Kurs als zu spät.

Gerade Väter, die frisch aus den geordneten Abläufen ihres Berufs in die Babybetreuung gewechselt sind, müssen sich an die Verlangsamung manchmal erst gewöhnen. Männer machen gern große Pläne, das Baby zwingt sie da zur Bescheidenheit. Generell, so hat es Yassin empfunden, ist es ein durchaus nicht einfacher Spagat, die Vorstellungen des Kindes und die eigenen zu koordinieren, ohne allzu häufig das Recht des Kindes auf seinen eigenen Willen zu beschneiden. Manchmal geht es schlicht nicht anders. Oft aber schon. Wichtig ist, diese Faustregel hat Jonas' Frau entwickelt, das Wichtige vom Unwichtigen unterscheiden zu lernen. Ist es wirklich nötig, jetzt sofort das Kind ins Bett zu bringen, oder kann das nicht noch warten, bis die Kleine in wenigen Minuten sowieso das Interesse am Stoffhund wieder verloren hat? Meistens hilft es schon, wenn man sich klarmacht: Meine Kinder und ich leben auf demselben Planeten – aber ihre Sicht auf die Welt ist dennoch ziemlich anders. Kinder planen nicht. Und das ist sehr schön so.

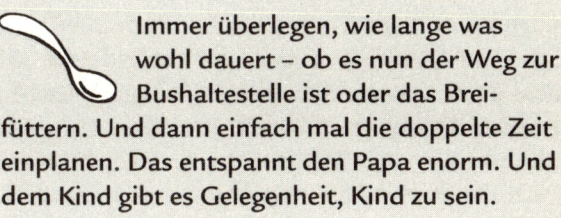

Immer überlegen, wie lange was wohl dauert – ob es nun der Weg zur Bushaltestelle ist oder das Breifüttern. Und dann einfach mal die doppelte Zeit einplanen. Das entspannt den Papa enorm. Und dem Kind gibt es Gelegenheit, Kind zu sein.

 ### Kinder forschen

Zu den magischen Entdeckungen junger Eltern gehört das Kinderabteil im ICE. Wer öfter mal mit dem Zug zu den Großeltern fährt – was übrigens die angenehmste Art ist, in Deutschland alleine mit einem Kind zu reisen –, lernt es in einem Maße zu schätzen, das er sich vorher nicht vorstellen konnte. Denn dort gibt es oft eine Art Klettergerüst. Nichts großes, nur eine ganz kleine Leiter mit vier oder fünf Stufen, die zwei Ebenen miteinander verbindet. Bei jeder Zugfahrt, seitdem er nur ein bisschen krabbeln konnte, hat Markus' Sohn versucht, diese Leiter zu erklimmen. Irgendwann nach einigen Fahrten kam er dann mit viel Mühe erstmals hoch. Danach hat er innerhalb von drei Fahrtstunden mindestens 25 weitere Male diese Leiter erklommen. Dabei fand er es da oben nach kürzester Zeit stinklangweilig und wollte wieder runter zu Papa. Es gab nur einen einzigen Grund, warum er immer wieder hochkletterte: Weil er es konnte. Und wie er es konnte nach 25 Wiederholungen.

Kinder sind kleine Forscher. Und wie jeder gute Forscher wissen sie, dass ein einmaliges Ereignis noch keine allgemeingültige Regel begründet. Deshalb wiederholen sie ihre Experimente. So überprüfen sie, ob die Tasse auch beim 15. Versuch wieder vom Tisch fällt. Vor allem aber ahnen Kinder, dass ein einmaliges Scheitern nicht bedeutet, dass etwas nicht geht. Und dass sie durch ständiges Wiederholen immer besser werden. Deshalb probieren sie immer wieder, die Leiter im ICE hochzuklettern, den Schraubverschluss von der Wasserflasche aufzukriegen und auf das Bett ihrer Eltern zu kommen. Manchmal probieren sie aber auch zum wiederholten Mal, den großen eckigen Bauklotz durch die runde Öffnung zu pressen. Und das frustriert. Und dann fliegen die Bauklötze bisweilen ziemlich tief, was Papa gelassen nehmen sollte.

Kinder brauchen Pausen

Besuch im Zoo. Kinderwagen mit dem gut einjährigen Kind vor das Freiluftbecken geschoben und dann bei der Fütterung der Seehunde und Seelöwen zugeguckt. 20 Minuten lang flogen Fische durch die Luft, sprangen Seehunde aus dem Wasser, spritzte die Gischt aus dem Becken. Markus' Sohn hatte seinen Mund die ganze Zeit so weit offen, dass da auch ein Fisch reingepasst hätte. Keine Sardelle – eher ein Thunfisch.

Als der ganze Spaß vorbei war, meinte Markus seinem Sohn förmlich anzusehen, dass er voll war. Voll mit Informationen und Erlebnissen. Als sie weiter ins Affenhaus zogen, wo die Schimpansen rumkletterten und die Orang-Utans ihre Bananen mampften, sonst ein Highlight für Kinder, zeigte sein Sohn keine Reaktion auf gar nichts. Das Ganze schien ihn gar nicht zu interessieren.

Wäre er ein Computerspeicher, würde man in einem solchen Fall vom Data-Overflow sprechen, er konnte diese vielen Daten einfach überhaupt nicht schnell genug sortieren und speichern, geschweige denn verstehen.

Kinder brauchen Pausen, viel mehr Pausen als Erwachsene. Denn sie laufen – um im Bild zu bleiben – mit einer viel höheren Taktfrequenz als ihre Eltern. Manchmal reicht es, einfach mal eine Obstpause zu machen, einfach um Tempo rauszunehmen. Manchmal hilft es, sie mit gewohntem Spielzeug in einer ruhigen Ecke zu platzieren. Manchmal müssen sie aber einfach schlafen. Und bei den Pausen ist Papa ganz wichtig und gefordert.

Ganz kleine Kinder haben noch keinen Sinn für müde sein. Markus' Sohn hatte sich oft entrüstet, wenn Papa ihn packte, um ihn ins Bett zu bringen, wo er doch gerade so schön durch die Gegend lief. Aber oft fing er dann schon auf der Wickelkommode an, seine Augen zu reiben. Und war wenige Minute später eingeschlafen. Diesen Moment zu erkennen, wenn das Kind eine Pause braucht, ist schwierig, aber nötig. Ein bisschen hilft es aber, wenn man den Rhythmus erkannt hat und dann darauf achtet, dass die Schlafpausen möglichst jeden Tag ungefähr zur selben Zeit stattfinden.

Zusammen mit anderen forscht es sich netter

Wenn Markus seinen völlig ausgepowerten Sohn nach der vormittäglichen Krabbelgruppe im Kinderwagen nach Hause fuhr, vermied er unnütze Aufenthalte auf dem Weg. Der Kleine konnte nämlich in der Regel kaum noch die Augen aufhalten. Und wenn er im Kinderwagen einschlief, dann war es nichts mehr mit dem Mittagsschlaf zu Hause – weder für den Sohn noch für den Vater. Nirgends konnte sich das Kind so befriedigend austoben wie beim gemeinsamen Krabbeln und Brabbeln mit den Kumpels von der Spielgruppe. Nicht, dass sie miteinander gespielt hätten. Eigentlich fingen sie erst mit gut zwölf Monaten überhaupt an, sich sichtlich miteinander zu beschäftigen. Aber trotzdem: Die Tatsache, dass gleichaltrige andere Kinder da waren, spornte Markus' Sohn an. »Kinder, die keine Geschwister haben, brauchen umso mehr den Spielplatz, die Krabbelgruppe, den Kindergarten, brauchen Freunde und Spielgefährten, damit sie ausreichend Kontakte zu anderen Kindern haben«, schreibt denn auch die Psychologin Helga Gürtler. »Denn der Umgang mit ihnen, das Üben sozialer Fertigkeiten unter Gleichen, ist mindestens genauso wichtig wie die Erziehung durch die Eltern und andere Erwachsene.«

Auch wenn sich der Vater mal zurücklehnen und aus dem Spiel heraushalten kann: Unaufmerksam darf er nie sein. Ein Freund von Markus sagte mal: »Eine Welt, die nur aus Kleinkindern besteht, wäre echt die Hölle.« Recht hat er. Denn je nach Entwicklungsstufe schlagen, kratzen, beißen und schubsen die Kleinen einander ohne jede Rücksicht. Und wenn dann der eine dem anderen die Flöte entreißt, um sie einer Dritten über den Kopf zu hauen, dann ist es schon gut, wenn ein Erwachsener dabei ist. Und sei es nur, um danach zu trösten.

Noch besser als gleichaltrige Kinder fand Markus' Sohn ältere Kinder. Er konnte auf dem Spielplatz lange Zeit einfach nur so mit seiner Schaufel im Sand sitzen und mit offenem Mund dabei zuschauen, wie die großen dreijährigen Mädchen um ihn herumliefen, auf die Gerüste krabbelten und die Rutschen hinuntersausten. Später, als er selbst laufen konnte, wollte er es ihnen nachmachen. Was zwar ganz schön sturzträchtig war, ihn aber sichtlich begeisterte. Und voranbrachte.

Kinder spielen mit Zeug, nicht bloß mit Spielzeug

Dreierlei tun sehr kleine Kinder gern: Dinge in den Mund nehmen, Dinge zerreißen, Dinge ausräumen. Und möglichst alles gleichzeitig. Das alles ist sinnvoll, wie hinlänglich bekannt sein sollte – nur durch dieses Verhalten können Kinder die Beschaffenheit und Veränderbarkeit der Welt erfahren. Entsprechend sollte das Spielzeug sein. Möglichst unterschiedlich in Farbe und Form und Material – also nicht bloß quietschbuntes Plastik, sondern auch alte Holzlöffel oder der metallene Schneebesen. Was das mit dem Papa zu tun hat? Er muss die Perspektive seines Kindes übernehmen, um passendes Spielzeug bereitzustellen. Das ist wirklich spannend, denn plötzlich verwandelt sich für das kundige Auge des Vaters nahezu jeder Gegenstand in Spielzeug. Von dem gibt es in der Küche mindestens so viel wie im Spielzeugladen.

Wobei auch von dort ein paar Klassiker das Kind immer wieder, über viele Monate hinweg, faszinieren können: Der Ball. Das Stofftier. Das Pustefix-Seifenblasendingsbums. Allerdings fällt Letzteres eher nicht unter die Kategorie »Kann man gut in den Mund stecken«. Der Ball, oh Wunder, kullert weg. Ewiger Quell großer Freude und großen

Leides, Bundesliga-Fans kennen das. Das Stofftier kullert nicht, ist aber interessant geformt. Lieblingsspielzeug von Jonas' Tochter war lange ein eher hässlicher Stofffuchs, dessen spitze Schnauze sich hervorragend in den Babyschlund stopfen ließ, tief nach hinten bis beinahe zum Würgreiz. Was natürlich großartig ist. Und Seifenblasen bringen auch gerade noch haltlos kreischende Kinder oft dazu, mit offenem Mund zu staunen.

Billiger und oft besser ist das Spielzeug aus Abstellkammer, Baumarkt, Apotheke. Babys schütteln gerne Plastikflaschen, in die Papa oder Mama Erbsen, Knöpfe oder farbige Flüssigkeiten gefüllt und dann sehr, sehr, sehr gut zugemacht haben. Wenn sie etwas größer sind, lieben Kinder vielleicht die Notrettungsfolie aus der Apotheke, weil sie so schön glänzt und knistert – und mit der sie nicht allein spielen dürfen, um jede Erstickungsgefahr auszuschließen. Auch ausrangierte Kredit- oder Kundenkarten sind ein echter Renner. Gerade alles, was Erwachsene benutzen, hat für Kleinkinder mit zunehmendem Alter eine ungeheure Attraktivität. Markus' Sohn hat so lange rumgeschrien und sich nach dem Schlüssel gestreckt, wenn Markus die Tür öffnete, bis ihm seine Mutter aus alten Schlüsseln einen eigenen Schlüsselbund machte. Tagelang schleppte das Kind stolz seine Schlüssel durch die Wohnung und wollte alles auf- und zuschließen. Die Zimmertüren, seinen Kinderstuhl, die Wickeltasche.

Ein Stapel alter Zeitungen kann ewige Inspiration fürs Kind sein, das hier reißen und knüllen und auseinanderfalten und anschauen darf. Klar, die Druckerschwärze ist vielleicht nicht wirklich gesund. Aber das war Jonas vergleichsweise egal, angesichts der Freude seiner Tochter. Zum Ausgleich für den nicht völlig zu vermeidenden Druckerschwärzekonsum hat sie sehr gesundes Biogemüse gekocht bekommen. Dieses Kompensationsmodell ist wissenschaftlich vielleicht nicht unangreifbar. Aber man muss eben Prioritäten setzen.

Beim Spielzeug gibt es eine einfach Grundregel: Je kleiner das Kind, desto größer das Spielzeug. Gerade bei Säuglingen muss sichergestellt sein, dass sie ihr Spielzeug nicht verschlucken können. Für die ganz Kleinen ist es noch recht simpel, das richtige Spielzeug auszuwählen. Ein Mobile über der Wickelkommode, der Krabbeldecke oder dem Stubenwagen finden eigentlich alle Babys super. Dabei sollte Papa aber auf die Perspektive des Kindes achten. Wenn der Erwachsene von der Seite ein prächtiges Mobile sieht, heißt das nicht, dass das Kind von unten eine genauso schöne Aussicht hat. Von dort sieht man vielleicht nur flache Schatten, weil die farbenprächtigen Bemalungen leider nur auf der Seite der Figuren, nicht aber an der Unterseite zu finden sind. Dazu einige Spielzeuge, mit denen das Baby greifen lernen kann, eine Rassel und vielleicht noch eine Spieluhr, und meist ist das Babyglück perfekt. Schließlich hat es ja noch fünf kleine Spielkameraden an jeder Hand, eine erkundungsfreudige Zunge im Mund und Augen im Kopf, um die Welt zu bestaunen. Ansonsten gilt die schlichte Erkenntnis: Je vielfältiger ein Kind das Spielzeug nutzen kann, desto länger hat es Spaß damit. Sicher ein Hauptgrund für den Erfolg von Bauklötzen jeder Art.

Und was das Ausräumen angeht, so muss es ja nicht immer die Sockenschublade oder das Buchregal sein. Zur Abwechslung kann man dem Kind auch Rührschüsseln hinstellen, oben offen, mit Bauklötzen drin. Oder Schuhkartons, mit Deckel zum Aufklappen oder mit Loch im Deckel zum Reingreifen. Hier kann der Papa basteln und so sein ungeheures technisches Talent beweisen. Und, das ist gar keine schlechte Übung für gestandene Männer, auch echte Fantasie entwickeln. Das Kind wird es austesten. Jonas hatte so einen Deckel mit Durchgreifloch durch ein

Gummiband auf einem Karton fixiert. Seine Tochter zupfte daran, ein summendes Geräusch entstand. Fertig war das erste Musikinstrument im Leben – ganz ungeplant.

Kinder wollen raus

Eines Morgens, als er schon wacklig laufen konnte, stand Markus' Sohn so gegen halb sieben vor dem Bett seiner Eltern – in der Hand seine Straßenschuhe. Das Signal war klar: Ich will hier raus! Auf den Spielplatz, in den Park, einfach nur die Straße runter, ganz egal. Auch zu weniger abseitigen Zeiten signalisierte sein Sohn Markus gern, wann er der Meinung war, dass sie jetzt lange genug in der Wohnung gewesen seien.

Viele Kinder lieben es, draußen zu sein. Und auch die Allerkleinsten kriegen sehr schnell mit, dass es einen Unterschied zwischen drinnen und draußen gibt. Dabei muss es nicht immer der Spielplatz sein. Der wird sowieso erst für Kinder interessant, die krabbeln oder laufen können. Dann allerdings finden sie ihn meist prima. Für die Eltern kann er aber – vor allem wenn man sich keinen Mitvater oder eine Mutter zum Quatschen mitnimmt – auf Dauer wahnsinnig langweilig sein. Manchmal kann man deswegen das Draußen-unterwegs-Sein – im Sinne eines fairen Interessenausgleichs – auch sinnvoll in Papas Tag integrieren.

Ganz einfach geht das, wenn die Kinder noch so richtig klein sind und einfach nur im Kinderwagen liegen. Wer dann zu den Glücklichen zählt und ein pflegeleichtes Kind hat, der kann sich mit Freunden im Café treffen oder einfach mit einem Buch im Park hocken, während das Baby sich auf der Krabbeldecke hin und her rollt. Spätestens mit einem halben Jahr ist dann allerdings die Zeit vorbei, in der das Kind widerstandslos einfach so auf Papas Schoß hockt, während der genussvoll einen Cappuccino trinkt und ein Stück Torte verputzt. Später kam man sie dann aber zum Beispiel mit ins Einkaufszentrum nehmen – eine Einkaufswagenralley ist super. Oder Papa wäscht das Auto, während sein Kind den Fahrersitz erkundet, den es sonst immer nur von hinten sieht. Und richtig rund wird die Sache, wenn man noch andere Kinder und ihre Eltern dabei hat. So oder so, Kinder wollen raus und etwas erleben. Wer von alleine genug Programm bietet, der gerät nicht so unter Druck, wie Markus, wenn ihm sein Sohn wieder mal seine Schuhe entgegenstreckt.

Kinder erforschen unsere Grenzen

Irgendwann legte er seinen Sohn etwas unsanft ins Bett, drehte sich um und machte einfach mal die Tür zu. Zwei Stunden hatte der sieben Monate alte Säugling geschrien. Zwei Stunden hatte Markus eine Feuerwehrsirene direkt in seinen Armen gehabt. Zwei Stunden zehrte der schrille Ton an seinen Nerven. Machte ihn klitzeklein. Völlig fertig. Wütend, erschöpft und verzweifelt. Markus legte das schreiende Kind in seinen Stubenwagen und verließ den Raum. Er konnte nicht mehr. Er ertrug sein Kind nicht mehr. Er brauchte eine Pause. Fünf Minuten reichten dann auch, dann war Markus wieder bereit und nahm den Kleinen auf den Arm.

Was war los? Das Kind war krank, nichts Bedrohliches. Irgendein Infekt, der am nächsten Tag schon fast überstanden war. Einer, wie ihn Kinder nach der Stillzeit oft – sehr oft – haben. Ähnliche Tage und Nächte haben Markus und seine Freundin erlebt, als ihr Sohn zahnte, sie ihn abstillten, und manchmal haben sie den Grund für das Geschrei auch nie rausgefunden. Gerade Babys haben ein sehr begrenztes Repertoire an Mitteilungsmöglichkeiten. Und eine ganz wichtige ist ihr Geschrei. Weil sie müde sind. Weil sie hungrig sind. Weil sie krank sind. Weil sie da sind.

Kinder können einem ganz schön auf die Nerven gehen. Sie erforschen nicht nur ihre Grenzen, manchmal tun sie das auch bei denen ihrer Eltern. Wenn sie ganz klein sind mit ihrem ständigen durchdringenden Gebrüll, wenn sie etwas größer sind mit ihren Wutanfällen über die eigene Begrenztheit. Markus' Sohn hatte mit etwa anderthalb eine Phase, in der er ständig Heul- und Schreianfälle kriegte. Weil Mama gegangen war, weil Papa alleine ins Bad wollte, weil das Essen machen zu lange dauerte, weil er lieber Nachtisch als Gläschen wollte, weil, weil, weil. Ungefähr 30 Mal am Tag ging das Gebrüll los.

Das ist nun gar nichts Besonderes – und doch fand auch Jonas in vergleichbaren Situationen es wichtig, sich zur Not eine kleine Auszeit zu nehmen. Um einmal durchzuatmen – und sich daran zu erinnern, dass das Baby nicht mit Absicht den Nervtöter spielte. Dass man das Kind liebt wie sonst nichts auf der Welt. Und dass Schwerhörigkeit als Folge von Kindergebrüll eben dieses Gebrüll auf Dauer doch auch erträglich machen muss.

Kinder erforschen die Wohnung

Irgendwann fängt das süße Wesen an zu krabbeln und die ganze Wohnung zu erforschen. Was erst große Freude auslöst, ziemlich schnell aber auch einiges Entsetzen. Denn jetzt muss man nicht nur aufpassen, dass auf der kleinen Spieldecke des Babys keine halbvollen Bierflaschen oder kostbare Kuchenteller aus Uromas Erbmasse liegen – das hat man bislang gerade noch so hinbekommen. Jetzt muss für das Krabbelkind der Fußboden im ganzen Zimmer, ja sogar im größten Teil der Wohnung oder des Hauses immer frei sein von Gefahren. Dazu gehören die Putzmittel unter der Spüle genauso wie der scharfkantige Couchtisch.

Kaum hat man dann den Boden gesichert, entdecken die Kleinen die dritte Dimension und streben nach oben. Erst ziehen sie sich am Blumentopf hoch, dann am Regal und kommen an das erste Brett, dann wachsen sie und kommen an das zweite Brett. Wenig später folgt der Griff auf die sicher geglaubte Tischplatte.

Deshalb haben junge Eltern, wenn ihr Baby zu krabbeln beginnt, zwei Möglichkeiten. Sie entscheiden sich für den Teilrückzug: Packen alle schlechten Bücher ins unterste Regal, später muss dann das zweite Brett gesichert werden und so weiter. Oder, das ist die zweite Möglichkeit, sie ergreifen vorauseilende Sicherungsmaßnahmen. Wenn also das Kind sich zum ersten Mal vom Rücken auf den Bauch rollt, montiert man sicherheitshalber in der Küche schon mal ein Schutzgitter vor die Herdplatte.

Markus und seine Freundin haben sich zunächst für einen Teilrückzug entschieden. Sie räumten alles Lesenswerte aus dem untersten Regalfach und füllten es mit schlechten Krimis. Dass ihr Sohn wachsen und bald an das zweitunterste Regalfach kommen würde, bedachten sie nicht; ebenso wie sie offenbar glaubten, der Knirps würde nie kräftig genug sein, um allein Schubladen zu öffnen und sich dann die Finger darin zu klemmen. Später nahmen sie sich dann doch mal an einem Wochenende konzentriert die Wohnung vor und sicherten sie auch über den Tag hinaus. Danach mussten sie tatsächlich recht selten noch mal nachrüsten. Etwa als der Kleine mit der Hand gefährlich nah an die Herdplatte kam oder über einen Stuhl die höher gelegenen Steckdosen plötzlich erreichen konnte.

Für Jonas hingegen war es eigentlich kein Grund für viele Veränderungen, dass das Kind die Wohnung erkundete. In alle Steckdosen hatte er Schutzdeckelchen gestopft, das schon. Denn seine Tochter leckte alles, aber auch wirklich alles Erreichbare mit solcher Inbrunst ab, dass Jonas ernsthaft fürchtete, sie könnte eine Steckdose derartig einspeicheln, dass ein Stromschlag die Folge wäre. Vor die Herdplatten aber montierte er kein Schutzgitter, sondern kochte fortan nur noch auf den hinteren Platten – und brachte als Warnung zugleich seiner Tochter eines ihrer allerersten Wörter bei: »Heissss!« Die Putzmittel ließ er im Schrank unter der Spüle, und statt eine Sicherung zu montieren, knotete er einfach ein Geschirrhandtuch durch die Griffe der beiden Schranktüren. Das hielt sehr gut.

Wenn Elektronik ins Visier des Nachwuchses gerät, muss die schöne Stereoanlage irgendwo ganz nach oben gestellt oder endlich ein hässlicher verschließbarer Hi-Fi-Schrank angeschafft werden. Das Telefon allerdings will niemand wegsperren. Hier haben die Eltern die Gelegenheit, früh eine immer wieder benötigte Tugend einzuüben: Gelassenheit. Ist es wirklich so schlimm, wenn das olle Telefon irgendwann kaputtgeht? Wobei natürlich sichergestellt werden muss, dass der Forscherdrang auch hier nicht zum Verschlucken von Kleinteilen führt. Und dass die Tastensperre aktiviert ist, damit das Baby nicht kostenträchtig mit Hongkong telefoniert – oder der noch viel teureren Service-Hotline der Deutschen Bahn.

Ansonsten muss das Kind irgendwann mal die Bedeutung eines »Nein!« lernen, und Jonas hat sehr gute Erfahrungen mit der Durchsetzung von exakt zwei Verboten gemacht. Das war der große Blumentopf der Bananenpalme im Wohnzimmer, und es waren die Mülleimer in der Küche. Wie es in dem Kind arbeitete, wenn es dennoch etwas Verbotenes haben wollte, war immer wieder großartig anzusehen. Jonas' Tochter setzte sich manchmal in Reichweite des Blumentopfes hin und betrachtete ihn sehnsüchtig, wohl wissend, dass er tabu war. Wobei Jonas ein besseres Gefühl hatte, wenn er Verbote immer auch ausdrücklich begründete (»Wenn du die Erde in den Mund steckst, kannst du davon Bauchweh kriegen«). Weil das Kind sich ernst genommen fühlen kann, selbst wenn es kaum ein Wort versteht. Und weil die Begründungspflicht einem selbst vielleicht klarmacht, dass das geplante Verbot gar nicht unbedingt nötig ist. So wie das kurzfristig erwogene Verbot, mit Schuhen zu spielen. Klar sind die superdreckig. Aber sobald das Kind nicht mehr alles komplett ableckt, sind sie auch ein super Spielzeug.

Markus ist beim Schutz der Zimmerpflanze allerdings kolossal gescheitert. Jede Maßnahme, um den Blumentopf zu schützen, hatte sein Sohn beharrlich so lange zu umgehen versucht, bis er den Schutz geknackt hatte. Immerhin: Das macht dann hoffentlich schlau. Gehört ja alles mit zum großen Forschungsprogramm.

Die Kinderperspektive einnehmen, um Sicherheitslücken zu entdecken. Buchstäblich: Runter auf den Bauch und prüfen, was erreichbar ist. Lieber einmal alles ordentlich verstauen, als ständig dem Kind hinterherzuhecheln. Und dann darauf gefasst sein, dass es trotzdem weiter Aha-Momente gibt. Im Zweifel hilft die Ein-Meter-Regel: Alles, was nicht kaputtgehen soll, pauschal einen Meter nach oben befördern.

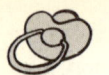 **Kurse besuchen**

Babyschwimmen und Babymassage, Musik, Yoga, Pekip: Es gibt zumindest in Großstädten massenweise Kurse für Kleinkinder. Manche wirken arg esoterisch – wobei das Kürzel Pekip sich dem Vater, ist er einmal eingetaucht in die neue Welt der Kinderbesitzer, rasch enträtselt als »Prager Eltern-Kind-Programm«. Was sich wiederum übersetzen lässt als kreative Krabbelgruppe für Nackedeis. Nun mag das mancher Mann alles als Schnickschnack betrachten, und er mag damit vielleicht sogar Recht haben. Aber die Kurse sind guter Schnickschnack. Kinder brauchen Kurse. Nicht zur Selbstoptimierung in der Konkurrenzgesellschaft, als Vorbereitung auf Führungsfunktionen im internationalen Management. Sondern als Anregung, für sich und für ihre Papas. Und, ganz einfach und vor allem, als Abwechslung im Alltag – vielleicht sogar noch mehr für ihre Papas als für die Kinder selbst.

Als Jonas sich das erste Mal in einem überheizten Raum auf den Boden hockte und gemeinsam mit fünf Müttern sechs nackten Babys beim Herumkugeln zwischen Pappschachteln zusah, kam er sich schon etwas seltsam vor. Und als auch beim dritten Treffen nicht wesentlich mehr geschah als eben dies, grummelte er innerlich, bei so einem Kurs müsse man doch mehr lernen. Dann aber wurde er ein Fan des Pekip. Und begriff, dass der Kurs eben für seine Tochter da war, nicht für ihn. Das Wichtigste dabei: Das Kind traf andere Kinder. Beguckte und belauschte und betatschte sie. Lernte außerdem ein paar Standardlieder kennen, etwa gegen Ende jedes Treffens das »Alle Leut', alle Leut', gehen jetzt nach Hause …«. Und bekam die Gelegenheit, eigens aufgebaute schräge Ebenen zu erklimmen. Wobei Jonas die dann natürlich zu Hause nachbaute. So dass am Ende doch auch er was von dem Kurs hatte; auch durch den lebhaften Austausch mit den Müttern über

Einschlafrituale und Fütterprobleme. Die Kinder machen in den Kursen all das, was sie auch zu Hause machen: Experimentieren, wiederholen, Pause machen, traurig sein, sich freuen. Das alles aber gewissermaßen in konzentrierter Form. Wobei nicht nur die Konzentration der neuen Erfahrungen auf eineinhalb Stunden für Jonas' Tochter ganz gut war, sondern auch die Form, nämlich das Hingehen und Weggehen, das Begrüßen und Verabschieden. Dafür braucht das Kind zwar vielleicht keinen Kurs. Aber wenn Papa sowas ganz allein zu Hause inszenieren würde, wäre das etwas aufwendig. Und ziemlich albern.

Es kommt also gar nicht so auf die Kursinhalte an, jedenfalls nicht für das Kind, könnte man sagen. Bei dem Babyschwimmen allerdings, zu dem Jonas ein paar Mal mit seiner Tochter gegangen ist, war der Kurs so doof – da half alles nichts. Theoretisch ist Babyschwimmen eine prima Sache. Das Kind erlebt durch das Anströmen des Wassers beim Hin-und-her-Schwenken auf Papas Arm im pipiwarmen Becken ein neues Körpergefühl, und Plantschen kann man im Schwimmbad doch noch mal ganz anders als daheim in der Babywanne. Praktisch aber beschränkte sich die Leiterin dieses Kurses aufs Beaufsichtigen der dumm im Becken rumstehenden Baby-auf-dem-Arm-Halter. Und unterbrach dies nur durch wenig lustige Witzchen für die Erwachsenen sowie, noch übler, durch das Anstimmen einiger Lieder, die sie mangels Kenntnis von Text oder auch nur Melodie dann stets gleich wieder abbrechen musste. Es war langweilig. Und zwar auch für die Kinder. In anderen Babyschwimmkursen gab es tolle Spiele, das wusste Jonas, umso mehr verdross ihn der Kurs im Schwimmbad bei ihm um die Ecke. Statt ausgerechnet als fast einziger Mann in der Gruppe den Zeigefinger zu erheben und Verbesserungen einzufordern, gab er dann einfach auf. Und vertraute darauf, dass seine Tochter auch ohne Babyschwimmen später Hochseefischerin oder Olympiasiegerin in 200-Meter-Freistil werden könne. Wenn sie das denn wirklich will.

Yassin dachte, »Musik entdecken für Kleinkinder« (so der Aushang im Supermarkt) wäre etwas für sein Töchterlein. Den Schmerz über die Auflösung seiner glorreichen Schulband hatte er nie ganz überwunden, der Anblick einer E-Gitarre löste immer noch ein leichtes Ziehen im Brustkorb bei ihm aus. Allerdings war der Kurs dann doch eine gewisse Überraschung. Nicht, weil niemand seiner Tochter eine E-Gitarre umhängte. Sondern weil die Kursleiterin von den acht Monate alten Kindern allen Ernstes erwartete, dass sie erst dann auf die Trommel hauten oder in die Tröte husteten, wenn die ihnen vorher zugeteilte Strophe eines Lieds an der Reihe war. Wo sie dann exakt einmal – und bitte an der richtigen Stelle – Bing oder Bong oder Tröt machen sollten. Das wäre wohl eher eine Übung für die Vorschule gewesen. Yassins Tochter jedoch war das total egal. Sie musste sich, anders als die Eltern, nicht fremdschämen, wenn der Plan der Kursleiterin jedes Mal scheiterte. Die Kinder lutschten an Rasseln, hieben sich Gummiklöppel über die Rübe und torkelten zum Singsang der Kursleiterin munter umher. Mit anderen Worten: Für sie war der Kurs in Ordnung. Auch hier zeigt sich, dass es wirklich schlechte Kurse kaum gibt. Oft allerdings gibt es bessere. Wer die finden will, muss länger suchen und andere Eltern fragen, deren Kinder schon etwas älter sind.

Ersatzweise bleibt die Lösung: Selber machen. Zwei oder drei Väter oder Mütter samt Nachwuchs überzeugen, vor allem von der Regelmäßigkeit der Treffen jede Woche. Und dann sich gemeinsam vor den manchmal staunenden, manchmal gleichgültigen Kindern zum Affen machen, mit Glockenspiel und Kaffeedosentrommel und schiefem Gesang. Einen schlechten Kurs kriegt man auch allein hin.

Und die Kinder machen sowieso, was sie wollen.

KAPITEL 10

Kleine Fluchten

Köln, Belgisches Viertel, die Kneipe heißt Alcazar, 50 Leute passen rein, 200 sind drin. Die Musik ist zu laut zum Unterhalten, die Luft zu schlecht zum Atmen. Karneval nennt sich der Spaß und ist für Rheinländer die heiligste Form der Seelenreinigung. 600 Kilometer mit der Bahn von Berlin und zurück ist Markus gefahren, um einmal so wie früher zu feiern. Einen Tag Urlaub hat seine Freundin genommen, um sich ein langes Wochenende lang alleine um den gemeinsamen Sohn zu kümmern. Das sind die Kosten dieser kleinen Flucht aus der Vaterschaft. Der Ertrag: Markus hat nach der Feierei wieder Lust auf seine Vaterrolle. Die Vorfreude auf seinen Sohn während der Zugfahrt zurück nach Berlin ist beinahe so groß wie sein Kater.

Das Leben mit Kind ist überwältigend. Trotzdem gibt es den einen oder anderen Teil des früheren Lebens, den man vermisst. Den sollte man sich zurückholen – zumindest gelegentlich. Solange man es damit nicht übertreibt, ist es nicht einmal nötig, ein schlechtes Gewissen beim Planen oder gar Ausleben seiner kleinen Fluchten zu haben. Markus' Karnevalsbeispiel zeigt: Auch das Kind profitiert, wenn Papa kontrollierte Ausbrüche erleben darf. Klar: Gerade in der ersten Phase des Lebens als Familie zieht man sich zurück, igelt sich ein, kümmert sich nur um sein Kind. Doch irgendwann kommt eben wieder die Lust, zu sehen, was draußen so los ist. Niemand ist nur Vater. Jeder von uns ist auch Jogger, Tänzer, Cineast, Fußballfan, Fußballspieler oder einfach nur Thekenschwätzer. Genauso wenig, wie moderne Frauen bereit sind, sich allein über ihre Mütterrolle zu definieren und definieren zu lassen, sollten Väter, die Kinder betreuen, sich auf die Paparolle reduzieren lassen. Natürlich sind Kinder das Größte. Aber man kann mit ihnen (noch) kein Bier trinken, sie haben keine Ahnung, dass der FC Köln super ist. Sie können einen Italo-Western nicht von einem Zombieschocker unterscheiden und wollen das neue iPhone nur in den Mund stecken.

Natürlich genießen wir die Zeit mit unseren Kindern und lieben sie. Aber im Idealfall haben wir das glückliche Gefühl, dass sie unser Leben bereichern – und nicht, dass die Kleinen uns alles, was uns vorher beschäftigt und erfreut hat, stehlen.

Hinzu kommt: Auszeiten erlauben Eltern, die Last der Verantwortung kurz beiseite zu schieben. Die Publizistin Barbara Sichtermann hat das Elternsein als das »Prinzip ständig« beschrieben. Väter im Dienst haben nie wirklich Pause. Das Kind könnte jeden Moment aufwachen, etwas in den Mund stecken, was es nicht soll, auf eine steile Treppe zusteuern, das Atmen einstellen. Ständig ist Alarmstufe gelb. Das macht einen auf Dauer klitzeklein. Auch deshalb brauchen Eltern Pausen von der Elternschaft.

Mit anderen Worten: Auch Väter, die Kinder betreuen, sollten von Zeit zu Zeit einfach mal nicht Vater sein. Wie diese kleinen Fluchten, die zu diesem Zustand verhelfen, beschaffen sind, wie lange sie dauern, wie oft man sie sich gönnt: All das hängt natürlich auch vom individuellen Naturell ab und ist Verhandlungssache innerhalb der Beziehung. Sicher aber ist: Diese Fluchten können ganz verschiedenartig sein. Väter können alleine fliehen oder zu zweit. Sie können sogar mit Kind fliehen und trotzdem einen Freiheitsgewinn erleben. Sie können, wie Markus, für ein paar Tage fliehen – oder es eher wie Yassin handhaben und sich alle zwei Tage für eine Stunde aus dem Staub machen.

 ## Fliehen allein

Es muss nicht immer das lange Wochenende ganz ohne Familie sein oder die große Oper mit Festschmaus, ganz allein mit dem Partner oder der Partnerin. Der Alltag bietet viele kleine Fluchten – Hauptsache, das Kind ist nicht dabei. Prinzipiell sollte man jede Gelegenheit nutzen, die sich bietet. Die Bahn hat wieder Verspätung? Egal. Wer langsamer fährt, kann länger lesen. Selbst alltägliche Dinge können zu kleinen Wellness-Events werden. Der Spaziergang zum Bierholen, das Auto zur Waschanlage bringen und dabei laut Musik hören, ja selbst das stundenlange Warten auf dem Flur vom Jugendamt kann plötzlich erstrebenswert sein, solange man eine Zeitung dabei hat – und kein Kind.

Als Markus noch arbeitete und seine Freundin zu Hause auf das kleine Baby aufpasste, hatte er einmal eine wirklich fiese Erkältung auf der ersten Dienstreise nach der Geburt auskuriert. Die Tatsache, dass er in einem Hotelzimmer alleine eine ganze Nacht durchschlafen konnte, reichte völlig aus. Man muss es ja nicht gleich so weit treiben wie ein Bekannter von Yassin, der in den ersten Monaten nach Geburt seines Sohnes Dienstreisen erfand. (Nein, die Sache kam nie ans Licht.)

Mit Freunden fliehen

Ganz wichtig beim Fliehen: Freunde nicht vergessen. Vor allem die ohne Kinder. Die anderen sieht man auch so oft genug – und vor allem bietet nur die erste Sorte eine ernstzunehmende Chance, dass sich das Gespräch nicht einzig und allein um Windeln, Kita-Plätze und Impfideologien dreht. Markus' erste erfolgreiche Flucht aus der Vaterrolle war ein Abend mit einem schwulen Freund, den er seit Monaten nicht mehr gesehen hatte. Es war wie ein Kurzurlaub: Sushi essen und dabei über Japanreisen reden, Bier trinken und über neue Handys sprechen, über alte Kollegen aus gemeinsamen Jobzeiten lästern, sich über die neue Liebe informieren lassen. Halt einen Abend verbringen, so wie es war, als es noch kein Kind gab. Ein gezielter Ausbruch aus dem Kinderkacke-Kosmos – dafür sind kinderlose Mitverschwörer die beste Garantie.

Flucht ankündigen

Anders als etwa bei einem Gefängnisausbruch ist es unter Eltern eher förderlich, die Flucht vorher anzukündigen. Denn die Zeit für kleine Fluchten fällt meistens nicht von alleine ab. Sie muss mit der Partnerin und anderen Betreuungspersonen fest vereinbart werden und gehört idealerweise wie jeder andere Termin in den Kalender. Wenn Papa nicht in den Kalender einträgt, dass er samstags joggen geht, wird Papa halt ein kurzatmiger dicker Klops.

Ebenso schlecht ist es, die kleinen Fluchten zur Manövriermasse im Kalender zu machen. Wer donnerstags »laufen gehen will, falls es passt«, kann sich gedanklich getrost schon mal in die Schlange an der Supermarktkasse einreihen.

Familienkalender an einer zentralen
Stelle aufhängen. Jeder sollte seine
Spalte haben. Alle Termine eintragen!
Eingetragene Termine verbindlich behandeln!

Die Win-Win-Flucht

Zeit ist bei jungen Eltern meist noch viel knapper als Geld.
Wer da mit dem Wunsch nach Freizeitaktivitäten – und das
regelmäßig – auf seine Partnerin zukommt, hat oft entweder schon vorher schlechte Karten oder wenigstens nach-
her ein schlechtes Gewissen. Viel besser ist ein Geschäft
auf Gegenseitigkeit. Ich mach donnerstags Hallenfußball
mit den Jungs, du mittwochs deine Schwimmgruppe. Mehr
Win-Win geht kaum: Das schlechte Gewissen ist beruhigt,
die tollste aller Frauen ist zufrieden und Papa kann sowohl
donnerstags kicken gehen als auch mittwochs vorm Fernseher hocken (Fernsehprogramm und Champions-League-
Spielplan beachten!).

Eine Stunde Freigang

Noch einen Tick radikaler ist das Modell, dass Yassin und
seine Frau durchzuziehen versuchen; man könnte es die
Blanko-Flucht nennen: Immer täglich abwechselnd darf
jeder der beiden eine Stunde lang tun und lassen, was er
oder sie will. Es müssen auch keine Fragen dazu beantwortet werden, denn Teil des Gefühls einer erfolgreichen
Flucht ist ja auch die Illusion: Ich bin allein, niemand weiß,
wo ich bin und was ich gerade mache.

Sicher, eine Stunde ist nicht viel. Aber es reicht für die *Zeit* im Café, für das lang aufgeschobene Telefongespräch mit dem besten Freund in der anderen Stadt, eine kleine Runde beim Lieblingscomputerspiel, für die schnelle Bratwurst, wenn der Nachbar die Grillsaison eröffnet, für ein ganzes Kapitel am Stück aus dem superspannenden Spionagethriller, der einem abends sonst immer nach zwei Seiten im Dämmerlicht aus der Hand fällt, ohne dass man sich am nächsten Tag an etwas erinnern könnte. Und manchmal geht es ja auch nur darum, sich einmal in Gedanken in der Kneipe mit sich selbst zu unterhalten: Was willst du eigentlich nach der Elternzeit machen? Wie stellst du dir dein Leben mit Kind oder Kindern in fünf Jahren vor? Sollen wir die Eigentumswohnung mit dem kleinen Garten wirklich kaufen?

Es ist ja nicht die körperliche Beanspruchung, welche die Elternzeit manchmal so anstrengend erscheinen lässt. Es ist das permanente Gefühl: Mich gibt es nicht mehr im Singular. Ich bin immer zu zweit, ich muss mich die ganze Zeit um jemand anderes kümmern und niemals nur um mich. Manchmal reicht es zur Erholung deshalb schon, einfach für eine Stunde von der Verantwortung für den Nachwuchs entbunden zu sein und etwas Zeit ohne schlechtes Gewissen in Alarmstufe Grün verbringen zu dürfen.

Und weil es also nicht immer nur um Entspannung, Wellness und das Nachholen von Exzessen geht, kann es sogar befriedigend sein, die freie Zeit dafür zu nutzen, etwas zu erledigen – solche Dinge nämlich, die nach der erfolgreichen Familiengründung wegen der neuen Prioritätenlage unausweichlich so weit nach unten gerückt sind, dass man sie fast schon vergessen kann. Seit dem sechsten Schwangerschaftsmonat ist das Fahrrad kaputt. Jetzt ist die Zeit, sich ranzusetzen – nur für sich und das gute Gefühl: Wenn der Frühling kommt, bin ich gewappnet.

Hobbys erfinden

Wer noch kein Hobby hat, sollte sich spätestens als Vater eines zulegen. Nicht trotz, sondern wegen des Kindes. Jonas hat sich in einem Verein für Flüchtlingshilfe als Mentor für eine kurdische Asylbewerberin engagiert. Es mag im ersten Moment irritierend klingen, aber für Jonas war das in der Tat ein Freizeitausgleich zum Vaterdasein. Es ist wichtig, sich selbst dazu zu zwingen, die Welt außerhalb der eigenen Kleinfamilie wahrzunehmen. Das kann der klassische Fußballverein sein oder das Chor-Projekt mit dem hohen Ziel der Weihnachtspassions-Aufführung. Was es ist, ist fast egal. Wer sich gemeinnützig engagiert wie Jonas, der hat das befriedigende Gefühl, dass er gebraucht wird, auch jenseits seiner Verpflichtung als Vater. Und wird daran erinnert, dass es Menschen gibt, die echte Probleme haben – im Vergleich zu seinen kleinen familiären Scheinproblemen. Doch, das ist befriedigend. Und wichtig für die Seelenhygiene.

Das Prinzip Semi-Distanz

Es gibt freilich auch Kompromissvarianten, denn nicht in jeder Beziehung fällt der Vorschlag auf fruchtbaren Boden, sich in der knappen freien Zeit auch noch für Dritte zu engagieren. Hier kann das Prinzip Semi-Distanz hilfreich sein: Zeit investieren in Aktivitäten, die unmittelbar dem eigenen Kind zugute kommen, aber dennoch Freiräume bedeuten. Zum Beispiel sich gegen eine herkömmliche Kindertagesstätte und für den Kinderladen einer Elterninitiative zu entscheiden, zumindest in einer Großstadt ist das eine veritable Option. Dann können Väter am Wochenende oder nachmittags in den Räumlichkeiten der Einrichtung mit anderen Eltern den Hammer oder den Pinsel schwingen. Oder man hat vielleicht einen Garten und diesen zum Hobby. Der Ertrag: Zeit mit sich selbst an der frischen Luft, perfekt zum Nachdenken und durchatmen. Und niemand wird Verlangen, gefälligst beim Hantieren mit der Heckenschere das Kind ins Tragetuch zu nehmen.

Fliehen zu zweit

Die wichtigste aller Fluchten ist die Flucht zu zweit. Nicht immer muss hierfür der teure Babysitter organisiert werden. Oft reichen gemeinsame Rituale, die Abstand zum Kind herstellen.

Kino zu Hause

Auch wenn Baby im Nebenzimmer vor sich hin schnarcht, kann der freitägliche Videoabend mit einem Bildschirm voller explodierender Autos, einander verzweifelt suchender Liebender oder auch quasselnder Stadtneurotiker die Gedanken entführen, gerade im ersten Jahr mit dem Kind. Jeder hat Filme, die er »schon immer mal« sehen wollte – in den DVD-Serien von *Spiegel* oder *Süddeutscher Zeitung* gibt es genug von der Sorte. Und nach dem Ansehen fühlt man sich gut: Bildungslücke geschlossen. Oder die Filme, von denen man vor ein paar Monaten die Feuilletonkritik gelesen hat, aus unerfindlichen Gründen seit Geburt des Kindes den Kinobesuch aber nicht geschafft hat. Hier hilft die Videothek um die Ecke. Das ist dann was anderes, als aus Müdigkeit vor der Glotze hängen zu bleiben und zu schauen, was gerade kommt. Wenn das Kind doch mal quäkt, kann man den Film außerdem anhalten, statt sich übers Verpassen der besten aller Verfolgungsjagden zu ärgern.

Und falls das Kind noch etwas häufiger aufwacht, also vor allem in den ersten Wochen nach der Geburt: TV-Serien auf DVD besorgen! Eine Folge dauert meistens knapp unter einer halben Stunde. Wenigstens eine Folge kriegt man so selbst mit Schreikind geschaut – und hat dann immerhin ein kleines Erfolgserlebnis, vielleicht sogar ein größeres, als wenn man den 90-Minüter nicht zu Ende schafft.

Jonas und seine Freundin, sonst leidenschaftliche Köche, haben zum Film dann immer ausnahmsweise was Leckeres beim Chinesen oder Inder bestellt. Auch hier gilt das Stichwort: Kurzurlaub. Ja, das ist spießig. Ja, das ist Trash. Na und? Es funktioniert. Und wenn es nicht mehr funktioniert, dann muss man den Mut haben, ein Ritual auch wieder abzuschaffen.

Babysitter rein, Eltern raus

Ab und zu sollten sich die jungen Eltern aber auch zwingen, abends zu zweit das Haus zu verlassen. Zu zweit! Nicht immer nur Freunde besuchen, schön zum gemeinsamen Essen und zum Reden über die Kinder. Doch, das geht. Man muss sich einfach früh eine Babysitterin oder einen Babysitter besorgen.

Jonas und seine Freundin haben so lange unter Kollegen rumgefragt, bis sich eine fand, deren Freundin eine Abiturientin als Tochter hatte, die fürs Au-Pair-Jahr in den USA Geld verdienen wòllte. Vergleichsweise junge Babysitter haben den Vorzug, dass sie den Job wirklich ernst nehmen und dass 25 Euro für einen Abend eine Menge Geld für sie sind. Wer früh einen Babysitter oder eine Babysitterin hat, gewöhnt das Kind zudem beizeiten daran. Das ist nicht herzlos, sondern eine Überlebensfrage. Für beide, Eltern und Kind. Denn die kleinen Fluchten der Eltern, das ist die Rechtfertigung, nutzen auch dem Nachwuchs. Entspannte Eltern sind bessere Eltern.

Wer dann allerdings loszieht und mit der Kombination Rockkonzert-Sternelokal-Tanzengehen ein halbes Jahr Babydienst an einem einzigen Abend ausgleichen will, der scheitert. Wer bis drei Uhr morgens durchmacht und drei Stunden später vom entsetzlich wach krähenden Kind geweckt wird, der schwört sich, nie wieder auszugehen.

Deshalb, ganz banal – aber ganz wichtig: Erreichbare Ziele setzen. *Eine* Sache aussuchen und sich dafür Zeit nehmen. Und nicht, nicht, nicht übers Kind reden. Das Handy darf den Abend über eingeschaltet bleiben, damit die Babysitterin die niemals eintretenden Katastrophen melden kann.

Schieben und schieben lassen

Manchmal ist es außerdem gar nicht nötig, gleich einen teuren Babysitter zu organisieren. Gerade kleine Babys vor der Fremdelphase lassen sich oft anstandslos auch von Freunden der Eltern betreuen, abends oder auch beim vormittäglichen Ausflug mit dem Kinderwagen. Ist eingeplant und abzusehen, dass die Kinder den Großteil der Tour ohnehin schlafend verbringen werden, gibt es praktisch keinen Grund, auf diese Fluchtmöglichkeit zu verzichten. Gar nicht selten fragen Freunde einen nach der Geburt, ob und wie sie sich nützlich machen können. Warum nicht sagen: »Klar, komm morgen um elf vorbei, ich würde mich freuen, wenn du das Kind eine Stunde durch die Gegend schiebst. Es wird eh schlafen! Und ich kann dann mit meiner Freundin endlich einmal eine Stunde alleine auf den Flohmarkt!« Oder man bittet sie, aus Anlass des nächsten Geburtstages keine CD, sondern Zeit zu schenken – etwa, indem sie einen Abend auf das Kind aufpassen. Wirkliche Freunde haben mit einem solchen Arrangement kein Problem. Natürlich sollte man vorbauen: Damit sie sich nicht ausgenutzt fühlen, empfiehlt es sich, den Freunden bei anderer Gelegenheit zu zeigen, dass einem nicht nur wegen ihrer Schiebequalitäten an ihnen gelegen ist! Wenn im Freundeskreis dicht hintereinander gleich mehrere Kleinfamilien gegründet werden, dann sollte man unbedingt den Mut haben, offensiv das wechselseitige Babysitten anzubieten. Anfangs haben zwar viele junge Eltern noch Angst, ob außer ihnen noch sonst jemand auf dem Planeten den Schlaf ihres Kindes bewachen kann. Oder sie haben Sorge, anderen zu nahe zu treten. (»Vielleicht wollen die gar nichts ohne Kind unternehmen und sind total glücklich, immer zu Hause zu sein?«) Aber auf Dauer sollte der Pragmatismus siegen – und abwechselnd dem einen oder anderen Paar einen freien Abend verschaffen. Mit ziemlicher Sicherheit wird man dann feststellen, dass man offene Türen einrennt.

Sex

Wenn die wichtigste aller Fluchten die Flucht zu zweit ist, dann ist der Sex womöglich die wichtigste der Fluchten zu zweit. Nie ist man so wenig Papa und Mama wie bei dem Akt, der einen erst dazu gemacht hat. Jede Beziehung ist anders, doch alle Babys sind – in einem Punkt – gleich. Sie nehmen keine Rücksicht. Und sie wachen früh auf. Niemand will Sex planen, Eltern aber müssen es manchmal. Oder sie werden zu geschlechtslosen Wesen.

Also planen wir. Mama ist müde, Mama muss endlich mal ihre E-Mails überprüfen, Mama hat morgens mit Kind auf dem Schoß noch nicht mal die Zeitung lesen können. Hier sind Grips und Verführungskünste gefragt. Der morgendliche Kuschelsex fällt schon mal aus. Der kindliche Mittagsschlaf mag Gelegenheiten bieten, aber verlässlich ist allein der Abend. Für das hehre Ziel darf Papa sich jetzt ruhig lächerlich machen. Teelichter ins Regal stellen, die entkorkte Weinflasche neben das Bett, die Soul-CD in die Stereoanlage schieben, unaufgefordert den Heldenkörper entblößen. Mehr als schiefgehen kann es nicht. Es wird sogar des Öfteren schiefgehen. Geht aber alles gut, so gibt es wenigstens für ein paar kostbare Minuten nur zwei, Mann und Frau. Wie früher. Vielleicht sogar besser.

Und wieder gilt hierbei, so nervtötend es auch klingt: Erreichbare Ziele setzen. Wer nur zweimal im Jahr den Beischlaf wagt, dann aber auch ganz bestimmt Sterne vor den Augen flimmern sehen will, wird vom Ergebnis möglicherweise enttäuscht sein. Besser ist: Sich und der Gefährtin keine Wunder versprechen, sondern einen Moment der Innigkeit. Dann werden die Erwartungen vielleicht übertroffen. Und ganz pragmatisch: Erst vögeln, dann Entenbrust essen und reden, gern auch im Bett. Macht man es andersrum, obsiegt die Müdigkeit, dieser treue Begleiter junger Eltern.

Niemals darf man besonders als Mann die goldene Regel vergessen: Zärtlichkeit gegenüber der Gefährtin geht dem Geschlechtsverkehr voraus. Es funktioniert nicht, wenn Papa eben noch dem Baby den Gutenachtkuss auf die Wange schmatzt und gleich darauf seiner Herzensdame an die Brust fasst. Das wirkt seltsam, wenn nicht pervers. Junge Väter sollten sich auch im Alltagsstress daran erinnern, dass sie und ihre Frau außer Eltern eben auch ein Liebespaar sind. Ein Wuscheln durchs Haar, ein Rückenstreicheln zur rechten Zeit ist Voraussetzung für die kleine Flucht in den Sex am Abend darauf.

Dies ist möglicherweise der richtige Moment für einen weiteren Rat: Von Zeit zu Zeit überprüfen, ob man in Kapitulation vor der zweibeinigen Dreckschleuder, auf die Papa da jeden Tag aufpasst, möglicherweise seine persönlichen hygienischen Standards bereits unverantwortlich weit nach unten geschraubt hat. Wenn ja, dann sich klarmachen, dass Väter zwar sexy sein können, es aber sicherlich hilft, wenn man dabei auch noch gepflegt aussieht – also einem der Karottenbrei-Rest nicht mehr in den Haaren hängt, der Spielplatz-Sand nicht gleich aus der Unterhose rieselt und man den Schlabberpullover ausnahmsweise mal gegen ein reines Hemd getauscht hat.

 Fliehen mit Kind

Ja, das geht auch. Natürlich kann man sich nicht so richtig schön betrinken, wenn das Kind dabei ist. Raucherkneipen scheiden ebenfalls aus. Und ein Stadion ist vielleicht auch nicht ganz das Richtige. Aber für Minifluchten bleiben auch mit anwesendem Kind Gelegenheiten genug. Na ja, vielleicht nicht genug. Aber mitnehmen sollte man sie schon.

Spazierengehen mit Café

Elternzeit bedeutet auch: Routine. Daran ist erst einmal nichts Schlimmes, schließlich müssen die kleinen Kinder ja auch lernen, sich am Tagesablauf zu orientieren. Und im Sinne des Aufspürens von Fluchtmöglichkeiten ist ein regelmäßiger Ablauf sogar von Vorteil.

So spricht zum Beispiel wenig dagegen, mit einem im Kinderwagen schlafenden Kind gelegentlich einen Boxenstopp im Café einzulegen. Vor allem, wenn es regnet, ist nicht einzusehen, warum der nicht auch eine halbe Stunde dauern darf. Frische Luft bekommt das Kind genug, auf dem Weg ins Café und auf dem Weg zurück. (Es wäre deshalb wirklich nicht fair, das Café im Erdgeschoss des eigenen Hauses zu wählen.) Zeitung lesen, vielleicht mit dem mitgeschleppten Laptop ein bisschen im Internet surfen, Briefe schreiben, Lottoscheine ausfüllen: All das lässt sich in einer halben Stunde oftmals hinkriegen.

Das Kind als Fitnesstrainer

Früher mal sportlich gewesen? Irgendwas fehlt ohne das tägliche Training? Sobald der Nachwuchs das tobfähige Alter erreicht hat, könnte eine der Fluchten mit Kind darin bestehen, den Dienst am Kind als Workout zu gestalten. Möglichkeiten dazu gibt es viele: Beim Spaziergang mit Kinderwagen zum Beispiel eine anspruchsvolle Strecke aussuchen. Auch der dynamischste Papa kommt ins Schwitzen, wenn es mit der Babykarre ordentlich bergauf geht. Und genauso herausfordernd ist es, anschließend gegen den Zug der Schwerkraft das Kind wieder sicher den Berg hinunterbefördern zu müssen.

Es gibt sogar spezielle Kinderwagen, die sich dazu eignen, dass man sie beim Joggen vor sich herschiebt. Passenderweise heißen sie wie ihre Besitzer: Jogger. Das funktioniert tatsächlich ganz gut, wenn man ein entsprechend solides (und nicht ganz billiges) Gefährt ausgesucht hat. Wichtig ist, dass die Räder, besonders die vorn, wirklich groß sind. Nur dann rollen sie leicht über all die kleinen Hindernisse auf der Strecke. Ratsam ist auch eine gute

Federung. Und der Schiebegriff sollte so weit nach hinten ragen, dass man auch beim schnellen Laufen mit entsprechend ausgreifenden Schritten nicht dauernd mit den Zehenspitzen gegen den eigenen Kinderwagen tritt. Auch um der Gesundheit der Kinder willen: Joggen nie mit einem nicht ausdrücklich dafür vorgesehenen Gefährt. Und Kinder unter zwölf Monaten sollten nicht auf diese Weise befördert werden.

Aber auch ohne Wagen kann das Kind helfen, in Form zu bleiben, und das auch schon lange, bevor es mit Papa auf den Fußballplatz gehen kann. Vielleicht sollte man das Neugeborene nicht gerade als Hantel benutzen. Aber ein etwas älteres Kind hat nichts dagegen, wenn Papa Sit-ups mit Kind auf dem Bauch oder Liegestützen mit Kind auf dem Rücken macht. Dass Vorsicht und der Spaß des Kindes im Vordergrund stehen, setzen wir natürlich voraus.

KAPITEL 11

Allein unter Frauen

Ja, auf dem Spielplatz sind auch andere Männer – jedenfalls in der Großstadt oder am Wochenende. Ja, die Zahl der Väter in Elternzeit hat sich seit Einführung des Elterngelds deutlich erhöht. Ja, viele Väter bringen ihre Kinder morgens in den Kindergarten. Ja, ja, ja. Aber. In seiner Krabbelgruppe war Jonas der einzige Mann. Im Kleinkindabteil der Bahn hat Markus noch nie einen Mann nur mit seinem Kind getroffen, immer waren es entweder Paare oder Mütter, die da mit ihren Kindern durch Deutschland gondelten. Und im Wartezimmer der Kinderärztin bietet sich oft das gleiche Bild. Kurz: Im Betreuungsalltag ist man als Mann allein unter Frauen.

 ## Freude, Verblüffung, Vereinnahmung

Es ist immer wieder das Gleiche. Kreuzt man als Papa mit Baby irgendwo auf, sind die Frauen erst durchaus angetan von diesem fürsorglichen Papa. Und dann sind sie ziemlich verblüfft. Weil der Papa sich nicht nur ausnahmsweise ums Kind kümmert. Sondern in der Elternzeit, auf Dauer. Drei

Stufen der Annäherung gibt es, als Mann allein unter Frauen. Nicht immer, aber oft.

Brüste und Fläschchen

Zuerst freuen sich die Frauen. Als Jonas das erste Mal mit seiner Tochter zum Babyschwimmen ging, hatte er die Herren-Umkleide natürlich ganz allein für sich und sein Kind. Als er dann zum Becken schritt, sprach die Kursleiterin, so eine Dicke mit rot gefärbten Haaren, ihn gleich an: Das sei ja wun-der-schön, dass auch mal ein Papa komme. Und ob er, der Vater, sich – ganz toll sei das – extra fürs Schwimmen freigenommen habe? Die Antwort, dass Jonas jeden Tag neun bis zehn Stunden mit seiner kleinen Tochter verbringe, stoppte den Redefluss der Kursleiterin und ließ ihr Lächeln ganz kurz erstarren. Das ist Stufe zwei, die Verblüffung. Rasch aber plapperte die Badetante weiter. Und es war dann auch alles völlig unproblematisch. Die Mütter im Kurs fragten gleich die üblichen Fragen, wie alt das Kind denn sei, wie es heiße, ob es schon durchschlafe, ob es auch einen Ball haben wolle. Das sind so die kleinen Rituale, und wer als Vater bei keiner der vier Fragen verdruckst »Weiß nicht« sagt, vor allem nicht bei der Frage nach dem Durchschlafen, hat schon gewonnen.

Man wird dann nämlich doch rasch aufgenommen, so hat es Jonas erlebt, in die Gemeinschaft der Mütter. Vielleicht ist das deren Art, mit der Restfremdheit des Mannes unter ihnen umzugehen: Er wird gnadenlos vereinnahmt. Das ist die Stufe drei. Der Papa darf das fremde Baby mal halten, und er wird gefragt, ob er sich auch bei der großen Durchfallwelle in der Stadt bei seinem Kind so übel angesteckt hat. Mit der größten Selbstverständlichkeit wird da mitten im Gespräch die Brust aus dem BH gewurschtelt und das Baby gestillt. Da weiß der Mann eine Viertelsekunde lang nicht, wohin er schauen soll; wegsehen würde bedeuten, dass er den Busen nicht bloß als Nährquelle wahrnimmt, sondern möglicherweise attraktiv findet, und das geht natürlich gar nicht. Es würde die stillschweigende Abmachung brechen, dass sich mit den Babys alle im entsexualisierten Raum bewegen. Doch schon in der zweiten Sekunde legt sich die eigene Unsicherheit. Denn es ist ja tatsächlich die größte Selbstverständlichkeit, dass so ein Baby trinken muss. Albern wäre, das zu verstecken. Und vielleicht wurschtelt man selbst dann das Fläschchen raus, weil das eigene Kind auch schon wieder Durst haben könnte, und dann lachen alle gemeinsam, die vielen Mütter und der eine Mann in ihrer Mitte.

Eine seltsame Kumpanei des Mannes mit den Müttern entsteht da in der Vaterzeit. Jonas fand's eigentlich schön.

Montagnachmittags nach der Krabbelgruppe ging er zum Beispiel gern immer noch mit ein oder zwei Müttern kinderwagenschiebend spazieren, die Plauderei fiel leicht. Die Mütter kannten seine Sorgen, er kannte ihre, weil der Alltag in der Elternzeit eben der gleiche ist – auch wenn Jonas es nicht so weit trieb, über Brustentzündung und Milchstau zu fachsimpeln. Scherzhaft sprach Jonas Unbeteiligten gegenüber immer davon, dass er sich mit »den anderen Müttern« treffe. Als sei er selbst eine Mutter. Das ist natürlich ein riskantes Kokettieren mit der Entmännlichung. Aber ein bisschen ist es auch wahr. Mit vielen der Mütter auf dem Spielplatz hat der Mann in der Vaterzeit jedenfalls mehr Gemeinsamkeiten als mit einigen im Job ach so unabkömmlichen Wochenendvätern, die Windeln wechseln für irgendwie kompliziert halten und im Kollegenkreis gern ganz ohne Hintergedanken erzählen, dass sie es wirklich bewundernswert finden, wie tüchtig ihre Frau zu Hause den Laden schmeißt.

Der Vergleich des Vaterzeitlers mit den Männern der Mütter um ihn herum ist allerdings immer sehr heikel. Der Vergleich ist unvermeidlich, aber ihn zu ziehen, das sollte der Vollzeit-Papa tunlichst den Frauen selbst überlassen. Schon das führt häufig genug zu peinlichen Situationen. Als Jonas mal im Kaufhaus mit seiner Tochter im Tragegestell vor dem Regal stand, kam eine Frau auf ihn zu, offenbar unwiderstehlich angezogen vom Kind. Was für eine süße Kleine das sei, sagte die Frau, und sicher komme gleich die Mama. Als Jonas sagte, da komme keine Mama, durchzuckte die Frau sichtbar ein Schreck: Hatte ein Unglück dem Kind die Mutter geraubt, sollte hier wahrhaftig ein Alleinerziehender … Jonas beeilte sich, den Irrtum zu korrigieren: Er kümmere sich tags ums Kind, die Mutter komme abends. Gerade an diesem Punkt gesellte sich der Gatte zu der gesprächigen Kinderfreundin. Und gleich erklärte sie ihm, dass hier ein Vater *ganz allein* und *den ganzen Tag* auf die *kleine Tochter* aufpasse. Und dass er, der Gatte, hier mal sehen könne, dass es sowas auch gebe, jawohl. Jonas wünschte sich ganz weit weg, und der Gatte möglicherweise auch.

Nun passiert das in dieser Art ganz selten. Aber grundsätzlich nehmen Frauen es durchaus sehr genau wahr, wenn mal ein Mann die Kinderbetreuung übernimmt. Zwar ist das im Einzelfall peinlich und ganz allgemein im Grunde ungerecht – denn wenn Frauen sich um ihre Kinder kümmern, findet das ja auch niemand bemerkenswert. Trotzdem ist es nicht schlecht. Erstens werden viele Männer ohne gutes Zureden von ihren Frauen auch in Zukunft nicht den Schritt in die Elternzeit wagen. Und zweitens kitzelt es natürlich unsere Eitelkeit, wenn Frauen gut finden, dass wir Vaterzeitler sind. Da schmeckt die Latte Macchiato am Sandkastenrand gleich doppelt so gut.

Ein Hoch auf die Frauen

Was Jonas, Markus und Yassin so gut wie gar nicht erlebt haben: komische Blicke. Oder das Gefühl, mit dem Kind schlechter umzugehen als die Profimütter. Dass er was falsch macht, dachte Jonas oft, aber nicht wegen schnippischer Bemerkungen von Frauen in der Krabbelgruppe, beim Babyschwimmen, auf dem Spielplatz. Denn solche Bemerkungen gab es nicht. Auch die Leiterin von Markus' Krabbelgruppe freute sich erst über den Vater in ihrem Kurs, um dann umstandslos von liebe Mütter auf liebe Mütter, lieber Papa zu wechseln. Nicht so, wie es manchmal in männlich dominierten Karrieristentreffs als Mittel der Ausgrenzung genutzt wird, wenn von den sehr geehrten Herren und der lieben Frau Sowieso die Rede ist. Nein, Markus fühlte sich tatsächlich aufgenommen. Seine Krabbelgruppe, die in gleicher Besetzung einen Kurs nach dem anderen zusammen absolvierte, war der Anker seiner Elternzeit. Und das auch, weil ihn die anderen Mütter nicht als exotischen Gast aufnahmen, sondern recht schnell integrierten.

Sogar auf der Damentoilette wird der moderne Mann akzeptiert. Jedenfalls wenn er seinem Baby die Windel wechseln will – und in der Herrentoilette mal wieder keinerlei Wickeltisch zu finden ist. Zwar hatte Jonas durchaus Überraschung ausgelöst, wenn er mit dem Kind unter dem einen und Feuchttüchern unter dem anderen Arm beherzt die vermeintlich falsche Toilettentür aufstieß. Aber nach der ersten Schrecksekunde der Frauen dort hatte er immer ausschließlich freundliche Kommentare zu hören bekommen.

Es ist unspektakulär, aber gerade deshalb verdient es, festgehalten zu werden: Im Grundsatz wird es von Frauen akzeptiert, dass Männer Babys betreuen.

Diskriminierung, Sex, Kopfkino

Manchmal, aber wirklich nur manchmal, passiert es dann allerdings doch: Dass man ganz kurz der Außenseiter ist. Die Randgruppe Mann. Und das war für Markus – mittelalt, heterosexuell, helle Hautfarbe, mit mittlerem Einkommen – eine neue und extrem irritierende Erfahrung. Einmal hatte er sich im Zug mit einer Mutter gestritten, die ins knüppelvolle Spielabteil guckte und sich darüber erregte, dass Väter die Plätze im »Mutter-Kind-Abteil« blockierten. Dabei ist selbst die Bahn so modern, ihre rollenden Spielzimmer ganz geschlechtsneutral »Kleinkind-Abteil« zu nennen.

Die Leiterin eines Yoga-Studios lehnte sein Aufnahmegesuch für den Kurs »Yoga für Mütter mit Babys« mit folgender E-Mail ab: »Das Angebot richtet sich tatsächlich an Mütter mit Babys. Es ist kein Babyyoga. Ich verstehe Ihr Interesse, allerdings ist es für Frauen meistens wichtig, unter sich zu sein, falls ein Baby zwischenzeitlich gestillt werden muss. Aus diesem Grund richtet sich das Angebot ausschließlich an Mütter.« Nun ist Stillen immer ein ganz einfacher Grund, Männer grundsätzlich von allen gemeinsamen Aktivitäten mit Babys auszuschließen. Markus' Plan, tagsüber einen Yogakurs mit Baby zu machen, ging jedenfalls nicht auf. Seine Partnerin musste ihm dann eben abends die entsprechende Zeit für sportliche Aktivitäten frei räumen und das Kind übernehmen. Dies ist allerdings ein besonders krasses Beispiel einer abgeschotteten Mütterwelt.

Jonas erlebte Ähnliches, aber völlig anders. Als er im Stadtteilzentrum anrief, um sich nach Kursen zu erkundigen, war die Dame dort am Telefon ganz begeistert, dass sich ausnahmsweise mal ein Mann meldete. Schließlich wohnt Jonas in einem Viertel, in dem sehr viele Menschen ursprünglich aus der Türkei oder dem Libanon stammen, babybetreuende Väter sind da nicht die Regel. Die Dame im Stadtteilzentrum fing dann auch zu grübeln an, ob die Mütter im Kurs das vielleicht schwierig fänden, mit dem Stillen in Gegenwart eines Mannes. Schließlich tragen viele von ihnen draußen auf der Straße sogar Kopftuch. Hier trat Jonas freiwillig den Rückzug an. Weil er selbst das Gefühl hatte, deplatziert zu sein. Und weil es für das Stadtteilzentrum oft schwierig genug ist, Frauen aus den konservativen unter den türkischen Familien zum Kommen zu bewegen. Das war ein guter Grund, doch lieber in den Kurs im evangelischen Familienbildungszentrum zu gehen. Wo Jonas genauso der einzige Mann war.

Yassin hatte am ehesten noch bei älteren Damen gelegentlich das Gefühl, dass da ein Hauch von Missbilligung um die Mundwinkel spielte, wenn sie ihn mit seinen Töchtern sahen. Wahrscheinlich fanden sie es eine grundsätzlich schlechte Idee, einen Mann so nahe an kleine Kinder heranzulassen. Oder sie vermuteten – Gott behüte! –, dass die Mutter entweder arbeitete oder eine Herumtreiberin sei. Einmal fuhr Yassin mit seiner älteren Tochter in der rappelvollen Straßenbahn durch die Stadt. Das Kind hielt in der einen Hand seinen Schnuller und in der anderen ein Stück Banane, das noch von der Zwischenmahlzeit an der Bushaltestelle übrig geblieben war. Die schrecklich nette Oma, die neben Yassin stand, störte das. So sehr, dass sie nicht mehr an sich halten konnte. Erst versuchte sie, Yassins Tochter mit Worten dazu zu bringen, die Banane aufzumampfen; dann schritt sie zur Tat: Sie nahm dem Kind den Schnuller aus der Hand, stopfte den Bananenrest in den Mund des perplexen Kindes, blickte Yassin mit einer Mischung aus Triumph und Verachtung an und erklärte: »Siehste, Kindchen, geht doch! Und den Schnuller brauchst du in Wahrheit gar nicht!« – Wenn Yassin nicht ebenso überrumpelt gewesen wäre wie seine Tochter, hätte er sich diese Einmischung natürlich verbeten. So schüttelte er nur drei Stationen lang den Kopf. Ob sich die resolute Oma ihre Intervention auch erlaubt hätte, wenn eine Mutter das Kind begleitet hätte? Yassin bezweifelte das. Hier ging es nicht nur um Schnuller und Banane. Die alte Dame war kulturell überfordert von dieser Situation, in der ein Mann allein das Kind hütete – und dabei nicht mal patriarchale Strenge zeigte.

Sexy Papa

Selten hat man als Mann den Eindruck, die Blicke der Frauen wirklich magisch anzuziehen. Mit Baby auf dem Arm aber ändert sich das. Jedenfalls hatte Jonas dieses Gefühl – und es war gar nicht mal so ein gutes. Zum einen galt ein Teil der weiblichen Blicke nicht ihm, sondern eben nur seinem Kind. Ein anderer Teil der Blicke galt zwar ihm selbst, aber nicht ihm als Mann, sondern als Papa. Und wenn doch die Augen der Frauen sich auf ihn als Mann richteten, ausnahmsweise, so war auch das keine wirkliche Freude. Nur das Baby schien seine Attraktivität zu steigern. Toll, wie der Typ sich aufopferungsvoll um sein Kind kümmert, der ist nicht so ein Macker, der zeigt Verantwortung, der ist einfühlsam: Das sagten nicht nur die Blicke, da kann man sich ja einiges einbilden, sondern manche Kollegin sagte es Jonas auch tatsächlich. Nur dass all dies natürlich völlig folgenlos bleibt, denn durch das Baby auf dem Arm ist der Mann zugleich eindeutig markiert: Der ist vergeben, der hat Familie, der ist weg vom Markt. Deshalb ist es für Frauen auch gefahrlos möglich, Typen mit Kind zu mustern – es wird ja eh kein Flirt draus. Nun ist Jonas genau wie hoffentlich die allermeisten Papas überhaupt nicht auf der Suche nach einer neuen Frau, er hat ja schon die beste von allen, ihm könnten also all die seltsamen Blicke ganz egal sein. Sind sie aber nicht. Denn sexy wirken möchte auch der Papa, statt nur Vater will er auch Mann sein. Genau wie Frauen irgendwann nach der Geburt auch mal wieder kurze Röcke und enge Blusen tragen und nicht ausschließlich als Mama wahrgenommen werden wollen.

Als Jonas mal im Park neben dem Planschbecken beim Ausziehen seiner Tochter einigermaßen ungeschickt an deren neuem Kleidchen zerrte, kam ihm eine Mittdreißigerin zu Hilfe. Sie hatte unter dem nächsten Baum gelagert und das Gefummel offenbar nicht mehr mit ansehen können. Mit ein paar geschickten Griffen löste sie das Problem, was wirklich nett war. Das sei auch wirklich manchmal verflucht schwierig, aus diesen engen Kleidchen rauszukommen, sagte sie. Wenn sie selbst mit mehreren Cocktails im Blut nach Hause komme, müsse ihr der Nachbar auch oft beim Ausziehen helfen. – Ein Satz, der ins Grübeln bringt. Klarer Fall von Anmache? Unter anderen Umständen möglicherweise, hier neben dem Planschbecken aber nicht. Ein anzüglicher Scherz von Mutter zu Mutter, nur dass die andere Mutter hier ein Vater war? Vielleicht. Als die nette Helferin dann noch sagte, wir Mädchen müssen doch zusammenhalten, war aber nicht Jonas gemeint, sondern seine kleine Tochter. Es ging also nur ums Kind. Was auch sonst.

Es ist irritierend, wie die Frauen einem als Mann mit Kind oft nicht mehr in die Augen schauen. Irgendwas stimmt nicht mit ihrer Blickachse. Sie sprechen auch seltsam: Na du Süßer, sagen sie zu dem Mann vor ihnen, bist du müüüde – ah, jetzt lachst du! So in der Art. Der Typ vor ihnen scheint zwischendurch gar nicht zu existieren, er ist nur Trageautomat für das Kind im Baby Björn vor seinem Bauch. Es im Grunde nur gerecht – endlich nimmt der Mann auch mal wahr, wie es Angelina Jolie ergeht: Jeder Idiot guckt ihr nicht in die Augen, sondern auf die Brust, weil da was furchtbar Interessantes baumelt. Genau wie Angelina Jolie kann man nur versuchen, es nicht persönlich zu nehmen. Und Haltung zu bewahren.

Eine Umfrage unter Expertinnen im Freundeskreis brachte höchst disparate Ergebnisse. Wie kommen Männer mit Kind bei Frauen an? Selbst Männer, die sie sonst schnöselig fände, »Kategorie blöder Bänker«, würden mit Kind auf dem Arm gleich sympathischer, meinte eine Freundin, selbst bislang ohne Kinder. »Zu wissen, da zählt einer nicht nur sein Geld oder sorgt sich um seine Falten, sondern säubert zwischendurch auch einen Kinderpo, das macht Männer menschlicher.« Eine andere sagte, dass Männer mit Babys »extrem männlich und beschützend rüberkommen«. Allerdings: »Heißen Sex verbinde ich dann doch eher mit Typen, die ohne Kinderwagen und Spucktuch unterwegs sind.« Die betreffende Expertin ist übrigens glücklich verheiratet. Bei der eigenen Frau gewinne ein Mann durchaus an Attraktivität, »wenn er das Kind versorgt, statt an seinem ach so wohlverdienten Feierabend selbst nach Versorgung zu krähen«, erklärte eine dritte und durchaus männer-erfahrene Freundin. Auf andere Frauen hingegen wirke ein Mann mit Kind weder sexy noch unsexy, »sondern gar nicht«. Schließlich ist er sichtlich schon vergeben und in Fürsorgepflichten.

Nur in deinem Kopf

Als Vater in Elternzeit, so ganz allein unter Frauen, schwirren einem viele Fragen im Kopf herum. Finden sie einen toll, weil man als Vater in Elternzeit ist, oder ist man das Weichei? Sind Papas sexy? Oder störe ich? Und spielt das alles auf dem Spielplatz überhaupt eine Rolle?

Ganz viel im Verhältnis zwischen dem Elternzeitpapa und seinen meist weiblichen Elternzeitkolleginnen passiert aber eben nur in Papas Kopf. Für Markus hatte das mit der Verunsicherung zu tun, die er spürte, der Mann aus dem Mainstream, als er plötzlich die absolute Minderheit war. Er interpretierte und deutete jede noch so schlichte Begebenheit. Registrierte sorgsam, welche Mutter ihn auf dem Spielplatz oder in der Krabbelgruppe nett grüßte, und welche ihn – in seiner Wahrnehmung – ignorierte. Sortierte in fiktive Grüppchen und stellte sich selbst immer als Einzigen außerhalb der Gruppen auf. Was totaler Quatsch war. Es gab gar keine Grüppchen, alle näherten sich vorsichtig aneinander an, jeder war – völlig unabhängig vom Geschlecht – damit beschäftigt, die anderen kennenzulernen, sie einzuschätzen. Und als aus einer Menge von Einzelpersonen dann eine (Krabbel-)Gruppe wurde, war Markus natürlich dabei. Außer ihm selbst hatte ihn ja nie jemand außen vor gesehen.

Trotzdem, Markus erlebte gerade in seinen ersten Elternzeitmonaten oft diesen Moment der Anspannung und Unsicherheit. Etwa als er mit dem schlecht ausgesuchten Hemd auf dem Spielplatz hockte und sich dieser klitzekleine, aber gut sichtbare Schweißfleck auf der Vorderseite des Hemdes abzeichnete. Allein der Gedanke, wie es dann wohl erst auf der Rückseite aussehen würde, löste sofort zusätzliche Schweißattacken aus. Und dann die ganzen Mädels um ihn herum, die bestimmt alle gerade völlig entsetzt waren und miteinander tuschelten über diesen widerlich schwitzenden, unrasierten Kerl auf dem Spielplatz. Der bestimmt gar kein Kind hatte, sondern nur dort saß, weil er pervers war.

Dass dieses Kopfkino und die Situation des Alleinseins unter Frauen irgendwie zusammengehörten, merkte Markus daran, dass er sofort entspannt war, wenn andere Männer auf dem Spielplatz, im Park, in der Krabbelgruppe waren. Dann war plötzlich wieder alles ganz selbstverständlich. Was sicherlich ein Grund ist, warum Elternzeitväter es so entspannend finden, sich mit anderen Vätern zu treffen. Dann ist endlich mal Pause im Kopf. Was auf Dauer aber natürlich auch ein bisschen langweilig ist.

Auch Yassin hatte sich manchmal seltsam allein gefühlt, so unter Frauen. Wenn es mal wieder zu doll regnete, um auf den Spielplatz zu gehen, dann hatte er sich mit einer oder beiden Töchtern immer wieder einmal stundenweise in einem Eltern-Kind-Café niedergelassen. Meistens traf er dort, vor allem unter der Woche, nur auf Mütter mit Nachwuchs. Von denen wiederum waren etliche Stammgäste – und benahmen sich entsprechend: Mit der Wirtin waren sie per Du, ihre Familienprobleme, die anscheinend jeder außer Yassin ohnehin schon kannte, wurden lautstark quer durch zwei Räume diskutiert, und ihre Kinder – klar – kannten sich auch alle untereinander. Das empfand Yassin als etwas einschüchternd, weshalb er sich lieber nicht einmischte, sich auf seine Kinder konzentrierte und wie ein verängstigter Gastarbeiter versuchte, möglichst wenig aufzufallen. Diese Selbstisolation war dann wahrscheinlich genau der Grund, dass er natürlich auch nicht einbezogen wurde, wenn die Café-Clique ihr Pläuschchen hielt. Eine neue Mutter, zum ersten Mal im Café, hatte sich schlauer angestellt. Sie fragte sofort in die Runde, ob jemand wisse, wo man gute Wollstrumpfhosen für die Kleinen bekommen könne. Sofort war sie integriert.

Es wäre für Yassin sicher möglich gewesen, sich selbst ebenso ins Gespräch zu bringen. Aber irgendwie, selbst in der zweiten Runde seiner Elternzeit, gelang es ihm nicht so recht. Er hatte immer noch dass Gefühl, ein Fremdkörper zu sein. Komisch eigentlich. Aber nach einigem Nachdenken kann er den Müttern keinen Vorwurf machen. Es hatte wohl eher etwas mit ihm selbst zu tun – und vielleicht mit der besonderen Enge in einem solchen Etablissement, wo jeder jede volle Windel riecht. Auf Spielplätzen, mit ein bisschen mehr Abstand zueinander, fand Yassin es einfacher, Kontakt zu Müttern aufzunehmen.

Als Vater, besonders mit einem sehr kleinen Baby, ist man in der Umgebung von Müttern manchmal etwas unsicher. Als würde man – unwillkürlich, unbewusst – selbst irgendwo in seinem Innersten glauben, dass Frauen besser als Männer mit Kindern umgehen können, gleichsam von Natur aus qualifizierter seien, man selbst sich also irgendwie unnatürlich aufdränge. Das ist natürlich Unfug. Aber am Anfang ist man sich seiner Rolle eben noch nicht so sicher, während die meisten Mütter von Beginn an große Souveränität ausstrahlen.

Bei Yassin ist dieses Gefühl dann aber relativ schnell verschwunden. Routine und Erfahrung halfen. Als seine jüngere Tochter neun Monate alt war, saß er wieder einmal in einem Eltern-Kind-Café und hörte drei jungen Müttern zu, die mit ihren wenige Wochen alten Babys zusammensaßen und sich unterhielten. Es war sehr interessant: Auf der einen Seite strahlten sie wirklich eine unglaubliche Sicherheit aus. Auf der anderen Seite aber sprachen sie ausnahmslos über ihre quälenden Unsicherheiten: Soll ich den Popo jetzt jedes Mal eincremen oder nicht? Ich habe gelesen, man darf auf keinen Fall zu warmes Badewasser nehmen, wie machst du das? Und was ist das mit diesen D2-Tabletten?

Für Yassin war das eine Szene, als hätte er Batman ohne Kostüm erwischt. Und wenn seine Tochter nicht gerade einen Brei gebraucht hätte, hätte er vielleicht sogar seinen Rat angeboten.

Rückfall ins Klischee

Klar, Klischees sind grobe Vereinfachungen. Dumme Bilder. Manchmal bösartig. Aber klar ist auch: Oft stimmen sie. Oder können zumindest Augenöffner sein. Das gilt auch für die Klischees von Männern und Frauen. Okay, nur für einige davon. Für die aber ganz besonders.

Muttermund tut Irrsinn kund

Plötzlich war er doch da, der Moment, vor dem er so viel Angst gehabt hatte, von dem Markus schon gedacht hatte, er gehöre ins Reich der Legenden und Mythen über esoterisch bewegte Kräuterteemuttis. Mit ihm auf dem Spielplatz saßen zwei Frauen. Die eine hochschwanger, die andere offensichtlich schon Mutter. »Dann habe ich einfach zugemacht«, tönte die Mutter und beschallte mit dieser Mitteilung den halben Spielplatz. »Dabei war der Muttermund schon ganz wunderbar geöffnet. Dann musste ich doch noch vom Geburtshaus in die Klinik, dabei hatte ich das von vornherein ausgeschlossen.« Dann folgten die minutiöse Schilderung der Ichfindung und Stabilisierung der pränatalen Mutter-Kind-Bindung auf dem Weg zur Klinik sowie die Schilderung der blutigen und schleimigen Details einer langen und traumatisierenden Geburt. So traumatisierend, dass sie offenbar noch nach Jahren komplett präsent war, denn das Kind, das sich damals dem weit geöffneten Muttermund verweigert hatte und immer mal fröhlich plappernd bei seiner Mutter vorbeischaute, war beinahe im schulpflichtigen Alter.

Nicht dass Markus kein Verständnis hatte für Gespräche über Geburtsverläufe. Er selbst hatte die Geburt seines Sohnes als prägendes und aufwühlendes Ereignis noch sehr präsent. Und die Frage »Wie war denn die Geburt?« gehörte bei Neugeborenen-Eltern auf jeden Fall dazu, gleich nach den Fragen zu Gewicht, Geschlecht, Gesundheit und Namen.

Aber als er da saß und kurz davor war, den letzten Bissen des Brötchens, das er gerade friedlich am Rande der Buddelkiste mümmelte, in den Sand zu spucken, war ihm die detailtriefende Mystifizierung des Geburtsereignisses einfach ein Ticken zu viel. Ebenso wie leidenschaftliche Diskussionen über den richtigen Umgang mit der Plazenta nach der Hausgeburt (begraben, wegwerfen oder aufessen?).

Wesentlich nachvollziehbarer und magenschonender, aber ihm auch völlig fremd, war der Austausch über Strickmuster von Winterwollhosen für die Kleinen. Markus hatte sich einmal über einige Mütter etwas lustig gemacht, als diese gerade in wirklich schwierigen Handarbeitsproblemen steckten. Das kam nicht so gut an und Markus hat daraus gelernt. Wenn Papa das Gefühl hat, dass Klischees sich bestätigen, dann sollte er einfach schweigen.

Schließlich hatte Markus auf der anderen Seite viel häufiger den Moment erlebt, wo seine Vorurteile widerlegt wurden. Etwa als er auf dem Spielplatz hockte und sich mit einer Mutter aus der Krabbelgruppe angeregt über die richtigen Geldanlagen und Versicherungen für die Kleinen unterhielt.

Gegenüber Müttern keine Scherze über ihre Kinder machen. Mütter mögen keine Witze über das Aussehen oder die Fähigkeiten ihrer Kinder. Im Zweifelsfall an das arabische Sprichwort denken: In den Augen seiner Mutter ist der Affe eine Gazelle.

Zieh was Anständiges an für die Damen

Elternzeit und Styling sind natürliche Gegensätze. Und Elternzeit und Hygiene stehen zumindest in einem Spannungsverhältnis. Wer morgens nicht unter die Dusche kommt, weil das Baby Frühstück will, und dann nach dem Morgenmahl noch den Brei auf das Hemd gespuckt kriegt, sieht selten lecker aus.

Markus achtete beim Verlassen der Wohnung trotzdem sehr darauf, dass er halbwegs ordentlich gekleidet und gepflegt unter die Leute kam. Das hatte zwei Gründe: Selbstachtung und Frauen.

Auch wenn er glücklich in einer festen Beziehung steckte, und Spielplatz, Krabbelgruppe und alle anderen Elterntreffs ohnehin weitgehend entsexualisierte Zonen waren, wollte Markus nicht als einziger Mann unter vielen Frauen in seiner Krabbelgruppe sitzen – und dann auch noch aussehen wie eine Kreuzung aus Latzhosen-Öko und Jogginghosen-Asi. Bei seinem einzigen Besuch beim Vätertreff oder bei seinen häufigen Verabredungen mit Mitvätern ließ es Markus lockerer angehen. Was einerseits – wie mit dem Kino im Kopf – entspannender war, auf Dauer aber fatal gewesen wäre. Siehe Selbstachtung.

Der Mann möge darauf achten, »dass ihn vor lauter eifrig praktizierter Väterlichkeit nicht ein selbst verschuldetes Frauenschicksal ereilt: Dass er sich gehen lässt, äußerlich«, warnt auch die Publizistin Martina Wimmer, die viel über Männer geschrieben hat. Und es stimmt ja: Auch mit Baby auf dem Arm kann man sich prima rasieren, das ist reine Übungssache. Die Väter in Elternzeit haben immerhin einen Ruf zu verlieren! Dass sie nämlich nicht nur nett zu Kindern sind – sondern dabei auch noch tolle Männer.

KAPITEL 12

Wenn es nicht das erste Kind ist

Er sah aus wie das wandelnde Klischee vom ahnungslosen Trottel-Papa, und er war sich dessen vollkommen bewusst. Mit Viertagebart, verkrusteten Klamotten und tiefschwarzen Ringen unter den Augen schlafwandelte Yassin durch die Gänge der Drogerie und lud in seinen Wagen, was für Außenstehende wie eine ziemlich unlogische Auswahl aussehen musste: zwei Packungen Windeln zum Beispiel, aber einmal in der kleinsten Größe für Neugeborene und dann noch einmal in Größe Drei, die strammen Zwanzigpfündern passt. Hä? Außerdem stapelten sich in seinen Tüten mehrere Gläschen Brei. Brei für ein Neugeborenes, das ja wohl, wie jeder weiß, erst einmal nur Milch bekommt? Ist der irre?

Nein, Yassin war nicht irre geworden. Aber vor nicht einmal 24 Stunden war seine zweite Tochter geboren worden, im Abstand von weniger als einem Jahr zu ihrer Vorgängerin. Irische Zwillinge nennt man das im angelsächsischen Sprachraum, wie Yassin später lernte. Ihm waren die Blicke der anderen Kunden jedenfalls herzlich egal. Er wollte nur möglichst schnell wieder nach Hause – zu seiner nunmehr auf vier Mitglieder angewachsenen Familien-WG.

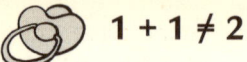 **1 + 1 ≠ 2**

Elternzeit ist natürlich nicht nur etwas für junge Väter, die sich um ihr erstes und einziges Kind kümmern wollen. Sondern genauso für Väter, die bereits Kinder haben. Die sind dann keine Anfänger mehr – sie haben vieles von dem, was für die neuen Eltern so aufregend ist, schon einmal erlebt. Aber das heißt noch lange nicht, dass ein erfahrener Vater automatisch auf alles gefasst wäre, was die Elternzeit mit mehreren Kindern für ihn bereithält. Ein Kind und noch eins, das sind nicht einfach zwei Kinder. Sondern das ist zumindest am Anfang Anarchie pur.

Geschwindigkeit wird belohnt

Zunächst einmal eine gute Nachricht: Für das zweite Kind (oder dritte oder vierte usw.) kann es mehr Elterngeld geben als für das nach dem 1. Januar 2007 geborene Einzelkind. Der sogenannte Geschwisterbonus erhöht das Ersatzeinkommen um zehn Prozent, mindestens aber um 75 Euro im Monat. Und das gilt auch für jene Eltern, die nur den Mindestbetrag von 300 Euro bekommen – und für die eine Erhöhung um rund ein Viertel eine besonders spürbare Verbesserung ist. Bevölkern zwei Kinder einen Haushalt, so besteht der Anspruch auf das höhere Elterngeld so lange, bis das ältere Geschwisterkind drei Jahre alt ist. Bei drei und mehr Kindern »genügt es«, wie das Ministerium so nett formuliert, wenn mindestens zwei der Geschwister nicht älter als sechs sind. Das Ganze ist eine Art Geschwindigkeitsprämie. Wer nach dem ersten Kind halbwegs schnell noch eins zeugt, wird belohnt. Das Ziel der Regierung: mehr Kinder. Der Effekt für die Familien: mehr Geld. Jedenfalls ein bisschen.

Wenn man ganz furchtbar schnell nach dem ersten schon das zweite Kind bekommt, so hat dies auch (positive) Auswirkungen auf die Berechnungsgrundlage des Elterngelds. Dieses bemisst sich bekanntlich am Nettoeinkommen, das Mutter oder Vater in den zwölf Monaten vor der Geburt bezogen haben. Wurde in diesem Zeitraum aber noch Elterngeld bezogen, so wird nicht dieses als Einkommen gewertet, sondern das zuvor erhaltene reguläre Gehalt. Alles andere wäre auch unfair, schließlich beträgt das Elterngeld nur zwei Drittel des zuvor erhaltenen Gehalts – und ein auf dieser Basis errechnetes Elterngeld wäre wiederum niedriger. Konkret heißt das: Wer 14 Monate Elterngeld bekommt und schon 20 Monate nach dem ersten Kind ein zweites Kind bekommt, dem werden nicht sechs Elternzeitmonate in den Zwölf-Monats-Zeitraum reingerechnet, der die Grundlage für die Berechnung des Elterngelds bei Kind Nummer zwei ist.

Die Minus-Eins-Regel

So weit, so fair. Aber was bedeutet das für den Vater mit mehr als einem Kind in Elternzeit? Ein solcher Vater weiß auch ohne Elternzeit: Ein Kind bedeutet eine gewaltige Veränderung; aber ein zweites, das ist eine Revolution. Besonders am Anfang, wenn das Neugeborene noch nicht durchschläft und das ältere beziehungsweise die älteren Geschwister sich noch an den neuen Mitbewohner gewöhnen müssen, herrscht Chaos. Weil eine(r) alleine das fast gar nicht schaffen kann und jede Hand gebraucht wird, ist die Elternzeit da ein wirklich hilfreiches Angebot. Vielleicht sogar schon fast moralische Pflicht – da es sie nun einmal gibt, und die Ausreden, warum man dem Büro nicht fernbleiben kann, sich auf eine einzige, und zwar finanziell begründete, reduzieren. Bei zwei oder mehr Kindern verzichtet man aber gerade am Anfang, wo Kinder noch kein Vermögen kosten, vielleicht sogar einfacher auf Geld als auf einen Mithelfer.

Andererseits, und auch das wissen Mehrfacheltern: Wer mehrere Kinder hat, der kann es regelrecht genießen, wenn er mal nur auf eines aufpassen muss. Ein Freund von Jonas hat aus dieser Erkenntnis die »Minus-Eins-Regel« abgeleitet: Wenn man mehr als ein Kind betreut, sei das anstrengend – aber das ändere sich augenblicklich, sobald eines der Kinder irgendwie anders versorgt sei. Wer also zwei Kinder hat, ächzt unter dieser Last. Ist eines von ihnen im Kindergarten, tanzt er hingegen mit dem zweiten durch die Wohnung und kann über die Sorgen der Ein-Kind-Besitzer nur lachen. Wer drei Kinder hat, und eines davon haben sich die Großeltern geschnappt, fühlt sich gleichfalls unbeschwert. Obwohl da noch zwei Kinder sind, um die er sich kümmert.

Man muss dabei wissen, dass dieser Freund unglaublicherweise fünf Kinder hat. Er weiß also, wovon er spricht. Und, nein, trotz der fünf Kinder ist er kein Sozialfall. Was alles in allem doch Mut machen könnte, auch wenn man mit Kind Nummer eins manchmal verzweifelt, doch noch ein zweites oder gar drittes Kind zu wollen. Fünf müssen es ja nicht sein.

Was heißt das für den Mehrfachvater in Elternzeit? Die Biologie gibt vor (vorausgesetzt, es handelt sich um Kinder von derselben Mutter und es handelt sich nicht um den Sonderfall Zwillinge), dass er neben dem Neugeborenen ein älteres Kind hat, das womöglich schon in den Kindergarten und vielleicht gar in die Schule geht. Einen erklecklichen Teil des Tages hat also auch der Mehrfachvater in Elternzeit es oft nur mit einem Kind zu tun. Und hier greift dann die Minus-Eins-Regel. Oder anders gesagt: Es wird schon gehen!

Der alltägliche Wahnsinn

Ein Spaziergang wird es natürlich trotzdem nicht. Zwei Kinder, das wirft Probleme auf für den betreuenden Vater: Wie behält man beide im Blick und verhindert größere Unfälle? Und wie wird man beiden gerecht? Im Grunde läuft es darauf hinaus, dass man alle nützlichen Fertigkeiten, die bei einem Einzelkind helfen, in gesteigertem Maße aktivieren muss. Dazu gehören Stressresistenz, Geduld, Organisationstalent – und vor allem Gelassenheit.

Das klingt wie Zen für Fortgeschrittene – und ist es auch. Yassin ist mehr als einmal daran gescheitert, das notwendige Maß an Duldsamkeit aufzubringen. Jeder Vater weiß, was intensives Babygeschrei auslösen kann – und in Stereo ist der Effekt entsprechend größer. Weinen ist aber nun einmal, insbesondere bei kleinen Kindern, ansteckend. Manchmal so sehr, dass auch Yassin die Tränen in die Augen schossen. Er kam sich dann überfordert vor, ausgenutzt, unverstanden und festgekettet. Es gab deshalb auch Momente der Kapitulation, in denen seine Frau aushelfen musste. Weil Yassin mürbe geworden war. Das ist keine besonders schöne Erfahrung, aber sie gehört dazu. Wenigstens gingen solche Krisen oft sehr schnell wieder vorbei, und im Lauf der Zeit wurden sie auch deutlich seltener.

Ein typischer Elternzeittag von Yassin, Töchter neun und neunzehn Monate alt

- 6 h 14: Aus dem Gitterbettchen tatscht eine Hand auf Papas Gesicht. »Milch trinke!«
- Väterliches Angebot, im väterlichen Bett weiterzuschlafen, wird ausgeschlagen.

- 6 h 17: Papa macht Milch für Kind 1. Gut, dass Kind 2 noch schläft!
- 6 h 18: War das gerade Kind 2?
- 6 h 23: Zwei Kinder nuckeln zufrieden an zwei Milchflaschen, zwei Eltern kämpfen gegen den Drang an, die Augen zu schließen. All das zu viert im Ehebett. Schön. Aber nur die Ruhe vor dem Sturm.
- 7 h 00 – 7 h 30: Der Bewegungsdrang der Kinder ist nicht länger kontrollierbar und kann nicht mehr weggekuschelt werden. Mama zieht die Kinder an, Papa macht Frühstück für alle und Stulle für Kind 1 für die Kita.
- 7 h 34: Leberwurst, Käse, Frischkäse, Müsli, Cornflakes, Banane: Kind 1 gibt lauter Bestellungen auf, isst aber gar nichts. Will stattdessen malen. Wo sind noch mal die Stifte? Große Aufregung: Müllauto fährt vor! Für Kind 1 einer der Höhepunkte des Tages …
- 8 h 03: Papa geht duschen. Mama wickelt Kind 2 und versucht, Kind 1 im Auge zu behalten.
- 8 h 14: Mama geht duschen. Papa wickelt Kind 1 und versucht, Kind 2 im Auge zu behalten.
- 8 h 23: Blick nach draußen: Mist, es regnet. Das verlängert das Anziehen der Kinder. Wickeltasche packen. (Merken: Neue Windeln kaufen!) Doppelkinderwagen bestücken. Wo sind die verdammten Regenhosen?
- 8 h 40: Kind 1 malt mit dickem Buntstift die Flurwand an. Die Ermahnung »Malen nur auf Papier!« wirkt allmählich wie ein inhaltsleeres Mantra.
- 8 h 41: Abfahrt zur Kita.
- 9 h 03: In der Kita Kind 1 ausziehen, umziehen, übergeben. Super, Kind 1 beschwert sich nicht. Kind 2 guckt aus dem Wagen bedächtig zu. Perfekt.
- 9 h 15: Abfahrt aus der Kita. Wenn Kind 2 jetzt mal kurz einschlafen könnte, könnte Papa nach dem Einkaufen

vielleicht noch einen Kaffee trinken … Noch ein bisschen schieben …

- 9 h 30: Mann, so langsam könntest du einnicken!!
- 9 h 45: Kind 2 weggedämmert. Schnell zum Bioladen, dann zum Bäcker, dann in die Drogerie … Wagen gefährlich überladen.
- 10 h 32: Jetzt ein Kaffee, den hab ich mir verdient. Da ist ein Straßencafé. Wo ist die Zeitung? Ah, hier! Super. Wo ist der Kaffee? Danke, ich bezahle sofort, ich weiß nicht, wie lange ich bleiben kann …
- 10 h 41: Na ja, immerhin die ersten vier Seiten überflogen. O.k., auf nach Hause, Brei für Kind 1 machen.
- 11 h 00: Brei füttern. Kooperation nur, wenn Kind 2 interessanten Gegenstand befingern und vom Hochstuhl fallen lassen darf. Das ist in Ordnung, bedeutet aber, dass Papa sich nach jedem Löffelchen bücken muss, um den Schlüsselbund aufzuheben.
- 11 h 23: Wickeln. Wieso kannst du nicht auf dem Rücken liegen bleiben? Von der Decke baumelndes Mobile total nutzlos. Nur geräuschvolle Effektküsse auf den Bauch schaffen Abhilfe. Aber wie soll ich so wickeln? Moralisches Dilemma: Darf man sein Kind mit den Ellbogen auf der Wickelkommode fixieren? Gegen seinen erklärten Willen? Vorläufige Antwort: Man muss. Haha.
- 11 h 40: Ab ins Kinderzimmer. Kind 2 sucht Teppich hingebungsvoll nach Kleinstgegenständen zum Aufessen und Verschlucken ab. Findet erschütternd viele. Mehrere Interventionen nötig. Ansonsten übt Kind 2 Hochziehen an der Heizung (Applaus!!) und Bausteine aneinanderklackern. Bücher werden von Kind 2 verschlungen – buchstäblich und Stück für Stück. Papa lächelt, wird mit ausgiebigem Zurücklächeln belohnt. Sie sieht mir sehr wohl ähnlich!!

- 12 h 25: Kind 2 kommt jetzt ins Tragetuch. Frühstückstisch abräumen, Spülmaschine aus- und wieder einräumen, Flaschen saubermachen, Wickelkommode und Umgebung grob aufräumen. Zwischendurch jeweils Schnulli nachstopfen oder vom Boden aufheben, saubermachen und dann nachstopfen.
- 12 h 43: Irgendetwas sollte ich doch noch erledigen?? Erst mal E-Mails nachschauen. Kind 2 isst das K von der Tastatur.
- 12 h 49: Kind 2 wird müde, jetzt schnell umziehen und mit dem Kinderwagen ab nach draußen, dann klappt es vielleicht ohne Geschrei …
- 12 h 56: Sollte ich nicht noch irgendein Telefonat führen? Mit der Hausverwaltung? Termin beim Kinderarzt machen? Verdammt, der Zettel liegt zu Hause.
- 13 h 03: Kind schläft! Habe ich eigentlich schon Mittag gegessen? Brötchen kaufen! Mist, Zeitung vergessen.
- 13 h 38: Kind 2 schlägt die Augen auf. Sofort nach Hause, Mittagsbrei machen.
- 13 h 55: Kind 2 isst Brei, Prozedere siehe oben. (Mein Rücken!)
- 14 h 20: Kind 2 wickeln, dann anziehen und schnell wieder in den Wagen, gemeinsames Abholen von Kind 1. Unterwegs durchgehendes Nörgeln, weil der Schnulli immer wieder rausfällt. Sehe aus wie ein Idiot: Drei Schritte schieben, dann stehen bleiben, um den Wagen rumlaufen, wieder drei Schritte weiter …
- 14 h 38: Kind 1 freut sich, Papa und Schwester zu sehen, will aber Mütze nicht aufsetzen und unbedingt noch einmal Hände waschen. Rätselhaft. Aber meinetwegen …
- 14 h 58: Mit Kind 1 und Kind 2 auf den Spielplatz. Kind 2 isst beträchtliche Mengen Sand. Ist das ein Problem? Kind 1 kann jetzt alleine auf die Rutsche klettern, das ist

super. Vielleicht kann Papa sich hier mit Kind 2 hinhocken und Kind 1 rutscht einfach eine halbe Stunde? Das wäre unerwartet unanstrengend …

- 15 h 03: Nein, Kind 1 wollte nur ein Mal rutschen und will ab jetzt verstecken spielen – mit Papa, aber ohne Schwester. Vermittlungsschwierigkeiten.

- 15 h 26: Kind 1 verlangt Obstmus, will aber nicht selber essen, sondern gefüttert werden.

- 15 h 29: Kind 2 will jetzt auch eine extra Portion Aufmerksamkeit. Auch ein Obstmus vielleicht? Ja? Super. Nicht so super ist, dass Kind 1 unbedingt den Inhalt des Mülleimers erkunden will. Versuch, die verbale Ermahnung mit extrem ernsthaftem Blick zu koppeln, um erwünschtes Ergebnis zu erzielen, da händisches Einschreiten wegen Fütterung von Kind 2 derzeit unmöglich. Leidlich erfolgreich.

- 15 h 43: Kind 1 kriegt Ärger mit Fremdkind, es geht um einen Buggy. Kind 1 behauptet: »Meins!« Das ist so nicht ganz richtig. Auf dem Spielplatz herrscht aber an sich das Gesetz der Kolchose. Muss Papa sich einmischen? Papa beschließt: Erst wenn es körperlich wird oder Tränen fließen

- 15 h 44: Es wird körperlich, und Tränen fließen. Fremdmutter guckt böse. Kind 1 schmollt. Alternativbuggy suchen, Kind 2 sicherheitshalber unter den Arm klemmen, soll nicht noch mehr Blätter essen …

- 15 h 48: Kind 2 hangelt sich an Mäuerchen entlang und übt Laufen. Rutscht ab. Aua. Trösten.

- 15 h 58: Seit zwei Fremdjungs den Ball von Kind 1 hin- und herkicken, findet Kind 1 den Buggy uninteressant und will – den Ball. Sofort!!!

- 16 h 25: Bekannte mit Kind kommt vorbei. Cool! Der Betreuungsschlüssel verbessert sich dramatisch von 1:2 auf 2:3.

- 16 h 33: Anruf bei Mama: Wo sollte ich noch mal anrufen? Zu spät? Mist!
- 17 h 13: Kind 1 und Kind 2 haben jetzt kalte Händchen. Nach Hause gehen.
- 17 h 45: Kind 2 kriegt Brei. Siehe oben. Kind 1 will malen. Findet kein Papier. Die nächste Wand muss dran glauben. Nagende Zweifel an Erziehungsmethode.
- 18 h 02: Kind 2 ist satt, soll auf dem Boden spielen. Wird von Kind 1 mit Holzauto angefahren. Geschrei. Anschließendes Versöhnen. Süß.
- 18 h 03: Schnell was zu essen für Mama, Papa und Kind 1 machen. Eigentlich sollte es ja Auflauf geben, aber wir sind spät dran … Also Nudeln. Kind 1 und Kind 2 spielen derweil im Flur und im Kinderzimmer. Beziehungsweise malen Wände an und essen Papier. Nicht zu ändern.
- 18 h 35: Gott sei Dank ist Mama heute da. Bringt Kind 2 zu Bett. Währenddessen Entertainment für Kind 1 mit der Gitarre, aus »House of the rising sun« wird »Ode an den Müllwagen«. Großer Erfolg, erwäge Stage Diving.
- 18 h 45: Nudeln fertig. Abendessen mit Mama und Kind 1. Kind 1 mag heute keine Nudeln. Bestellt stattdessen Leberwurstbrot. Kratzt aber nur Wurst vom Brot.
- 19 h 13: Spielsachen ins Bett bringen mit Kind 1, danach Zähneputzen und für die Nacht fertig machen.
- 19 h 34: Gute-Nacht-Lied singen, Teddy und Stofftier im Bettchen platzieren, zudecken, Küsschen, rausschleichen.
- 19 h 35: Küche aufräumen, grobes Chaos beseitigen, über Wandfarbe nachdenken.
- 20 h 03: Kind 2 wach: Schnuller verloren.

Rush-Hour

Aus dem Protokoll geht es im Grunde schon hervor: Der Tag mit mehr als einem Kind ist deshalb besonders stressig, weil es Rush-Hour-Situationen gibt: Kleine Kinder wachen oft ungefähr zur selben Zeit auf und wollen sofort versorgt werden. Ihre Mahlzeiten werden sich mindestens einmal pro Tag, wahrscheinlich öfter überschneiden. Was macht man, wenn sie nicht gleichzeitig ins Bett sollen? Schließlich kann man das zweite kaum unbeaufsichtigt lassen, während man dem ersten sein Schlafliedchen singt. Und was macht man, wenn sie gar gleichzeitig ins Bett sollen – sich zweiteilen?

Wie man es dreht und wendet: Die Krise ist also vorprogrammiert und strukturell bedingt. Mindestens einmal pro Tag kollidieren die Aufmerksamkeitsansprüche – und der Vater, so er denn die Kinder alleine betreut, hat eigentlich nur eine Möglichkeit: In Blitzesschnelle Kompromisse ausloten und umsetzen. Ideallösungen sollte man daher lieber vergessen! Bei mehr als einem Kind geht es darum, das Schlimmste zu verhindern.

Richtig hart wird die Doppelbetreuung bei Sondereinsätzen wie Schuhkauf oder Arztbesuchen. Oder wenn ein Kind krank ist. Also immer, wenn ein Kind zwangsläufig für eine längere Zeit einen Großteil der Aufmerksamkeit erfordert. Dann ist Chaos unvermeidlich, wenn man nicht eine zweite Betreuungsperson aktivieren kann. Gerade bei mehr als einem Kind lohnt sich also das Knüpfen von Netzwerken, wie in Kapitel 7 beschrieben. Aber Eltern, die schon ein Kind haben, verfügen in der Regel ja bereits über ein solches. Gut so! Jetzt werden sie es erst richtig zu schätzen lernen.

Die spielen dann ja bestimmt zusammen!

Einer der häufigsten Kommentare, die man als Doppelvater zu hören bekommt, ist: Na, die spielen dann ja sicher die ganze Zeit miteinander. Es gibt Tage, da könnte Yassin in hysterisches Lachen ausbrechen, wenn er das hört. Spielen, im landläufigen Sinne, ist für Kinder ziemlich lange kein Konzept, das sie interessiert. Und »miteinander« beziehen sie in der Regel auf sich und ein Elternteil ihrer Wahl. Sie mögen ihre Geschwisterkinder lieben und sie vermissen, wenn sie nicht da sind. Aber nach Yassins Erfahrung bedeutet das nicht, dass sie deshalb gleich bereit sind, sich die Bauklötze lauteren Herzens zu teilen.

Hinzu kommt: Selbst dann, wenn die Kinder friedlich miteinander spielen, kann man sie ziemlich lange nicht wirklich alleine lassen. Auch mit über anderthalb Jahren fehlte Yassins älterer Tochter noch ein sicheres Gespür für ihre eigenen körperlichen Kräfte. Und bei der Kleinen lagen Streicheln, Kratzen und Schlagen ohnehin noch sehr eng beieinander (gemeint ist beim Austeilen). Umso niedlicher war es dann freilich mit anzusehen, wie die Ältere sich manchmal zum Hilfsaufseher beförderte und laut »Bah!« krähte, wenn ihre kleine Schwester Richtung Steckdose wackelte. Oder wie sie einfach selbst versuchte, der Kleinen den weichgekauten Papierfetzen aus dem Mund zu bugsieren. Aber Yassin und seine Frau haben nicht versucht, das ältere Kind auf diese Rolle festzulegen. Sie hatte genauso ein Recht, Quatsch zu machen – und statt Hilfssheriff auch mal Gangleader zu sein.

Die Tatsache, dass man einen kleinen Kindergarten zu Hause hat, bedeutet also für den betreuenden Vater nicht, dass er weniger Arbeit hätte, nur weil die Kinder interagieren. Im Gegenteil, wahrscheinlich hat er sogar mehr Aufmerksamkeit aufzubringen.

Auf der anderen Seite ist es toll, mehr als ein Kind zu haben – und genauso, wie es als Elternzeitvater ein Vergnügen ist, sein Einzelkind wachsen zu sehen, ist es bei zwei oder mehr Kindern eben großes Kino, sie beim Erarbeiten von sozialen Regeln zu beobachten, beim Zusammenwachsen als Geschwister, beim Ausloten von Grenzen und Kompromissen, kurz gesagt: beim Kuscheln und Kloppen.

Eifersucht, oder: Meins!! – Nein, meins!!

Jedes erste Kind wird als Einzelkind geboren – und für dieses Kind bedeutet es eine mindestens ebenso große Umstellung, wenn ein weiteres Familienmitglied hinzukommt, wie für die Eltern. Denn plötzlich muss es Mama und Papa teilen. Und nicht nur das: Am Anfang bekommt dieses neue Baby auch noch viel mehr Aufmerksamkeit! Eine schreiende Ungerechtigkeit!

Natürlich sind nicht alle Kinder eifersüchtig, und die, die es sind, sind es nicht im gleichen Maße oder auf dieselbe Weise. Aber es ist in jedem Fall sinnvoll, sich als Eltern damit auseinanderzusetzen, was das Geschwisterchen für das Ex-Einzelkind bedeutet. Es muss ja nicht gleich so dramatisch sein wie bei dem etwa fünfjährigen Jungen, dem Yassins Frau auf dem Spielplatz zufällig dabei zuhörte, wie er seinem Teddy verschwörerisch zuraunte: »Heute Nacht gehen wir in Babys Zimmer und machen es tot!« Es gibt aber in guten Ratgebern ganze Kapitel zur Problematik der Eifersucht, und es schadet nicht, sich mal eines vorzunehmen – auch wenn man als erfahrene Eltern eigentlich schon mit dem Ratgeberlesen abgeschlossen hat.

Für den Vater, der (zumindest einen Teil des Tages) zwei Kinder betreut, gibt es aber im Grunde nur eine wichtige Regel: Beide Kinder fair behandeln. Das muss nicht heißen, sie absolut gleich zu behandeln. Je älter das erste Kind, desto mehr Verständnis kann man voraussetzen. Aber jedes der Kinder sollte an jedem Tag seinen eigenen kleinen Triumph feiern dürfen und von Papa bejubelt werden. Oder eine eigene Extra-Einheit Streicheln abbekommen. Auch wenn man die Vätermonate technisch gesehen dem kleineren Kind zu verdanken hat, muss man für alle Kinder da sein, wenn man denn schon einmal da ist.

Wenn beide Kinder noch ziemlich klein sind, also der Abstand gering, so hat es jedenfalls Yassin erlebt, dann ist die Grenze zwischen Eifersucht, typischen Trotzphasen und den notwendigen Ausbrüchen auf dem Weg der Ich-Findung ohnehin fließend. Seine ältere Tochter beispielsweise hatte eine Phase, in der sie erst einmal von der Prämisse ausging, dass alle Stifte unter der Sonne ihre seien. Da das Phänomen (»Meins! Meins!«) zu Hause einsetzte, dachte Yassin erst, hier ginge es um Eifersucht. Aber auch im Kindercafé reklamierte sie die Schreibutensilien exklusiv für sich. Es ging also vermutlich um etwas anderes: zu lernen, wie das so ist mit Besitzverhältnissen, und wo die Grenze zwischen Wunsch und Wirklichkeit verläuft.

 ## Was hilft

In Douglas Adams Science-Fiction-Komödie *Per Anhalter durch die Galaxis* gilt es im gesamten bewohnten Universum als sinnvoller Rat, immer und an jedem Ort ein Handtuch mitzuführen. Aber in Adams Welt ist freilich 49 auch die Antwort auf alle Fragen nach »dem Leben, dem Universum und dem ganzen Rest«. Trotzdem, was dem Handtuch-Tipp im echten Leben und in der Vaterzeit mit zwei

Kindern am nächsten kam, das war für Yassin lange Zeit: Obstmus.

Solange Obstmus vorhanden war, war vieles einfacher. Beide Kinder sprangen darauf an, als Vater musste er deswegen kein schlechtes Gewissen haben, die pürierten Früchte spendeten Trost und beendeten Kampfhandlungen, lenkten ab und halfen übermüdeten Kindern, die Augen aufzuhalten. Und zur Not konnten die Töchter mit dem 100-Gramm-Plastikbecher und dem Löffel sogar Schlagzeug spielen.

Auf der anderen Seite eignet sich dieser Tipp natürlich nicht zur Verallgemeinerung. Bei mehr als einem Kind gibt es überhaupt nur noch sehr wenig verallgemeinerbare Ratschläge. Vater-Mutter-Kind und Vater-Mutter-Kind sind, bei allen individuellen Unterschieden, definitiv vergleichbarer als eine Viererbande oder Fünfertruppe oder ein Familien-Sixpack. Kinderanzahl und Altersabstand – schon diese beiden Faktoren lassen die Zahl der möglichen Konstellationen schier ins Unendliche wachsen. Und dezimieren damit die Anwendbarkeit fast jedes konkreten Rates.

Trotzdem gibt es, für den Mehrfachvater in Elternzeit, möglicherweise ein paar einfache Prinzipien, die sich als hilfreich im Alltag erweisen.

Doppelt hält besser

Es ist in gewisser Weise Luxus, und es muss sich rechnen lassen. Aber wenn es aufgeht, dann ist es eine wirklich tolle Lösung: Die überlappende Elternzeit von Mama und Papa, also die parallele Inanspruchnahme aller oder einiger Elterngeldmonate durch die Eltern. Rechtlich ist das glücklicherweise überhaupt kein Problem, und jedes Paar ist frei, eine für sich passende Kombination zu wählen. Zum Beispiel ein paar Monate gleichzeitig zu Hause zu bleiben. Oder gleich das Maximum auf diese Weise auszuschöpfen – also die ihnen insgesamt maximal zustehenden 14 Monate in sieben Monaten gleichzeitig »aufzubrauchen«.

Yassin und seine Frau haben sich gleich zwei Mal dafür entschieden, einen Teil ihres Kontingents parallel in Anspruch zu nehmen – und das für gut befunden. Es ist richtig toll, wenn alle Familienmitglieder sich ein paar Wochen lang nur umeinander zu kümmern brauchen.

Und natürlich entzerrt ein solches Modell den alltäglichen Wahnsinn enorm. Zu den Stresszeiten sind dann zwei Eltern da – vor allem morgens nach dem Aufwachen und beim Ins-Bett-Geh-Marathon war Yassin regelmäßig heilfroh, dass er nicht allein war. (Ganz abgesehen davon, dass die Gegenwart seiner Frau immer auch eine Absicherung war, wenn er sich mal wieder mit irgendetwas unsicher war.)

Es gibt aber noch weitere Vorteile. Einer, den vor allem die Eltern haben, liegt auf der Hand: Sie können sich die Arbeit aufteilen, und zwar je nach Bedarf auch so, dass der eine stunden- oder tageweise ganz frei hat – um Bewerbungen zu schreiben, Behördengänge zu erledigen oder Freunde zu besuchen.

Aber auch für die Kinder gibt es einen Mehrwert. So ist es fast nur in einer solchen Konstellation realistisch, mit dem zweiten Kind Kurse zu besuchen, jedenfalls wenn das ältere Kind nicht im Kindergarten oder in der Schule ist. Erstaunlich wenige Kurse eignen sich für Kinder unterschiedlichen Alters – ganz abgesehen davon, dass man vier Arme bräuchte, um zum Beispiel zwei Kinder beim Babyschwimmen zu sichern.

Und schließlich, das fand Yassin nicht unwichtig, erlauben die gedoppelten Elternmonate es, auch dem zweiten Kind einen Hauch von der Einzelkinderfahrung zu gestatten, die sein älteres Geschwisterchen machen durfte. Tageweise haben Yassin und seine Frau die Kinder zum Beispiel regelrecht untereinander aufgeteilt. Es ist schön, zu viert zu sein – aber manchmal eben auch, wenn man Mama oder Papa für sich ganz allein hat.

> Die doppelte Elternzeit ist grundsätzlich eine tolle Sache, besonders aber bei mehr als einem Kind. Klar, in dieser Zeit erhalten beide Eltern nur zwei Drittel ihres Gehalts. Aber es lohnt sich darüber nachzudenken, ob man nicht in den Monaten zuvor etwas anspart, um sich diese Familienzeit leisten zu können.

Die Kleine-Familie-trifft-große-Familie-Regel

Füttern, wickeln, anziehen: Das ist ein Dreikampf, den alle Eltern kennen und absolvieren müssen, bevor sie mit dem Nachwuchs das Haus verlassen. Bei zwei und mehr Kindern dauert diese Prozedur enervierend lange. Dasselbe gilt fürs anschließende Verfrachten in Kinderwagen oder Auto, fürs Ausziehen am Ankunftsort und für die Rückfahrt und Ankunft zu Hause. Zwischendurch wollen die Kinder dann natürlich wieder essen und trinken und gewickelt werden – eine entsprechend bauchige und schwere Tasche muss deshalb bei jedem Ausritt vorbereitet, gepackt und mitgeschleppt werden. Das alles ist oft unvermeidbar und findet in der kleineren Variante sogar mehrmals täglich statt. Durch Routinen wird ein Teil der zermürbenden Wirkung gemildert. Aber nur ein Teil. Sprich: Es ist jedes Mal wieder nervig.

Yassin und seine Frau haben sich deshalb eine Regel überlegt: Die kleinere Familie besucht die größere. Das heißt: Befreundete Eltern mit nur einem Kind müssen die Reise antreten, wenn man sich sehen will.

Natürlich gibt es Ausnahmen, viele sogar. Und Yassin und seine Frau haben auch gar keine Lust, nicht mehr aus dem Haus zu kommen. Bei Kindergeburtstagen ist es zum Beispiel selbstverständlich, dass man die Einpack-Auspack-Orgie veranstaltet. Oder wenn man einen Ausflug machen will. Oder einfach so mal raus will. Es ist also nicht eine Regel im eigentlichen Sinne, sondern mehr eine Du-kommst-aus-dem-Gefängnis-frei-Karte, die Yassin und seine Frau zücken, wenn sie ihre Freunde zwar sehen wollen, aber bei dem Gedanken ans neuerliche Sachen-Zusammensuchen Pickel kriegen. Ihre Freunde haben das von Anfang an anstandslos akzeptiert.

Die Regel ist aber eigentlich nur ein Beispiel – ein Beispiel dafür, dass man sich als Eltern von mehreren Kindern ruhig auch mehr helfen lassen und mehr Entgegenkommen annehmen darf. So haben Yassin und seine Frau ihren eigenen Eltern stets signalisiert, wenn sie wirklich mal dringend wieder eine Nacht durchschlafen mussten. Und im Sinne der Minus-Eins-Regel entspannt es manchmal schon enorm, wenn ein Kind für einen Tag oder zwei die Großeltern besucht – wo es dann wiederum eine Einzelkinderfahrung machen darf. Ein schlechtes Gewissen muss man also keinesfalls haben.

Routine = Entspannung

Bis hierher klang es so, als sei ein zweites Kind vor allem ein weiterer Stressfaktor. Das ist natürlich nur die halbe Wahrheit. Markus' Bruder zum Beispiel fand, dass beim zweiten Kind alles viel leichter wurde. Vor allem, weil die größte und nervenaufreibende Unsicherheit weg war. Der erfahrene Vater wusste genau: Das erste Fieber geht auch weg, ohne dass die Eltern in die Notaufnahme müssen. Die Windeln der Marke X sind Mist, weswegen es sich lohnt, die Marke Y zu kaufen, und die Umstellung von Milch auf feste Nahrung ist anstrengend, funktioniert aber am Ende bei allen Kindern.

Bei Markus' Bruder kam jedoch helfend hinzu, dass sein großer Sohn schon fast drei war, als das kleine Schwesterchen kam. Ein Alter, in dem er keine ständige Bedrohung für das Neugeborene darstellte. Sondern im Gegenteil schon helfen und beispielsweise die Funktion der Alarmanlage übernehmen konnte: Papa, das Baby will wieder die Erde essen!

Markus' Bruder fand zudem, dass man als Mehrfacheltern weniger schnell versumpft. Schließlich sei man mit weiteren Kindern schon so eine Art Kleingruppe. Es gebe an sich schon mehr Interaktion. Der Bespaßungsbedarf sei insgesamt niedriger, das versichern auch andere Mehrkind-Eltern.

Und, das hat Yassin erlebt, ein bisschen Erleichterung ergibt sich auch daraus, dass gerade bei geringem Abstand das kleinere Kind sehr viel sehr schnell vom älteren Geschwisterkind abschaut. Die kleine Tochter von Yassin und seiner Frau zum Beispiel hatte ihrer Schwester so oft beim Breiessen zugesehen, dass sie von Beginn an ausgesprochen manierlich aß und die Phase der Breischlachten und Löffelwerferei einfach übersprang. Sie sah ja jeden Tag, wie es gedacht war.

Schwester!!!!!!!!

Am Ende aber ist es natürlich nicht viel anders als bei den
Vätern, die nur ein Kind betreuen: Was über alle Krisen
und Katastrophen am besten hinweghilft, sind die besonderen Momente. Bei Geschwistern eben die Art und Weise,
wie sie interagieren. Yassins ältere Tochter zum Beispiel
konnte schon kurz nach der Geburt ihrer Schwester »Schwester« sagen – und auch wenn sie technisch in der Lage gewesen wäre, auch deren Namen auszusprechen, hat sie es
nicht für nötig erachtet, ihn auch nur zu üben. Schwester
blieb für sie Schwester. Und es ist zugleich ihr Kampfruf,
mit dem sie auf ihre Schwester zustürzt, wenn sie diese
nach der Kita wieder sieht – voller Freude, dass da noch jemand zum Spielen ist. »Schwesteeeeeerrrrr!!!!!« Die Kleine
sieht es ähnlich. Zwar kann sie noch nicht sprechen, aber
ihr Grinsen spricht Bände – und die Art und Weise, wie sie
versucht, notfalls bis an die Grenze der körperlichen Leis-
tungsfähigkeit, der Großen so schnell hinterher zu krabbeln, dass sie auch ja nichts von dem verpasst, was die als
Nächstes anstellt.

Nur einen wirklich gravierenden Unterschied gilt es festzuhalten zwischen Vätern, die ein Kind betreuen, und solchen, die es in ihrer Elternzeit mit mehreren Exemplaren
aufnehmen: Letztere müssen sich keine Strategien zur Über-
windung der Langeweile ausdenken. Unter Garantie nicht.

KAPITEL 13

Und danach?

Egal ob zwei Monate oder zwölf – irgendwann, und zwar viel schneller als erwartet, ist die Elternzeit wieder vorbei. Und dann? Klar ist: Es wird nie wieder wie vorher. Die Vätermonate sind keine Episode, sie sind ein Auftakt. Familienleben und Arbeitsleben müssen nach dem Ende der Elternzeit in ein neues Verhältnis gebracht, dauerhafte Lösungen für die Kinderbetreuung gefunden werden. Dazu gehört eine ganze Menge Organisation – und Emotion.

 Papa kriegt Gefühle

Als er seine kleine Tochter das erste Mal im Kindergarten allein ließ, nach zwei oder drei gemeinsam dort verbrachten Vormittagen, hat Jonas tatsächlich geheult. Heimlich natürlich, draußen vor dem Zaun, auf einer Bank. Das erste Mal seit Teenagerzeiten. Und es war ihm nicht mal peinlich.

Zwar fand er es absolut richtig, die Kleine im Alter von einem Jahr in den Kindergarten zu geben. Da hatte sie andere Kinder um sich, größere und kleinere, da lernte sie andere Sachen als immer nur zu Hause allein mit dem Papa.

Aber dennoch – es war klar, dass nie wieder sich jemand so um sein Kind kümmern würde wie er in all den langen Tagen zu zweit. Sein Kind würde nur eins von vielen in der Einrichtung sein, im Guten wie im Schlechten. Trennung tut weh, das ist normal und gar nichts Heldenhaftes. Aber den Kita-Start als Vater selbst zu erleben, diesen ersten Schritt zur Selbstständigkeit des Kindes, statt sich alles nur von der Mutter berichten zu lassen, das ist schon was Besonderes.

Vor allem war Jonas klar, dass nun ein wichtiger Abschnitt unwiederbringlich zu Ende war, ein Abschnitt in seinem Leben und in dem des Kindes. Die Existenz im Doppel, er und das Kind, die Abhängigkeit voneinander – vorbei. Nicht das Gefühl von Befreiung kam da auf, nicht von Stolz, obwohl beides gerechtfertigt gewesen wäre. Sondern Traurigkeit. Die Vaterzeit, das wusste Jonas, würde ihm verdammt fehlen. Und dass bald anderes kommen würde, die ersten wirklichen Unterhaltungen mit dem Kind, gemeinsames Ziegenstreicheln, gemeinsame Ruderbootfahrten, das wusste er zu diesem Zeitpunkt noch nicht. Oder er wusste es, aber spürte es noch nicht.

Wieso die Gefühlsduselei? Weil sie dazugehört. Und weil sie zeigt, worum es bei der Vaterzeit am Ende auch geht: um die ganz großen Emotionen.

Das arme Kind! Das war auch Markus' erster Gedanke, als er seinen Sohn in der Kindertagesstätte verabschiedete. Der brüllte, so laut es seine zarten Stimmbänder hergaben. In der emotional verzerrten Wahrnehmung seines Erzeugers bestand er nur aus Wut, Angst und kübelweise Tränen. Zum ersten Mal sollte Papa ihn alleine in der Obhut der Erzieherin lassen. Nicht mehr dabei sein, wie in den ersten Kita-Tagen, nicht mal im Vorraum. Richtig raus.

Auf der Straße kam Markus ein zweiter Gedanke: Den bin ich erst mal los. Ich kann jetzt wieder Kaffee trinken, ohne dass er kalt wird, weil ich mein Kind davon abhalten muss, das Blumengesteck auf dem Nachbartisch zu verwüsten. Entspannt nach Hause schlendern, ohne ständig das Kind im Auge zu haben. Vielleicht sogar die Ohren mit einem Kopfhörer verplomben. Und dem Kind? Dem ging es gut. Das hatte wie immer schon mit dem Heulen aufgehört, da war Papa noch nicht an der nächsten Straßenecke. Befreit ging Markus ins Café, um zu frühstücken und dabei in Ruhe einige Illustrierte durchzublättern, danach noch zum Friseur und dann schaufensterbummelnd nach Hause.

Dort kam ihm der immerhin schon dritte Gedanke dieses Tages: Hier fehlt was. Und dann war er doch ziemlich froh, als er nachmittags seinen zwar völlig erschöpften, aber gut gelaunten Filius wieder auf dem Arm hatte.

Markus verwirrte das alles sehr. Für einen kurzen Moment verspürte er die Erleichterung, dass jetzt alles so unbeschwert sein würde wie früher – um dann wiederum erleichtert zu merken, dass es nie mehr so sein würde wie früher. Denn das Kind war da, auch wenn es von nun an zeitweise woanders sein würde als seine Eltern. Dieser merkwürdige Zustand zwischen Erleichterung und Wehmut dauerte eine ganze Weile. Bis Markus endlich angekommen war im Neuland – dort, wo es zunächst so aussah wie in seinem alten Leben ohne Kind, und dann doch ganz anders war. Vielleicht wäre der Übergang schneller und einfacher gegangen, wenn er sich vorher Gedanken darüber gemacht hätte, wie merkwürdig es für ihn sein würde, seinen Sohn nach zwölf Monaten intensiver Betreuung temporär abzugeben. Aber dafür hatte er keine Zeit gehabt. Er war zu beschäftigt gewesen, den reibungslosen Übergang zu managen.

Auch wenn es nach Weichei klingt – und das keiner von uns sein mag: Bei aller Organisation des Übergangs nicht vergessen, sich in Ruhe damit auseinanderzusetzen, was die Loslösung vom Kind für den Papa emotional bedeutet. Vielleicht sogar – igitt – das Gespräch mit der Partnerin oder einem Vertrauten suchen.

Kinderbetreuung – so baut man sein Kartenhaus

»Auch zum Zögern muss man sich entschließen«, dieses Zitat des polnischen Lyrikers Stanislav Lec prangte in großer Schrift auf einem schlichten Plakat im Schaufenster eines wunderschönen Ladenlokals in einer niederrheinischen Kleinstadt. Es eröffnete einen kurzen Text über eine Nicht-Eröffnung. Die Nicht-Eröffnung einer Goldschmiede. Deren Einweihung wurde nämlich verschoben, weil die Schmiedin noch keinen Kinderbetreuungsplatz für ihre Tochter gefunden hatte. So weit zur (west-)deutschen Realität der Vereinbarkeit von Beruf und Familie. Doch auch wer frühzeitig einen Kindergartenplatz oder eine Tagesmutter gefunden hat oder anderswie unterstützt wird, sollte nicht unterschätzen, was nach der Elternzeit auf ihn wartet. Er muss ein Kartenhaus bauen, das Kartenhaus der Kinderbetreuung.

Teurer Spaß: Die Doppelverdiener-Familie

Ein Doppelverdiener-Paar, das nach Papas Elternzeit beruflich in etwa da weitermachen will, wo es bei der Geburt des Kindes aufgehört hat, braucht ein sehr ausgetüfteltes Konstrukt der Kinderbetreuung. Bei Markus und seiner Freundin gehören dazu der Kindergarten, die Babysitterin, die das Kind vom Kindergarten abholt, außerdem Absprachen mit beiden Arbeitgebern über die Dienstzeiten, und für die Ferien auch noch potenziell die Großeltern.

Das Konstrukt kostet mehrere hundert Euro, bevor einer von den beiden überhaupt das Büro von innen gesehen hat. Aber es steht – ihr Betreuungskartenhaus. Jedenfalls solange das Kind gesund bleibt, die Eltern auch, im Kindergarten gerade keine Windpocken, Masern, Röteln, Scharlach oder Brechdurchfälle umgehen, die Babysitterin nicht verhindert ist oder spontan kündigt. Und natürlich sollte der Arbeitgeber sich mit Überstunden, Dienstreisen, Abendterminen und allem Unplanbaren zurückhalten. Was zeigt: Zieht man eine Karte heraus, wird das ganze Haus arg wackelig.

Als Jonas' hoch geschätzte Babysitterin sich für ein Jahr in die USA verabschiedete und eine neue nicht gleich gefunden war, da fühlte er sich zurückgeworfen in die ersten Wochen nach der Geburt seiner Tochter. Fast wie damals fehlte jetzt wieder die Flexibilität. Und eine zweitägige Dienstreise seiner Frau löste fast eine Beziehungskrise aus, weil sie sich mit einem Schließtag des Kindergartens überlappte und Jonas gerade an diesen Tagen eigentlich ordentlich im Büro hatte ranklotzen wollen. Weshalb die beiden überlegten, sicherheitshalber gleich zwei Babysitterinnen einzuarbeiten. Für den Fall der Fälle. Der bestimmt kommt.

Weil bei den unvermeidlichen Kinderkrankheiten eine Fremdbetreuung, und sei sie noch so teuer eingekauft, meist wenig hilft – das Kind will in der Not nur Papa oder Mama –, kann hier oft ein Elternteil nicht arbeiten gehen. Das geht nicht? Das geht. Der Gesetzgeber erlaubt es ausdrücklich. Die meisten Arbeitgeber akzeptieren diese Regeln – manche mit Zähneknirschen, manche bereitwillig. Klar ist allerdings auch, dass in einigen Unternehmen das Standing des Arbeitnehmers weniger leidet, wenn er sich selbst krank meldet, als wenn er wegen seiner fiebernden Kinder zu Hause bleibt.

> Wenn Kinder krank sind, gibt es für Eltern zur Pflege einen Rechtsanspruch auf Freistellung von der Arbeit. Bedingung: Ein Attest, das die Krankheit des Kindes bestätigt – und der Umstand, dass niemand sonst im Haushalt die Betreuung übernehmen kann. Pro Jahr können Vater und Mutter jeder zehn Arbeitstage freigestellt werden, bei mehreren Kindern jeder maximal 25 Tage. Das Gehalt wird voll weiterbezahlt.

Karte für Karte aufstellen

Markus hatte noch zwei Wochen bis zu seinem ersten Arbeitstag. Wunderbarerweise war die Kindergarteneingewöhnung seines Sohnes, also das langsame Heranführen an die neuen Bezugspersonen und die andere Umgebung, völlig reibungslos verlaufen. Der Kleine fühlte sich schon nach kurzer Zeit in seiner Kindergartengruppe fast wie zu Hause. Manchmal fühlte er sich dort vielleicht sogar besser. Zumindest hatte er zu Hause noch nie drei Teller Linsensuppe verputzt. Sprich: Markus sah wunderbare 14 Tage auf sich zu kommen. Nur noch schnell die Babysitterin einarbeiten, die den Kleinen dreimal die Woche vom Kindergarten abholen sollte, und dann konnte er tagsüber machen, was er wollte. Dachte Markus.

Dummerweise bekam sein Sohn eine Mittelohrentzündung – und der Vater ein mulmiges Gefühl. Vielleicht hatten sie doch etwas knapp geplant mit der Babysitterin. Denn das kranke Kind wollte natürlich erst mal nicht auf seine Eltern verzichten, und somit konnte die Gewöhnung an die neue Betreuerin nur auf Sparflamme laufen. Was, wenn das Kind bei Markus' Dienstantritt noch nicht so weit wäre, sich von der Babysitterin betreuen zu lassen, während seine Eltern noch im Büro säßen? Plötzlich erschienen die großzügig geplanten zwei Wochen zur Gewöhnung an die Babysitterin doch ziemlich knausrig kalkuliert. Am Ende hatten Markus und seine Freundin auch hier Glück: Ihr Sohn fand die Babysitterin nett und das Betreuungskonstrukt funktionierte pünktlich. Was aber gar nicht mehr so wichtig war, denn Markus' Dienstantritt verzögerte sich ohnehin. Mittlerweile war auch er krank.

Wie bei einem richtigen Kartenhaus sollte man sein Betreuungsgebäude langsam und vorsichtig hochziehen. Immer schön eine Karte mit einer anderen abstützen. Und dabei einkalkulieren, dass das Kind vielleicht doch länger braucht, um sich an den Kindergarten oder die neue Tagesmutter zu gewöhnen. Die Konstruktion bleibt stets wackelig.

Das Danach beginnt schon davor

Es gibt kaum ein Bild, das die deutsche Betreuungsmisere treffender zeigt, als die schwangere Mutter auf dem Info-Abend des Kindergartens. Was absurd, voreilig und streberhaft wirkt, ist in einigen Gegenden bittere Notwendigkeit. Dort einen Kindergartenplatz für ein unter dreijähriges Kind zu bekommen gleicht zumindest einem Dreier beim Lotto. Und eigentlich ist die schwangere Mutter schon viel zu spät dran. Idealerweise sollten die zukünftigen Eltern am Morgen nach der mutmaßlichen Zeugung schon beim Kindergarten anfragen. Als Berliner sind Yassin, Jonas und Markus verwöhnt, weil hier das Angebot vergleichsweise gut ist. Der Bruder von Jonas' Frau aber lebt im schönen Baden-Württemberg. Und dort gilt die Devise: Wir können alles, außer Krippenplätze bieten. Zwar wächst das Angebot von Jahr zu Jahr, aber bei Weitem nicht schnell genug.

Tatsächlich ist es die richtige Strategie, mit der Suche nach einer Betreuungsmöglichkeit sehr früh zu beginnen. Selbst da, wo ausreichend Kindergartenplätze oder Tagesmütter vorhanden sind. Häufig gibt es eine Kindergartenliste beim örtlichen Jugendamt. Dazu sollten die Eltern sich eine Liste ihrer Prioritäten erstellen: Welches pädagogische Konzept liegt uns? Wie wichtig sind die Öffnungszeiten? Muss der Kindergarten einen Garten haben? Dann sollten sich die jungen Eltern gegebenenfalls die Mühe machen, mehrere Kindergärten zu besichtigen. Bei Markus und seiner Freundin waren es fünf, und damit waren sie in ihrem Bekanntenkreis gerade mal im Mittelfeld. Wobei natürlich nur in Großstädten das Angebot überhaupt so breit ist.

Yassin und seine Frau besichtigten ein gutes Dutzend Kitas – aber nicht, weil sie so wählerisch waren. Sondern weil es zumindest in Berlin schwer ist, einen Platz zu ergattern, den das Kind zu einem anderen Zeitpunkt als

Spätsommer oder Frühherbst antritt. Im August oder September verlassen die älteren Kindergartenkinder die Einrichtung und wechseln auf die Schule, und die Kita wird von unten aufgefüllt. Es gilt also das Schuljahr, sogar für Einjährige. In anderen Bundesländern gibt es sicher ähnliche Probleme, und für Väter ist es eine gute Idee, einen Teil ihrer Elternzeit in die Lösung der Betreuungsfrage zu investieren. Schon ein einziger Anruf beim nächstgelegenen Kindergarten kann die so wichtige Frage des richtigen Anmeldezeitpunkts klären.

Wenn man seinen größten Schatz in die Hände fremder Menschen gibt, sollte man ruhig sorgfältig auswählen, welche fremde Menschen das sind. Markus und seine Freundin machten die Erfahrung, dass man sich dabei von Größe, Lage und Ausstattung eines Kindergartens nicht zu sehr beeinflussen lassen sollte. Am Ende spielt eben doch die Persönlichkeit derer, die sich um die Kleinen kümmern, eine ganz wichtige Rolle. Egal, ob es die Erzieherin, der Babysitter oder die Tagesmutter ist. Markus und seine Freundin hatten Glück. Sie hatten nicht nur einen Kindergartenplatz ergattert, der Kindergarten erwies sich auch als echter Volltreffer. Die motivierten Erzieherinnen kümmerten sich liebe- und planvoll um die Kinder. Eine andere Kindertagesstätte, die sie zunächst ins Auge gefasst hatten, hatte für ihren Sohn keinen Platz frei gehabt. Was zuerst schade schien, denn einige andere Kinder aus seiner Krabbelgruppe kamen dort unter. Im Nachhinein waren Markus und seine Freundin aber erleichtert, denn schon nach kürzester Zeit schauten sich die anderen Eltern, die einen Platz bekommen hatten, nach Alternativen um. Der große Garten, die sanierten Räume und die nette Leiterin, die auch Markus und seine Freundin beeindruckt hatten, waren in der Praxis dann doch nicht so wichtig wie die konkrete Erzieherin. Und die erwies sich als Reinfall.

Dass das Kind einen Kindergarten besucht, organisieren Eltern meist nicht als Selbstzweck – sondern weil es oft die einzige Möglichkeit darstellt, wieder arbeiten zu gehen; und zwar für beide, Mutter und Vater. Trotzdem, so hat Jonas es erlebt, ist auch fürs Kind selbst der Kindergarten eine gute Sache. Natürlich hat man Skrupel, sein erst ein oder eineinhalb Jahre altes Kind den halben oder ganzen Tag fortzugeben. Jeder muss selbst entscheiden, wann er sein Kind – und sich selbst – für robust genug hält, den Kindergartenstart zu wagen. Jonas, Markus und Yassin haben gute Erfahrungen damit gemacht, ihre Kinder schon früh abzugeben. Bislang sind bei den Kleinen noch keine Symptome zu erkennen, die auf eine Entwicklung in Richtung Sozialkrüppel hindeuten.

Wie stark Kultur und Gewohnheit die Einschätzung prägen, was gut fürs Kind ist, hat eine Bekannte von Jonas erlebt. Sie arbeitet als Deutsche in Brüssel für die Europäische Kommission. Als sie ihre Tochter mit knapp einem Dreivierteljahr in die Krippe gab, haben sich alle schwer gewundert: Ihre deutschen Kollegen, dass das Kind schon so früh hinausmusste ins feindliche Leben. Und ihre französisch geprägten belgischen Kollegen, dass das Kind erst so spät in die Kita kam – so als ob Kind oder Eltern irgendwie spezielle Probleme hätten. Es gibt also nicht den einen, einzigen, richtigen Weg.

Grundsätzlich aber spricht vieles für den Kindergarten. Die Erzieherinnen sind Profis – sie bieten den Kindern nicht das Gleiche wie die Eltern, aber das ist okay, denn sie bieten ihnen einfach noch mal etwas ganz anderes.

Ob es einfühlsame Profis sind, ist allerdings Glückssache. Jonas hatte Glück, genau wie Markus. Wenn seine Tochter beispielsweise schon nach eineinhalb Stunden im Gewühl mit den anderen Kindern todmüde war, legten die Erzieherinnen sie einfach außer der Reihe für ein Erholungsnickerchen vor dem Mittagessen hin. In anderen Einrichtungen ziehen die Erzieherinnen knallhart ihr Programm durch, damit haben Freunde von Jonas leidvolle Erfahrungen gesammelt.

Fast immer bringt der Kindergarten die Kinder in ihrer Entwicklung weiter – zumal wenn sie zu Hause keine großen Geschwister haben, von denen sie sich was abgucken können. Jonas' Tochter lernte das Verstreuen von Bauklötzen zu Hause, das Aufräumen derselben aber in der Kita. Genauso das Essen mit Besteck und das Aufhängen der Jacke am Kleiderhaken. Und zwar, so erlebte es Jonas, viel leichter als zu Hause. Weil sein Töchterlein erstens den anderen, den großen Kindern dort unbedingt alles nachmachen wollte. Weil zweitens die Lernprozesse nicht immer überlagert wurden von Gefühlsausbrüchen, wahlweise Schmuserei oder Zornesgebrüll – das Verhältnis zu den Eltern ist natürlich ein viel innigeres als zu den Erzieherinnen, was daheim manches auch schwerer macht. Und drittens ist mit zwölf Kindern in der Gruppe auch einfach etwas mehr Strukturierung nötig als nur mit einem daheim am Küchentisch. Die Lernprozesse sind also nicht künstlich pädagogisch motiviert, sondern ganz praktisch unverzichtbar. Der Kindergarten ist mithin auch deshalb hilfreich, findet Jonas, weil er den Eltern ein kleines bisschen Erziehungslast abnimmt. Und ihnen die Möglichkeit gibt, die Abende und Wochenenden allein mit dem Kind besonders zu genießen – und dann auch großzügig zu sein, was Aufmerksamkeit und Zeit und ab und zu sogar Nachgiebigkeit angeht. Auch das ist ein schöner Effekt, wenn das Kind in den Kindergarten kommt.

Allerdings: Wenn die Erzieherinnen im Kindergarten gut sind, so ist das eigentlich ein kleines Wunder. Die Voraussetzungen für dieses Wunder sind schlecht. Zwischen 1764 und 2285 Euro monatlich bekommen Kindergärtnerinnen, Stand 2008, und zwar brutto, vor Steuern und Abgaben. »Man bekommt für ein bestimmtes Geld nur bestimmte Leute«, sagt Fabienne Becker-Stoll vom Münchner Staatsinstitut für Frühpädagogik. Vor der Leistung engagierter Erzieherinnen hat sie umso mehr Respekt. Aber die Ausbildung für den anspruchsvollen Job in der Kita findet sie nicht gut genug. Anders als etwa in Frankreich ist es keine Hochschulausbildung. Nun bekommen Grundschullehrer hierzulande im europäischen Vergleich ein Spitzengehalt, Erzieher liegen nur im Mittelfeld. Das Problem ist die Kluft dazwischen. Wer sich für Kinder interessiert und fit ist fürs Studium, der wird schon des Geldes wegen in Deutschland Lehrer statt Erzieher. Dabei ist die pädagogische Herausforderung eigentlich umso größer, je weniger sich das Kind selbst artikulieren kann. Entgegen alter Vorurteile geht es bei Babys in der Kita keineswegs nur um Satt-und-sauber-Pflege. Sondern um ein geschultes Gespür und gezielte Anregung. Daran mangelt es vielerorts sehr.

Tagesmütter sind allerdings keine besonders gute Alternative zum Kindergarten. Zwar gibt es auch hier viele lebenskluge und liebevolle Betreuerinnen. Aber die Ausbildung der Tagesmütter ist lächerlich dürftig, je nach Bundesland liegt sie beispielsweise bei 100 Stunden. Viele von ihnen haben nie einen Beruf gelernt, und sie werden noch schlechter bezahlt als Erzieherinnen. Vor allem: Was bei der Tagesmutter mit den Kindern geschieht, findet unter Ausschluss der Öffentlichkeit statt. Im Kindergarten hingegen gibt es stets mehrere Erzieherinnen, es gibt eine Kita-Leiterin. Es gibt also Unterstützung zwischen den Kollegen – und natürlich auch Kontrolle. Und so erweist sich der Kindergarten dann doch wieder als eine sinnvolle Sache.

Denn ewig allein mit dem Kind zu Hause bleiben, das ist für die meisten Eltern keine Option. Weil sie selbst in den Beruf zurückstreben – und weil sie es richtig finden, dass auch ihr Kind unter Menschen kommt.

> Frühzeitig in der Elternzeit mal einen Tag mit Kind im Kindergarten seiner Wahl mitlaufen. Vorwand: Das Kind solle sich schon mal anschauen, wie schön es hier ist. Wahres Ziel: Die Erzieherinnen beobachten. Immerhin werden sie zu den wichtigsten Bezugspersonen unserer Kinder – im Guten oder Schlechten.

 ## Zurück im Job bleibt alles anders

»Ein Mann, der aus der Elternzeit zurückkehrt, ist nicht mehr derselbe Angestellte wie vorher«, sagte Yassins Sitznachbarin auf dem Flug von Wien nach Tel Aviv. Sie wusste, wovon sie sprach: Die Norwegerin war jahrelang Personalchefin eines ehemaligen Staatsunternehmens gewesen. In dieser Zeit hatte sie junge Väter regelrecht gedrängt, ein paar Monate zu Hause zu bleiben. »Weil sie danach bessere Mitarbeiter waren, gewissenhafter, verantwortungsvoller, menschlicher.« In Skandinavien ist die Elternzeit für Väter längst prestigefördernd, hierzulande leider noch nicht. Aber besonders beeindruckte Yassin an seiner Gesprächspartnerin, wie selbstverständlich es für sie war, dass Väter eben auch nach der Elternzeit noch Väter sind – und deshalb nicht nur mit anderen Fähigkeiten, sondern auch mit anderen Verpflichtungen in den Job zurückkehren. »Ist doch klar, dass sie weniger arbeiten wollen, oder dass sie öfter mal zu Hause bleiben müssen, wenn die Kinder krank sind«, sagte die resolute Mittfünfzigerin. Einigen hatte sie sogar von sich aus angeboten, einen Teil ihrer Arbeitszeit zu Hause zu verbringen.

Volle Pulle Vollzeit

Etwa eine Woche, bevor seine Elternzeit zu Ende ging, machte Yassin einen schweren Gang. Er brachte seine Anzüge und Hemden in die Reinigung. Vier Monate lange hatte er die nicht gebraucht, und meistens auch nicht vermisst. Jetzt war es an der Zeit, sich darauf vorzubereiten, bald wieder ins Büro zu gehen. Aber Yassin wollte nicht. Das heißt, er wollte schon. Sehr sogar. Er freute sich auf seinen Job, aufs Wieder-Loslegen, auf die Kollegen, das Adrenalin. Aber er ahnte schon, dass er dafür etwas würde aufgeben müssen. Etwas, das er gerade erst so richtig zu genießen gelernt hatte: Jede Menge Zeit mit seinen Kindern zu verbringen.

Und als es dann so weit war, da fühlte es sich auch wirklich schrecklich an, aus der Tür zu treten. Bei der Verabschiedung von seinen Töchtern an seinem ersten Arbeitstag hatte Yassin einen richtigen Knoten im Magen. Er fühlte sich, als würde er seinen Kindern etwas entziehen. Und er fand es doof, dass seine ältere Tochter ein paar Wochen darauf schon genau verstand, was es bedeutete, wenn er sagte: Papa muss gleich zur Arbeit. Dass Papa sich nämlich für den Großteil dieses Tages verabschieden würde, für lange acht oder neun oder zehn Stunden.

Mit solchen Gefühlen hatte Yassin vorher kaum gerechnet. Und erst jetzt verstand er so richtig, was er manchmal in Elternzeitschriften aus der Feder von Frauen gelesen hatte: Dass Mama mitunter ein schlechtes Gewissen hat, wenn sie nach der Elternzeit wieder arbeiten geht. Natürlich gilt in diesem Zusammenhang für Männer, was auch für Frauen gilt: Dass es keinen echten Grund für ein schlechtes Gewissen gibt. Die Beziehung zwischen Kindern und Eltern leidet in der Regel nicht, wenn diese arbeiten. Nach einigen Wochen hatte sich das blöde Gefühl bei Yassin fast vollständig verflüchtigt. Auch, weil er ja sah, dass es seiner großen Tochter in der Kita ganz offensichtlich gut ging.

Trotzdem hat sich Yassins Sicht auf die Dinge durch die Elternzeit etwas verändert. Er verzichtet zum Beispiel nur ungern und nur, wenn es sich gar nicht vermeiden lässt, darauf, abends seine Kinder noch zu sehen. Weil er natürlich dennoch bei der Arbeit denselben Einsatz bringen will wie vorher, sucht er da, wo es geht, Kompromisse. Heute arbeitet er beispielsweise an stressigen Tagen lieber extra konzentriert und macht mal keine Mittagspause, statt länger im Büro zu bleiben. Und es ist auch schon vorgekommen, dass er spätabends, wenn die Kinder im Bett waren, etwas vorgearbeitet hat.

Auch für Markus waren die nun kürzeren Momente mit seinem Sohn ziemlich wichtig. Er nahm abends nur noch die beruflichen Termine wahr, die unvermeidbar waren. Alle Könnte-man-eigentlich-Hingehen-Veranstaltungen strich er rigoros aus seinem Terminkalender. Wo es möglich war, da verlegte er Termine auf den Morgen.

Das konnte manchmal sogar ein Mittel gegen das ständige schlechte Gewissen sein: Schlug der kinderlose Kollege eine Besprechung in Ruhe nach Dienstschluss vor, konnte man immer noch mit der Frühstücksbesprechung um 7 h 45 am nächsten Morgen drohen. Markus fand es jedenfalls, seit er Vater war, immer total unangenehm, wenn die Kollegen nach der Hektik des Tages noch gemütlich etwas besprachen und er mit dem Mantel in der Hand schon halb aus der Tür war, damit er pünktlich zum Kindergarten oder zur Ablösung der Babysitterin kam.

Bei aller Flexibilität und Umschichtung kommt es gelegentlich zu Kollisionen. Yassin hat zwar relativ regelmäßige Arbeitszeiten, aber es kann immer etwas Dringendes dazwischenkommen – das macht einen Teil des Reizes seines Jobs aus. Besonders in solchen Situationen ist das Netzwerk von Yassin und seiner Frau gefordert. Je unregelmäßiger die Arbeitszeiten des nun wieder voll arbeitenden Vaters, desto enger sollte es also geknüpft sein. Das hat auch Markus wenige Tage nach dem Wiedereinstieg zu spüren bekommen. Eine Erzieherin aus dem Kindergarten rief bei seiner Freundin an, weil ihr Sohn krank geworden war. Die stand allerdings gerade vor einem unheimlich wichtigen Meeting. Also musste Markus, der bloß wichtige Sachen zu erledigen hatte, sofort das Büro verlassen, den Kollegen etwas von wegen »melde mich« zurufen und ab in den Kindergarten und dann gleich weiter zur Kinderärztin hetzen. Auch wenn klar ist, dass hier das Kindeswohl vorgeht: Markus fühlte sich bei der ganzen Aktion ziemlich unwohl. Schließlich hatte er das Büro so fluchtartig verlassen, dass die Kollegen nicht nur seine Arbeit mitmachen mussten, sondern sogar noch seinen Rechner für ihn ausschalteten. Kind krank, Mama und Papa gerade in wichtigen Terminen – für diesen Fall hatten sie einfach keinen Plan B parat gehabt.

Wobei auch ein funktionierendes Notfallbetreuungssystem an einem nichts ändert: Wenn Papa nicht zeitig nach Hause kommt, sieht Papa seine Kinder nicht.

Ein weiterer Aspekt, und man sollte ihn nicht gering achten, kommt bei Vollzeittätigkeit ins Spiel: Die veränderte Bedeutung des Wochenendes. Klassischerweise sind diese zwei Tage der Erholung gewidmet. Für Eltern ist das freilich oft eine Illusion. Natürlich freuen sich gerade Familienväter meist auf den Samstag und den Sonntag, weil sie da ihr Kind oder ihre Kinder in Ruhe sehen und Zeit mit ihnen verbringen können. Insbesondere wer unter der Woche viel arbeitet, wird dieses Bedürfnis verspüren. Darunter aber leidet zwangsläufig die Erholung, jedenfalls wenn die Kinder noch ziemlich klein sind. Nicht nur schlafen sie nicht aus, sie gehen am Wochenende auch nicht in den Kindergarten. Dadurch ist der Betreuungsbedarf sogar höher als normal.

Das alles ist schön und für das Zusammenleben als Familie natürlich auch wichtig. Aber wer – ob als Mann oder Frau – praktisch kaum noch Zeit findet, seinen Akku mal richtig aufzuladen, ist in Gefahr, irgendwann nur noch auf dauerhaft halber Kraft zu laufen. Es mag Väter geben, denen das nichts oder wenig ausmacht. Aber grundsätzlich gilt: Wer Vollzeit arbeitet, muss sich auch mal ausruhen. Und das geht manchmal nur ohne Kinder. Es lohnt sich, darüber schon einmal nachzudenken, bevor man nach der Elternzeit wieder voll einsteigt, sich vielleicht sogar heimlich freut, weil der Beruf natürlich in der Erinnerung nicht so anstrengend war wie die Vätermonate – um dann festzustellen, dass jetzt ja auch noch die gewohnte Ruhephase am Wochenende flachfällt. Hier ist das Netzwerk gefragt – und Mut zur Abgrenzung. Eine Freundin von Jonas hat beispielsweise die Regel eingeführt, dass immer abwechselnd sie am Sonntag mal richtig ausschläft oder ihr Mann, und der jeweils andere sich den halben Vormittag ums Kind kümmert.

Nun neigen Männer bekanntlich zur Wehleidigkeit. Die Reibung zwischen Beruf und Familie ist aber tatsächlich in ganz bestimmten Fällen ein Auslöser für das Burn-out-Syndrom: Wenn es schlecht läuft, dann fühlen sich manche Eltern irgendwann ausgebrannt. Ob sich die vermehrte Zahl von Vätern in Elternzeit auch auf die Burn-out-Statistik niederschlägt, ist noch nicht ausreichend erforscht. Bei der Techniker Krankenkasse, die seit einer Weile Burn-out-Seminare auch für Väter anbietet, hat man über die Anzahl der Teilnehmer aber schon deutliche Hinweise auf eine gestiegene Problematik bei engagierten Vätern. Ein großer Teil ist natürlich die – gewissermaßen gerechte – Ankunft der Männer in der trostlosen deutschen Realität der schwierigen Vereinbarkeit von Job und Familie, wie die Frauen sie schon lange kennen. Ein bisschen gibt es wohl aber eine Sonderbelastung für Männer, erklärt die Krankenkasse, »deren Situation deutlich erschwert wird, weil etwa Fehlzeiten wegen kranker Kinder bei Frauen viel breiter akzeptiert sind«. Am schlimmsten trifft es dabei jene Väter, die eine sehr perfektionistische Einstellung zur Arbeit haben. Sie brauchen den Mut zur Gelassenheit.

Teilzeitarbeit? Hurra!

Wenn Jonas nachmittags gegen vier seine Tochter vom Kindergarten abholt, wenn er mit ihr rumtrödelt und Steinchen auf dem Weg sammelt und Hunde bestaunt, dann ist er glücklich. Wenn er vorher im Büro das Gefühl hat, der Minutenzeiger seiner Uhr dreht sich immer schneller, und er schafft nur die Hälfte von dem, was er schaffen wollte, dann ist er gestresst. Teilzeitarbeit bringt beides: Glück und Stress. In vielen Jobs ist eine Verringerung der Arbeitszeit gleichbedeutend mit einer Verdichtung des zu Erledigenden. Zudem sind Kollegen oder Kunden oder Vorgesetzte oft irritiert, dass da einer sich die Freiheit nimmt, einfach um drei statt um sechs zu gehen – auch wenn ihnen im Prinzip klar ist, dass es so vereinbart ist. Hier heißt es, Selbstbewusstsein zu zeigen. Und das kann sogar Spaß machen. Ganz nach der Devise: Ich bestimme selbst über mein Leben. Ätsch.

Auch nach der Elternzeit wollte Jonas nicht nur Gutenachtkuss-Papa, schon gar nicht bloß Wochenendvater sein. Die Elternzeit sollte keine exotische Episode bleiben, sondern sollte Auftakt sein zu einem neuen Lebensabschnitt. Keinem, in dem es eine Nur-noch-Mama oder einen Nur-noch-Papa geben sollte, das wäre Jonas und seiner Frau deutlich zu einseitig gewesen – sondern zu einem Abschnitt, in dem das Kind ganz selbstverständlich mit dazugehört. Nicht als Ballast, sondern als Herausforderung. Und so hat Jonas seine Arbeitszeit reduziert, und seine Frau tat das Gleiche. Abwechselnd holt eine Woche der eine das Töchterlein immer am frühen Nachmittag vom Kindergarten ab, eine Woche die andere. Wer nachrechnet, der merkt schnell: Das lässt beiden eine Arbeitszeit von 80 Prozent, also doch ganz schön viel. Viel zu oft wird Teilzeit als Halbierung der Arbeitszeit missverstanden. Und eine Halbierung ist oft schwer machbar, arbeitsorganisatorisch für den Betrieb, finanziell für einen selbst.

Grundsätzlich ist jedoch eine Vielzahl von Arbeitszeitmodellen denkbar, wenn – ja wenn der Arbeitgeber mitspielt. Zwar besteht in der Elternzeit, also bis zu drei Jahre, der rechtliche Anspruch auf Teilzeitarbeit (und danach der Anspruch auf Rückkehr in Vollzeit). Zwar gibt es zumindest für Betriebe mit mehr als 15 Mitarbeitern die Pflicht, Teilzeit auch auf Dauer zuzulassen, »soweit betriebliche Gründe dem nicht entgegenstehen«, wie es im Gesetz so schön heißt. Aber wenn der Chef einfach nicht will, hat man ein Problem, Gesetz hin oder her. Väter haben hier im Vergleich zu Müttern oft ein besonderes Problem. »Bei Frauen geht man davon aus, dass sie gleichsam nicht anders können, als Kinder zu kriegen und sich um die zu kümmern – bei Männern gilt das als selbst gewählte Entscheidung gegen das Unternehmen«, sagt Kathrin Mahler Walther von der Europäischen Akademie für Frauen in Politik und Wirtschaft. Und das ist eine Organisation, der sonst das Wohl der Frauen durchaus mehr am Herzen liegt als das der Männer.

Nun werden Frauen insgesamt im Arbeitsleben deutlich öfter diskriminiert, in Führungspositionen etwa gelangen sie selten. Insofern könnte man es für ganz gerecht halten, dass nun die Männer mal in einem Punkt schlechter dastehen. Aber das ist ein Trugschluss, sagt Mahler Walther: Erst wenn sich in der Arbeitskultur der Männer etwas ändert, verbessert sich die Situation auch für die Frauen – die bislang die ganz große Mehrheit jenes Viertels der deutschen Erwerbstätigen stellen, die Teilzeit arbeiten.

Man muss sich Teilzeit auch leisten können, schließlich sinkt mit der Menge der Arbeitsstunden auch das Einkommen. Ein Großteil der nur in Teilzeit Tätigen hierzulande würde gern mehr arbeiten, bekommt aber keine Vollzeitstelle – das ist gerade bei Frauen ein Problem, die aufstocken wollen, wenn die Kinder aus dem Haus sind. Und die dann keinen Rechtsanspruch darauf haben. Finanziell sollte man die Entscheidung für oder gegen Teilzeit konkret vom Steuerberater oder dem Berater bei der Gewerkschaft oder sonst jemand Fachkundigem durchrechnen lassen. Denn sobald das Einkommen sinkt, rutscht man unter Umständen in eine niedrigere und damit günstigere Steuerstufe. Wenn das so ist, dann sinkt das Einkommen erfreulicherweise merklich weniger stark als die Arbeitszeit. Die Gehaltseinbuße wird erträglich.

Bei seiner Arbeit als Journalist hat Jonas einen Mann kennengelernt, dessen Beispiel zeigt, dass Teilzeit funktionieren kann – und zwar nicht nur kurz nach Geburt eines Kindes, sondern auch auf Dauer. Seit sieben Jahren schon kümmert sich der Informatiker zwei Nachmittage in der Woche nur um seine inzwischen zwölfjährige Tochter. Als die nach dem Sommer in der Schule einen neuen Stundenplan bekam, hat der Vater seine Arbeitsplanung im Betrieb angepasst – weil das Kind seit dem Wechsel aufs Gymnasium die Eltern sogar eher mehr braucht als früher in der Grundschule, und die Mutter ist selbst Führungskraft. Dabei ist der Mann als Leiter der Entwicklungsabteilung ein wichtiger Mann in seiner Firma. Aber das Programmieren hat er einfach abgegeben an seine Mitarbeiter, auch wenn ihm gerade das immer besonders am Herzen lag. Und sein Arbeitgeber, ein schwäbisches Software-Unternehmen, hat kein Problem mit der Teilzeit. Inzwischen ist der Mittelständler von der Bundesregierung als besonders familienfreundlich ausgezeichnet worden – es ist ein Vorzeigebetrieb, der Teilzeit-Abteilungsleiter ein Vorzeigepapa. Ein gleichfalls Teilzeit arbeitender Mann hingegen, angestellt bei einem sehr renommierten Konzern, mochte nicht über seine Position reden – »bei uns wird gerade umstrukturiert, da muss ich aufpassen«. Was zeigt, wie heikel Teilzeitarbeit immer noch ist. Der schwäbische Informatiker aber erzählte gern davon, wie wichtig es ihm ist, Frust und Freude seiner Tochter auch mal gleich nach der Schule beim Mittagessen mitzukriegen statt erst abends, wenn alles schon wieder vorbei ist. »Ich weiß, dass ich ein Exot bin«, sagte er. »Aber ich kann das nur empfehlen.«

Das geht Jonas genauso, auch wenn er als Freiberufler in einer besonderen Situation ist und über seine Arbeitszeit selbstverantwortlich frei bestimmen kann. Wobei er nicht ausschließen würde, auch mal wieder Vollzeit zu arbeiten. Wenn der Job es vielleicht doch erfordert, das Geld einfach nicht reicht – oder das Kind irgendwann groß ist. Teilzeit ist toll. Ein Dogma allerdings sollte man nicht daraus machen.

Sprich mit ihr!

Ob Vollzeit oder Teilzeit – wenn beide Eltern wieder arbeiten, ist es extrem wichtig, sich sehr genau abzusprechen. Denn Missverständnisse können, vor allem mit Blick auf die Betreuung des Kindes, verheerende Folgen haben. Einmal stand Jonas' Tochter in Jacke und Mütze schon allein mit der Erzieherin draußen vor der Kita, weil die an diesem Tag etwas früher als sonst schloss – und die Kommunikation über den richtigen Zeitpunkt zum Abholen des Kindes zwischen Mutter und Vater nicht ganz perfekt war.

Dienstliche Termine außerhalb der Kernarbeitszeit sollte man immer und ausnahmslos frühzeitig absprechen. Sprich: Wenn Markus' Freundin einen Tag beruflich nach Süddeutschland fährt und erst nachts nach Hause kommt, fragt sie vorher Markus. Denn er muss dann sicherstellen, dass er seinen Sohn von der Kita abholen kann und auch danach keinen Abendtermin mehr hat. Wenn Markus sich dienstlich zum Abendessen verabreden will, fragt er erst bei seiner Freundin nach, ob die nicht zufällig etwas Ähnliches vorhat. Und auch hier gilt: Das vorhersehbar Unvorhersehbare bringt das ganze Konstrukt sofort ins Wanken.

Aus diesem Grund versuchen Yassin und seine Frau, alle Termine schriftlich in einem Familienkalender festzuhalten. Das sorgt für Überblick und spart Zeit, wenn einer von beiden Betreuungszeiten mit Dritten absprechen muss. Bei Jonas hat dieser Familienkalender sogar das Format eines Jahresplaners, plakatgroß an der Küchenwand. Damit auch längerfristige Verpflichtungen immer im Blick sind.

Es gibt kein Zurück

Wir fühlen uns unseren Kindern verpflichtet: Jonas verlässt jede zweite Woche sein Büro um exakt 15 Uhr 30, schwingt sich auf sein Fahrrad mit dem Kindersitz hinten drauf und brettert zum Kindergarten. Markus steht nach fünf harten Arbeitstagen auch am Samstag um sieben Uhr auf, um mit seinem knallwachen Sohn Brötchen holen zu gehen. Und Yassin ertappt sich dabei, wie die in der Elternzeit begonnenen Rituale auch danach für ihn vielleicht fast wichtiger sind als für seine Töchter. Für ihn bleiben sie Barometer für den Gefühlszustand der Kinder, gerade wenn er sie wegen der Arbeit den ganzen Tag nicht gesehen hat. Rituale wie das Ins-Bett-Bringen sind für ihn emotional wichtig. Sie stehen für Verlässlichkeit, sind Ausdruck von Vertrautheit und symbolisieren Nähe. Dafür lässt er heute auch schon einmal eine der Plauderstunden unter Kollegen aus, die sich manchmal im Anschluss an den Arbeitstag in seinem Büro ergeben.

Klar, nicht alles kann Papa hinüberretten in die Phase danach. War Yassin während seiner Elternzeit noch gleichberechtigter Tröster, wenn sich die Kinder die Rübe eingehauen hatten, so verschob sich das danach wieder ein wenig in Richtung Mutter. Und Markus hatte das Gefühl, dass die Erzieherin im Kindergarten bald besser über seinen Sohn Bescheid wusste als er. Das ist so verständlich wie schmerzhaft. Darauf sollte man sich einstellen. Viel wichtiger ist aber das, was bleibt. Alle drei haben das Gefühl, in ihrer Vaterzeit eine ganz besondere Bindung zum Kind entwickelt zu haben. Etwas, worauf sie jetzt aufbauen können, in ihrem neuen Alltag mit Kind.

»Jetzt muss aber langsam Normalität einkehren«, hatte herb die Chefin eines Freundes von Jonas gesagt, als dieser einige Monate nach der Geburt seines Sohnes zwischen Job und Familie etwas ins Schleudern kam. Damit hatte die Chefin Recht – aber völlig anders, als sie sich das gedacht hatte. Gemeint hatte sie, dass ihr Mitarbeiter wieder so werden musste wie vor der Geburt seines Sprösslings. Dabei kehrt die Normalität gerade in umgekehrter Weise ein: Das Leben mit Kind wird normal, und das ist eben anders als das Leben zuvor. Anstrengend – und schön.

Manchmal unterliegt der Vater selbst diesem Irrtum: Dass nach der Elternzeit alles wieder so wird wie früher. Tagelang nur arbeiten, nächtelang nur feiern, und zwischendurch auf dem Sofa rumlümmeln. Nichts wird aber wie früher – zum Glück. Okay, so ein Wochenende zur freien Verfügung, ohne ein nach Essen und Aufmerksamkeit schreiendes Kind, war bestimmt nett. Ausschlafen, klar, das muss schön gewesen sein. Aber das kommt ja auch alles irgendwann wieder. Das Kind wird ja groß. Und auch wenn die Vorstellung, von einem pubertierenden pickligen Wesen am Küchentisch gestresst zu werden, für uns der blanke Horror ist: Dann kann man wieder ausschlafen. Und spannend wird es sicher auch.

Vater zu sein und dafür auch Zeit und Nerven aufzubringen ist eine prima Sache. Denn es gibt einem als Mann die Chance, immer wieder neu anzufangen. Das bietet kaum ein Job. Das bietet nur das Leben. Das Leben mit Kind. Und dafür ist Papas Elternzeit ein guter Einstieg.

Das Nachwort unserer Frauen

Wir Wickelprofis? Ist das euer Ernst?

Als unsere Männer das erste Mal davon erzählten, dass sie ein Buch über ihre Vaterzeit schreiben wollten, haben wir nicht richtig zugehört (Jonas' Freundin Sibylle), es für einen Scherz gehalten (Markus' Freundin Cordula) – oder für eine von vielen unrealisierbaren, verrückten Ideen (Yassins Frau Franziska).

Was soll denn nun so anders an der Vaterzeit sein? Auch für uns war doch alles ganz neu, als wir unsere Kinder bekamen. Wir haben anfangs genauso wenig gewusst, ob die Tochter schreit, weil sie Hunger hat. Oder ob der Sohn warm genug angezogen ist für den Spaziergang in der Februarsonne. Später haben wir gegrübelt, wie wir die Rückkehr in den Job gut hinbekommen. Genau wie die Männer. Warum also ein Ratgeber speziell für Väter?

Ganz einfach: Weil Männer am liebsten von Männern lernen, wie der Väterforscher Martin Verlinden festgestellt hat. Er sagt: »Männer lassen sich ungern von Frauen belehren. Väter ahmen gern andere Väter nach.« Wir können guten Gewissens sagen: Es lohnt sich, es unseren drei Männern nachzumachen. Papas, die sich eine berufliche Auszeit fürs Kind nehmen, sind immer noch Pioniere. Das finden wir schade. Denn wir drei haben die Erfahrung gemacht, wie schön es sein kann, wenn Papa fürs Kind da ist. Wie entlastend, wenn man nicht allein entscheiden muss, was gut fürs Kind ist. Und wie glücklich es macht, wenn man die vielen Erfahrungen teilen kann.

Abgesehen davon hätten auch wir uns so ein Buch über den Alltag mit Kind gewünscht. Lehrreich, aber nicht belehrend. Nicht abgehoben, sondern aus dem Leben. Unterhaltsam, aber nicht banal. Deshalb sind wir froh, dass unsere Männer Ernst gemacht haben mit ihrem Vorhaben. Wir mussten uns nicht einmal besonders disziplinieren, nicht reinzureden, auch wenn wir das eine oder andere anders erlebt haben.

Wir Mütter haben anfangs noch ziemlich genau kontrolliert, wie der Papa das jetzt macht. Auch wenn das »Loslassen« uns nicht immer leicht fiel, hat doch irgendwann jede von uns beschlossen: Lass ihn doch machen. Das hat gut funktioniert – und wir haben uns sogar etwas abgeschaut von unseren Wickelprofis. Wir haben gelernt, die Zeit mit dem Kind zu genießen, ohne an den nächsten Abwasch zu denken. Denn das, so glauben wir zumindest im Rückblick, hatten die Väter uns voraus: Einfach nur Zeit mit dem Kind zu verbringen, und nicht nebenher noch drei Sachen erledigen zu wollen.

Liebe Wickelprofis in spe, was für ein lohnendes Abenteuer es ist, als Vater in Elternzeit zu gehen, haben Markus, Yassin und Jonas beschrieben. Wir können euch zusätzlich noch eines empfehlen: Nehmt euch nach der Geburt eures Kindes Zeit – unabhängig von der Elternzeit. Bleibt die ersten drei oder vier Wochen zu Hause. Denn das können wir aus eigener Erfahrung sagen: Wir haben die Unterstützung in den Tagen nach der Geburt gebraucht. Und wir hatten das Gefühl, dass diese gemeinsamen Tage wichtig waren. Weil sie einen als Familie zusammenschweißen. Und weil sie dafür sorgen, dass der Papa von Anfang an voll eingebunden ist. Und nicht erst dann, wenn das Kind vom Krabbeln zum Laufen übergeht.